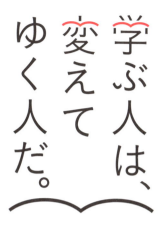

学ぶ人は、
変えて
ゆく人だ。

目の前にある問題はもちろん、
人生の問いや、
社会の課題を自ら見つけ、
挑み続けるために、人は学ぶ。
「学び」で、
少しずつ世界は変えてゆける。
いつでも、どこでも、誰でも、
学ぶことができる世の中へ。

旺文社

2020年度版

文部科学省後援

英検®2級
過去6回 全問題集

「日本英語検定協会推奨」とは、皆様に適切なものを安心してご選択いただけるよう、「英検®ブランド第三者審議委員会」の審査を通過した商品・サービスに限り、公益財団法人 日本英語検定協会がその使用を認めたものです。なお、「日本英語検定協会推奨」は、商品・サービスの使用により英検®の合格や英検CSEスコアアップを保証するものではありません。

英検®は、公益財団法人 日本英語検定協会の登録商標です。

旺文社

New Lifestyles

Nowadays, many young people are finding it difficult to pay for everyday expenses. This situation is especially common in large cities, where the cost of renting an apartment has become higher. Some young people share this cost with their roommates, and by doing so they can afford to live in cities. It is also a good opportunity for them to make new friends.

Your story should begin with this sentence: **One day, Mr. and Mrs. Oda moved into a new house outside the city.**

Skills for the Future

Nowadays, computer technology is becoming more and more important at many workplaces. For this reason, there is a demand for people who have skills in writing computer programs. Now, some high schools teach their students such skills, and by doing so they help them understand computer technology better. Experts say that this will be useful to students later in life.

Your story should begin with this sentence: **One day, Mr. and Mrs. Sato were talking in their living room.**

2019年度 第1回 二次試験 A日程 (2019.6.30 実施)

問題カード

この問題カードは切り取って、本番の面接の練習用にしてください。
質問は p.65 にありますので、参考にしてください。

Keeping Children Safe

Most home products, such as can openers, are designed for adults. These products are difficult and dangerous for children to use. To deal with this problem, some companies produce goods that are designed to be safe for children. More parents purchase such goods, and by doing so they keep their children safe. Further improvements will probably be made to other products, too.

Your story should begin with this sentence: **One day, Ken was talking to his mother about celebrating his father's birthday.**

Reducing Paper Waste

At many workplaces, paper documents are often used at meetings. This causes a large amount of paper waste. Now, computer programmers have developed software that makes it easier for people to share documents. Many companies are introducing such software, and in this way they are reducing their use of paper. Digital technologies are helping companies to become more and more efficient.

Your story should begin with this sentence: **One day, Mr. and Mrs. Kojima were cleaning their home.**

2018年度 第3回 二次試験 A日程 (2019.2.24 実施)

問題カード

この問題カードは切り取って、本番の面接の練習用にしてください。
質問は p.91 にありますので、参考にしてください。

Ocean Life

Nowadays, various kinds of ocean life, such as fish and sea turtles, are facing serious problems caused by human beings. For example, some people throw things made of plastic into the sea. Some animals in the ocean eat such things by accident, and in this way they damage their health. People should remember that their actions can cause problems for ocean life.

Your story should begin with this sentence: **One day, Mr. and Mrs. Suzuki were visiting the beach on their vacation.**

A New Technology

Nowadays, a technology called virtual reality is attracting attention. With this technology, people can experience various situations that look real. This technology is useful in many different fields. For example, doctors need opportunities to improve their skills. Virtual reality allows doctors to have such opportunities at any time, and in this way it helps them to become better at their jobs.

Your story should begin with this sentence: **One day, Mr. and Mrs. Mori were thinking about watching a movie at the theater.**

2019年度第2回　英検2級　解答用紙

【注意事項】
① 解答にはHBの黒鉛筆（シャープペンシルも可）を使用し，解答を訂正する場合には消しゴムで完全に消してください。
② 解答用紙は絶対に汚したり折り曲げたり，所定以外のところへの記入はしないでください。

③ マーク例

良い例	悪い例
●	◐ ✕ ◕

これ以下の濃さのマークは読めません。

解答欄

問題番号		1	2	3	4
1	(1)	①	②	③	④
	(2)	①	②	③	④
	(3)	①	②	③	④
	(4)	①	②	③	④
	(5)	①	②	③	④
	(6)	①	②	③	④
	(7)	①	②	③	④
	(8)	①	②	③	④
	(9)	①	②	③	④
	(10)	①	②	③	④
	(11)	①	②	③	④
	(12)	①	②	③	④
	(13)	①	②	③	④
	(14)	①	②	③	④
	(15)	①	②	③	④
	(16)	①	②	③	④
	(17)	①	②	③	④
	(18)	①	②	③	④
	(19)	①	②	③	④
	(20)	①	②	③	④

解答欄

問題番号		1	2	3	4
2	(21)	①	②	③	④
	(22)	①	②	③	④
	(23)	①	②	③	④
	(24)	①	②	③	④
	(25)	①	②	③	④
	(26)	①	②	③	④

解答欄

問題番号		1	2	3	4
3	(27)	①	②	③	④
	(28)	①	②	③	④
	(29)	①	②	③	④
	(30)	①	②	③	④
	(31)	①	②	③	④
	(32)	①	②	③	④
	(33)	①	②	③	④
	(34)	①	②	③	④
	(35)	①	②	③	④
	(36)	①	②	③	④
	(37)	①	②	③	④
	(38)	①	②	③	④

※筆記4の解答欄はこの裏にあります。

リスニング解答欄

問題番号		1	2	3	4
第1部	No.1	①	②	③	④
	No.2	①	②	③	④
	No.3	①	②	③	④
	No.4	①	②	③	④
	No.5	①	②	③	④
	No.6	①	②	③	④
	No.7	①	②	③	④
	No.8	①	②	③	④
	No.9	①	②	③	④
	No.10	①	②	③	④
	No.11	①	②	③	④
	No.12	①	②	③	④
	No.13	①	②	③	④
	No.14	①	②	③	④
	No.15	①	②	③	④
第2部	No.16	①	②	③	④
	No.17	①	②	③	④
	No.18	①	②	③	④
	No.19	①	②	③	④
	No.20	①	②	③	④
	No.21	①	②	③	④
	No.22	①	②	③	④
	No.23	①	②	③	④
	No.24	①	②	③	④
	No.25	①	②	③	④
	No.26	①	②	③	④
	No.27	①	②	③	④
	No.28	①	②	③	④
	No.29	①	②	③	④
	No.30	①	②	③	④

2019年度第2回　**Web特典「自動採点サービス」対応オンラインマークシート**

※検定の回によってQRコードが違います。
※筆記1～3，リスニングの採点ができます。
※PCからも利用できます（問題編 p.8 参照）。

※実際の解答用紙に似せていますが，デザイン・サイズは異なります。

切り取り線

●記入上の注意（記述形式）
・指示事項を守り，文字は，はっきりと分かりやすく書いてください。
・太枠に囲まれた部分のみが採点の対象です。

4 ライティング解答欄

| |
| 5 |
| 10 |
| 15 |

2019年度第1回　英検2級　解答用紙

[注意事項]
① 解答にはHBの黒鉛筆（シャープペンシルも可）を使用し，解答を訂正する場合には消しゴムで完全に消してください。
② 解答用紙は絶対に汚したり折り曲げたり，所定以外のところへの記入はしないでください。
③ マーク例

良い例	悪い例
●	◐ ✗ ◉

これ以下の濃さのマークは読めません。

解答欄

問題番号	1	2	3	4
(1)	①	②	③	④
(2)	①	②	③	④
(3)	①	②	③	④
(4)	①	②	③	④
(5)	①	②	③	④
(6)	①	②	③	④
(7)	①	②	③	④
(8)	①	②	③	④
(9)	①	②	③	④
(10)	①	②	③	④
(11)	①	②	③	④
(12)	①	②	③	④
(13)	①	②	③	④
(14)	①	②	③	④
(15)	①	②	③	④
(16)	①	②	③	④
(17)	①	②	③	④
(18)	①	②	③	④
(19)	①	②	③	④
(20)	①	②	③	④

（筆記1）

解答欄

問題番号	1	2	3	4
(21)	①	②	③	④
(22)	①	②	③	④
(23)	①	②	③	④
(24)	①	②	③	④
(25)	①	②	③	④
(26)	①	②	③	④

（筆記2）

解答欄

問題番号	1	2	3	4
(27)	①	②	③	④
(28)	①	②	③	④
(29)	①	②	③	④
(30)	①	②	③	④
(31)	①	②	③	④
(32)	①	②	③	④
(33)	①	②	③	④
(34)	①	②	③	④
(35)	①	②	③	④
(36)	①	②	③	④
(37)	①	②	③	④
(38)	①	②	③	④

（筆記3）

※筆記4の解答欄はこの裏にあります。

リスニング解答欄

問題番号	1	2	3	4
No.1	①	②	③	④
No.2	①	②	③	④
No.3	①	②	③	④
No.4	①	②	③	④
No.5	①	②	③	④
No.6	①	②	③	④
No.7	①	②	③	④
No.8	①	②	③	④
No.9	①	②	③	④
No.10	①	②	③	④
No.11	①	②	③	④
No.12	①	②	③	④
No.13	①	②	③	④
No.14	①	②	③	④
No.15	①	②	③	④
No.16	①	②	③	④
No.17	①	②	③	④
No.18	①	②	③	④
No.19	①	②	③	④
No.20	①	②	③	④
No.21	①	②	③	④
No.22	①	②	③	④
No.23	①	②	③	④
No.24	①	②	③	④
No.25	①	②	③	④
No.26	①	②	③	④
No.27	①	②	③	④
No.28	①	②	③	④
No.29	①	②	③	④
No.30	①	②	③	④

（第1部／第2部）

2019年度第1回　Web特典「自動採点サービス」対応 オンラインマークシート
※検定の回によってQRコードが違います。
※筆記1～3，リスニングの採点ができます。
※PCからも利用できます（問題編 p.8 参照）。

※実際の解答用紙に似せていますが，デザイン・サイズは異なります。

切り取り線

●記入上の注意（記述形式）
・指示事項を守り，文字は，はっきりと分かりやすく書いてください。
・太枠に囲まれた部分のみが採点の対象です。

4 ライティング解答欄

5
10
15

2018年度第3回　英検2級　解答用紙

[注意事項]
①解答にはHBの黒鉛筆（シャープペンシルも可）を使用し、解答を訂正する場合には消しゴムで完全に消してください。
②解答用紙は絶対に汚したり折り曲げたり、所定以外のところへの記入はしないでください。

③マーク例

これ以下の濃さのマークは読めません。

解答欄

問題番号	1	2	3	4
(1)	①	②	③	④
(2)	①	②	③	④
(3)	①	②	③	④
(4)	①	②	③	④
(5)	①	②	③	④
(6)	①	②	③	④
(7)	①	②	③	④
(8)	①	②	③	④
(9)	①	②	③	④
(10)	①	②	③	④
(11)	①	②	③	④
(12)	①	②	③	④
(13)	①	②	③	④
(14)	①	②	③	④
(15)	①	②	③	④
(16)	①	②	③	④
(17)	①	②	③	④
(18)	①	②	③	④
(19)	①	②	③	④
(20)	①	②	③	④

1

解答欄

問題番号	1	2	3	4
(21)	①	②	③	④
(22)	①	②	③	④
(23)	①	②	③	④
(24)	①	②	③	④
(25)	①	②	③	④
(26)	①	②	③	④

2

解答欄

問題番号	1	2	3	4
(27)	①	②	③	④
(28)	①	②	③	④
(29)	①	②	③	④
(30)	①	②	③	④
(31)	①	②	③	④
(32)	①	②	③	④
(33)	①	②	③	④
(34)	①	②	③	④
(35)	①	②	③	④
(36)	①	②	③	④
(37)	①	②	③	④
(38)	①	②	③	④

3

※筆記4の解答欄はこの裏にあります。

リスニング解答欄

問題番号	1	2	3	4
No.1	①	②	③	④
No.2	①	②	③	④
No.3	①	②	③	④
No.4	①	②	③	④
No.5	①	②	③	④
No.6	①	②	③	④
No.7	①	②	③	④
No.8	①	②	③	④
No.9	①	②	③	④
No.10	①	②	③	④
No.11	①	②	③	④
No.12	①	②	③	④
No.13	①	②	③	④
No.14	①	②	③	④
No.15	①	②	③	④
No.16	①	②	③	④
No.17	①	②	③	④
No.18	①	②	③	④
No.19	①	②	③	④
No.20	①	②	③	④
No.21	①	②	③	④
No.22	①	②	③	④
No.23	①	②	③	④
No.24	①	②	③	④
No.25	①	②	③	④
No.26	①	②	③	④
No.27	①	②	③	④
No.28	①	②	③	④
No.29	①	②	③	④
No.30	①	②	③	④

第1部 / 第2部

2018年度第3回　Web特典「自動採点サービス」対応オンラインマークシート
※検定の回によってQRコードが違います。
※筆記1～3、リスニングの採点ができます。
※PCからも利用できます（問題編 p.8 参照）。

※実際の解答用紙に似せていますが、デザイン・サイズは異なります。

切り取り線

●記入上の注意（記述形式）
・指示事項を守り，文字は，はっきりと分かりやすく書いてください。
・太枠に囲まれた部分のみが採点の対象です。

4 ライティング解答欄

2018年度第2回　英検2級　解答用紙

【注意事項】
① 解答にはHBの黒鉛筆（シャープペンシルも可）を使用し，解答を訂正する場合には消しゴムで完全に消してください。
② 解答用紙は絶対に汚したり折り曲げたり，所定以外のところへの記入はしないでください。
③ マーク例

良い例	悪い例
●	◐ ✗ ◖

これ以下の濃さのマークは読めません。

1　解答欄

問題番号	1	2	3	4
(1)	①	②	③	④
(2)	①	②	③	④
(3)	①	②	③	④
(4)	①	②	③	④
(5)	①	②	③	④
(6)	①	②	③	④
(7)	①	②	③	④
(8)	①	②	③	④
(9)	①	②	③	④
(10)	①	②	③	④
(11)	①	②	③	④
(12)	①	②	③	④
(13)	①	②	③	④
(14)	①	②	③	④
(15)	①	②	③	④
(16)	①	②	③	④
(17)	①	②	③	④
(18)	①	②	③	④
(19)	①	②	③	④
(20)	①	②	③	④

2　解答欄

問題番号	1	2	3	4
(21)	①	②	③	④
(22)	①	②	③	④
(23)	①	②	③	④
(24)	①	②	③	④
(25)	①	②	③	④
(26)	①	②	③	④

3　解答欄

問題番号	1	2	3	4
(27)	①	②	③	④
(28)	①	②	③	④
(29)	①	②	③	④
(30)	①	②	③	④
(31)	①	②	③	④
(32)	①	②	③	④
(33)	①	②	③	④
(34)	①	②	③	④
(35)	①	②	③	④
(36)	①	②	③	④
(37)	①	②	③	④
(38)	①	②	③	④

※筆記4の解答欄はこの裏にあります。

リスニング解答欄

問題番号	1	2	3	4
No.1	①	②	③	④
No.2	①	②	③	④
No.3	①	②	③	④
No.4	①	②	③	④
No.5	①	②	③	④
No.6	①	②	③	④
No.7	①	②	③	④
No.8	①	②	③	④
No.9	①	②	③	④
No.10	①	②	③	④
No.11	①	②	③	④
No.12	①	②	③	④
No.13	①	②	③	④
No.14	①	②	③	④
No.15	①	②	③	④
No.16	①	②	③	④
No.17	①	②	③	④
No.18	①	②	③	④
No.19	①	②	③	④
No.20	①	②	③	④
No.21	①	②	③	④
No.22	①	②	③	④
No.23	①	②	③	④
No.24	①	②	③	④
No.25	①	②	③	④
No.26	①	②	③	④
No.27	①	②	③	④
No.28	①	②	③	④
No.29	①	②	③	④
No.30	①	②	③	④

第1部：No.1 ～ No.15
第2部：No.16 ～ No.30

2018年度第2回　Web特典「自動採点サービス」対応　オンラインマークシート

※検定の回によってQRコードが違います。
※筆記1～3，リスニングの採点ができます。
※PCからも利用できます（問題編 p.8 参照）。

※実際の解答用紙に似ていますが，デザイン・サイズは異なります。

切り取り線

●記入上の注意（記述形式）
・指示事項を守り，文字は，はっきりと分かりやすく書いてください。
・太枠に囲まれた部分のみが採点の対象です。

4 ライティング解答欄

2018年度第1回　英検2級　解答用紙

[注意事項]
① 解答にはHBの黒鉛筆(シャープペンシルも可)を使用し，解答を訂正する場合には消しゴムで完全に消してください。
② 解答用紙は絶対に汚したり折り曲げたり，所定以外のところへの記入はしないでください。
③ マーク例

良い例	悪い例
●	◐ ✗ ◖

 これ以下の濃さのマークは読めません。

1

問題番号	1	2	3	4
(1)	①	②	③	④
(2)	①	②	③	④
(3)	①	②	③	④
(4)	①	②	③	④
(5)	①	②	③	④
(6)	①	②	③	④
(7)	①	②	③	④
(8)	①	②	③	④
(9)	①	②	③	④
(10)	①	②	③	④
(11)	①	②	③	④
(12)	①	②	③	④
(13)	①	②	③	④
(14)	①	②	③	④
(15)	①	②	③	④
(16)	①	②	③	④
(17)	①	②	③	④
(18)	①	②	③	④
(19)	①	②	③	④
(20)	①	②	③	④

2

問題番号	1	2	3	4
(21)	①	②	③	④
(22)	①	②	③	④
(23)	①	②	③	④
(24)	①	②	③	④
(25)	①	②	③	④
(26)	①	②	③	④

3

問題番号	1	2	3	4
(27)	①	②	③	④
(28)	①	②	③	④
(29)	①	②	③	④
(30)	①	②	③	④
(31)	①	②	③	④
(32)	①	②	③	④
(33)	①	②	③	④
(34)	①	②	③	④
(35)	①	②	③	④
(36)	①	②	③	④
(37)	①	②	③	④
(38)	①	②	③	④

※筆記4の解答欄はこの裏にあります。

リスニング解答欄

問題番号	1	2	3	4
No.1	①	②	③	④
No.2	①	②	③	④
No.3	①	②	③	④
No.4	①	②	③	④
No.5	①	②	③	④
No.6	①	②	③	④
No.7	①	②	③	④
No.8	①	②	③	④
No.9	①	②	③	④
No.10	①	②	③	④
No.11	①	②	③	④
No.12	①	②	③	④
No.13	①	②	③	④
No.14	①	②	③	④
No.15	①	②	③	④
No.16	①	②	③	④
No.17	①	②	③	④
No.18	①	②	③	④
No.19	①	②	③	④
No.20	①	②	③	④
No.21	①	②	③	④
No.22	①	②	③	④
No.23	①	②	③	④
No.24	①	②	③	④
No.25	①	②	③	④
No.26	①	②	③	④
No.27	①	②	③	④
No.28	①	②	③	④
No.29	①	②	③	④
No.30	①	②	③	④

第1部：No.1～No.15
第2部：No.16～No.30

切り取り線

2018年度第1回
Web特典「自動採点サービス」対応 オンラインマークシート
※検定の回によってQRコードが違います。
※筆記1～3，リスニングの採点ができます。
※PCからも利用できます(問題編 p.8 参照)。

※実際の解答用紙に似せていますが，デザイン・サイズは異なります。

切り取り線

●記入上の注意（記述形式）
・指示事項を守り，文字は，はっきりと分かりやすく書いてください。
・太枠に囲まれた部分のみが採点の対象です。

4 ライティング解答欄

5

10

15

2017年度第3回　英検2級　解答用紙

【注意事項】
① 解答にはHBの黒鉛筆(シャープペンシルも可)を使用し，解答を訂正する場合には消しゴムで完全に消してください。
② 解答用紙は絶対に汚したり折り曲げたり，所定以外のところへの記入はしないでください。
③ マーク例

これ以下の濃さのマークは読めません。

解答欄 1

問題番号	1	2	3	4
(1)	①	②	③	④
(2)	①	②	③	④
(3)	①	②	③	④
(4)	①	②	③	④
(5)	①	②	③	④
(6)	①	②	③	④
(7)	①	②	③	④
(8)	①	②	③	④
(9)	①	②	③	④
(10)	①	②	③	④
(11)	①	②	③	④
(12)	①	②	③	④
(13)	①	②	③	④
(14)	①	②	③	④
(15)	①	②	③	④
(16)	①	②	③	④
(17)	①	②	③	④
(18)	①	②	③	④
(19)	①	②	③	④
(20)	①	②	③	④

解答欄 2

問題番号	1	2	3	4
(21)	①	②	③	④
(22)	①	②	③	④
(23)	①	②	③	④
(24)	①	②	③	④
(25)	①	②	③	④
(26)	①	②	③	④

解答欄 3

問題番号	1	2	3	4
(27)	①	②	③	④
(28)	①	②	③	④
(29)	①	②	③	④
(30)	①	②	③	④
(31)	①	②	③	④
(32)	①	②	③	④
(33)	①	②	③	④
(34)	①	②	③	④
(35)	①	②	③	④
(36)	①	②	③	④
(37)	①	②	③	④
(38)	①	②	③	④

※筆記4の解答欄はこの裏にあります。

リスニング解答欄

問題番号	1	2	3	4
No.1	①	②	③	④
No.2	①	②	③	④
No.3	①	②	③	④
No.4	①	②	③	④
No.5	①	②	③	④
No.6	①	②	③	④
No.7	①	②	③	④
No.8	①	②	③	④
No.9	①	②	③	④
No.10	①	②	③	④
No.11	①	②	③	④
No.12	①	②	③	④
No.13	①	②	③	④
No.14	①	②	③	④
No.15	①	②	③	④

第1部

No.16	①	②	③	④
No.17	①	②	③	④
No.18	①	②	③	④
No.19	①	②	③	④
No.20	①	②	③	④
No.21	①	②	③	④
No.22	①	②	③	④
No.23	①	②	③	④
No.24	①	②	③	④
No.25	①	②	③	④
No.26	①	②	③	④
No.27	①	②	③	④
No.28	①	②	③	④
No.29	①	②	③	④
No.30	①	②	③	④

第2部

2017年度第3回　**Web特典「自動採点サービス」対応　オンラインマークシート**

※検定の回によってQRコードが違います。
※筆記1〜3，リスニングの採点ができます。
※PCからも利用できます (問題編 p.8 参照)。

※実際の解答用紙に似せていますが，デザイン・サイズは異なります。

切り取り線

切り取り線

●記入上の注意（記述形式）
・指示事項を守り，文字は，はっきりと分かりやすく書いてください。
・太枠に囲まれた部分のみが採点の対象です。

4 ライティング解答欄

5
10
15

Introduction

はじめに

実用英語技能検定（英検®）は，年間受験者数380万人（英検IBA，英検
Jr.との総数）の小学生から社会人まで，幅広い層が受験する国内最大級の
資格試験で，1963年の第1回検定からの累計では1億人を超える人々が受
験しています。英検®は，コミュニケーションに欠かすことのできない4技
能をバランスよく測定することを目的としており，英検®の受験によってご
自身の英語力を把握できるだけでなく，進学・就職・留学などの場面で多く
のチャンスを手に入れることにつながります。

この『全問題集シリーズ』は，英語を学ぶ皆さまを応援する気持ちを込めて
刊行しました。本書は，2019年度第2回検定を含む6回分の過去問を，皆
さまの理解が深まるよう，日本語訳や詳しい解説を加えて収録しています。

本書が皆さまの英検合格の足がかりとなり，さらには国際社会で活躍できる
ような生きた英語を身につけるきっかけとなることを願っています。

最後に，本書を刊行するにあたり，多大なご尽力をいただきました青山学院
高等部 田辺博史先生，斉藤 敦先生，ロイ英語事務所 茅野夕樹先生に深く
感謝の意を表します。

2020年 春

※本書に掲載している過去問は，公益財団法人 日本英語検定協会が公表しているもののみです。
　準会場・海外受験などの問題とは一致しない可能性があります。
※二次試験の問題カードは日本英語検定協会から提供を受けたもののみ掲載しています。

もくじ

Contents

本書の使い方 ……………………………………………… 3

音声について ……………………………………………… 4

Web特典について ………………………………………… 7

自動採点サービスの利用方法 …………………………… 8

英検インフォメーション ………………………………… 10
試験内容／4種類の英検／合否判定方法／英検（従来型）受験情報―2020年度試験日程・申込方法・検定料

2019年度の傾向と攻略ポイント ……………………… 14

二次試験・面接の流れ …………………………………… 16

2019年度　第2回検定（筆記・リスニング・面接）…… 17

第1回検定（筆記・リスニング・面接）…… 43

2018年度　第3回検定（筆記・リスニング・面接）…… 69

第2回検定（筆記・リスニング・面接）…… 95

第1回検定（筆記・リスニング・面接）… 121

2017年度　第3回検定（筆記・リスニング・面接）… 147

※本書に収録されている英検の過去問は「従来型」のものになります。なお，従来型と新方式は問題形式・内容は全く変わりません。実施方式が変わるだけです。

執　　筆：[2019年度第2回，第1回] 田辺博史（青山学院高等部），[2018年度第3回] 斉藤 敦，[2018年度第2回，第1回，2017年度第3回] 茅野夕樹（ロイ英語事務所）
編集協力：株式会社ウィットハウス，株式会社ターンストーンリサーチ
録　　音：ユニバ合同会社
デザイン：林 慎一郎（及川真咲デザイン事務所）
組版・データ作成協力：幸和印刷株式会社

本書の使い方

ここでは，本書の過去問および特典についての活用法の一例を紹介します。

本書の内容

過去問 6回分	英検 インフォ メーション (p.10-13)	2019年度の 傾向と 攻略ポイント (p.14-15)	二次試験・ 面接の流れ (p.16)	**Web特典** (p.7-9)

本書の使い方

一次試験対策

情報収集・傾向把握
・英検インフォメーション
・2019年度の傾向と攻略ポイント

過去問にチャレンジ
・2019年度第2回一次試験
・2019年度第1回一次試験
・2018年度第3回一次試験
・2018年度第2回一次試験
・2018年度第1回一次試験
・2017年度第3回一次試験
　※【Web特典】自動採点サービスの活用

二次試験対策

情報収集・傾向把握
・二次試験・面接の流れ
・【Web特典】
　面接シミュレーション／面接模範例

過去問にチャレンジ
・2019年度第2回二次試験
・2019年度第1回二次試験
・2018年度第3回二次試験
・2018年度第2回二次試験
・2018年度第1回二次試験
・2017年度第3回二次試験

過去問の取り組み方

1セット目

【本番モード】
本番の試験と同じように，制限時間を設けて取り組みましょう。どの問題形式に時間がかかりすぎているか，正答率が低いかなど，今のあなたの実力を把握しましょう。
「自動採点サービス」を活用して，答え合わせをスムーズに行いましょう。

2～5セット目

【学習モード】
制限時間をなくし，解けるまで取り組みましょう。
リスニングは音声を繰り返し聞いて解答を導き出してもかまいません。すべての問題に正解できるまで見直します。

6セット目

【仕上げモード】
試験直前の仕上げに利用しましょう。時間を計って本番のつもりで取り組みます。
これまでに取り組んだ6セットの過去問で間違えた問題の解説を本番試験の前にもう一度見直しましょう。

音声について

一次試験・リスニングと二次試験・面接の音声を聞くことができます。本書とともに使い，効果的なリスニング・面接対策をしましょう。

収録内容と特長

 一次試験・リスニング

| 本番の試験の音声を収録 | | スピードをつかめる！ |

※2018年度第1回，2017年度第3回については，旺文社が独自に収録し直した音声です。

| 解答時間は本番通り10秒間 | | 解答時間に慣れる！ |

| 収録されている英文は，別冊解答に掲載 | | 聞き取れない箇所を確認できる！ |

 二次試験・面接（スピーキング）

| 実際の流れ通りに収録 | | 本番の雰囲気を味わえる！ |

・パッセージの黙読（試験通り20秒の黙読時間があります）
・パッセージの音読（Model Readingを収録しています）
・質問（音声を一時停止してご利用ください）

| 各質問のModel Answerも収録 | | 模範解答が確認できる！ |

| Model Answerは，別冊解答に掲載 | | 聞き取れない箇所を確認できる！ |

3つの方法で音声が聞けます！

① 公式アプリ「英語の友」(iOS/Android)でお手軽再生

リスニング力を強化する機能満載

- 再生速度変換（0.5～2.0倍速）
- お気に入り機能（絞込み学習）
- オフライン再生
- バックグラウンド再生
- 試験日カウントダウン

[ご利用方法]

1. 「英語の友」公式サイトより，アプリをインストール
   https://eigonotomo.com/　［英語の友 🔍］
   （右のQRコードから読み込めます）

2. アプリ内のライブラリよりご購入いただいた書籍を選び，「追加」ボタンを押してください

3. パスワードを入力すると，音声がダウンロードできます
   [パスワード：ucrxhz] ※すべて半角アルファベット小文字

※本アプリの機能の一部は有料ですが，本書の音声は無料でお聞きいただけます。
※詳しいご利用方法は「英語の友」公式サイト，あるいはアプリ内ヘルプをご参照ください。
※2020年2月20日から2021年8月31日までご利用いただけます。
※本サービスは，上記ご利用期間内でも予告なく終了することがあります。

CDをご希望の方は，別売「2020年度版英検2級過去6回全問題集CD」（本体価格1,000円+税）をご利用ください。

持ち運びに便利な小冊子とCD3枚付き。CDプレーヤーで通して聞くと，本番と同じような環境で練習できます。　※収録箇所は，本書で **CD 1 ❶～⓰** のように表示しています。

5

② パソコンで音声データダウンロード（MP3）

[ご利用方法]

1　Web特典にアクセス　詳細は，p.7をご覧ください。

2　「一次試験［二次試験］音声データダウンロード」から
　聞きたい検定の回を選択してダウンロード

※音声ファイルはzip形式にまとめられた形でダウンロードされます。
※音声の再生にはMP3を再生できる機器などが必要です。ご使用機器，音声再生ソフト等に関する技術的なご質問は，ハードメーカーもしくはソフトメーカーにお願いいたします。

③ スマートフォン・タブレットでストリーミング再生

[ご利用方法]

1　自動採点サービスにアクセス　詳細は，p.8をご覧ください。
　（右のQRコードから読み込めます）

2　聞きたい検定の回を選び，
　リスニングテストの音声再生ボタンを押す

※自動採点サービスは一次試験に対応していますので，一次試験・リスニングの音声のみお聞きいただけます。（二次試験・面接の音声をお聞きになりたい方は，①リスニングアプリ「英語の友」，②音声データダウンロードをご利用ください）
※音声再生中に音声を止めたい場合は，一時停止ボタンを押してください。
※個別に問題を再生したい場合は，問題番号を選んでから再生ボタンを押してください。
※音声の再生には多くの通信量が必要となりますので，Wi-Fi環境でのご利用をおすすめいたします。

Web特典について

購入者限定の「Web特典」を，皆さまの英検合格にお役立てください。

ご利用可能期間	**2020年2月20日～2021年8月31日** ※本サービスは予告なく変更，終了することがあります。		
アクセス方法	スマートフォン タブレット	右のQRコードを読み込むと， パスワードなしでアクセスできます！	
	PC スマートフォン タブレット 共通	1. Web特典（以下のURL）にアクセスします。 　 https://eiken.obunsha.co.jp/2q/ 2. 本書を選択し，以下のパスワードを入力します。 　 **ucrxhz** ※すべて半角アルファベット小文字	

〈特典内容〉

(1) 自動採点サービス

リーディング（筆記1～3），リスニング（第1部・第2部）の自動採点ができます。詳細はp.8を参照してください。

(2) 解答用紙

本番にそっくりの解答用紙が印刷できるので，何度でも過去問にチャレンジすることができます。

(3) 音声データのダウンロード

一次試験リスニング・二次試験面接の音声データ（MP3）を無料でダウンロードできます。

(4) 2級面接対策

【面接シミュレーション】入室から退室までの面接の流れが体験できます。本番の面接と同じ手順で練習ができるので，実際に声に出して練習してみましょう。

【面接模範例】入室から退室までの模範応答例を見ることができます。各チェックポイントで，受験上の注意点やアドバイスを確認しておきましょう。

【問題カード】面接シミュレーションで使用している問題カードです。印刷して，実際の面接の練習に使ってください。

自動採点サービスの利用方法

正答率や合格ラインとの距離，間違えた問題などの確認ができるサービスです。

ご利用可能期間	2020年2月20日～2021年8月31日 ※本サービスは予告なく変更，終了することがあります。	
アクセス方法	スマートフォン タブレット	右のQRコードを読み込んでアクセスし，採点する検定の回を選択してください。
	PC スマートフォン タブレット 共通	p.7の手順で「Web特典」にアクセスし，「自動採点サービスを使う」を選択してご利用ください。

［ご利用方法］

1 オンラインマークシートにアクセスします

Web特典の「自動採点サービスを使う」から，採点したい検定回を選択するか，各回のマークシートおよび問題編の各回とびらのQRコードからアクセスします。

2 「問題をはじめる」ボタンを押して筆記試験を始めます

ボタンのタッチでタイマーが動き出します。制限時間内に解答できるよう，解答時間を意識して取り組みましょう。

3 筆記試験を解答し終わったら，タイマーボタン  を押して
タイマーをストップさせます

4 リスニングテストは画面下にある音声再生ボタンを押して
音声を再生し，問題に取り組みましょう
一度再生ボタンを押したら，最後の問題まで自動的に
進んでいきます。

5 リスニングテストが終了したら，
「答え合わせ」ボタンを押して答え合わせをします

採点結果の見方

タブの選択で【正答率・順位】と【問題ごとの正誤】が切り替えられます。

【正答率・順位】
Ⓐ 技能ごとの正答率が表示されます。2級の合格の目安，正答率60％を目指しましょう。
Ⓑ 大問ごとの正答率が表示されます。合格ラインを下回る問題は，対策に力を入れましょう。
Ⓒ 採点サービス利用者の中でのあなたの順位が示されます。

【問題ごとの正誤】
各問題のあなたの解答と正解が表示されます。間違っている問題については色で示されますので，別冊解答の解説を見直しましょう。

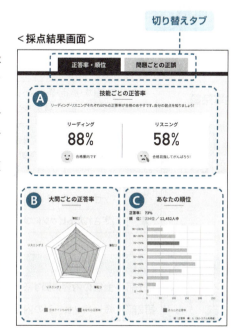

英検2級について

2級では、「社会生活に必要な英語を理解し、また使用できる」ことが求められます。入試優遇、単位認定、さらに海外留学や社会人の一般的な英語力の証明として幅広く活用されています。目安としては「高校卒業程度」です。

※2020年1月15日現在の情報です。
　最新情報は英検ウェブサイトをご確認ください。

合格すると…

英検Can-doリスト（英検合格者の実際の英語使用に対する自信の度合い）より

読む
まとまりのある説明文を理解したり、実用的な文章から必要な情報を得ることができる。

聞く
日常生活での情報・説明を聞き取ったり、まとまりのある内容を理解することができる。

話す
日常生活での出来事について説明したり、用件を伝えたりすることができる。

書く
日常生活での話題についてある程度まとまりのある文章を書くことができる。

試験内容

一次試験 筆記・リスニング

主な場面・状況	家庭・学校・職場・地域(各種店舗・公共施設を含む)・電話・アナウンスなど
主な話題	学校・仕事・趣味・旅行・買い物・スポーツ・映画・音楽・食事・天気・道案内・海外の文化・歴史・教育・科学・自然・環境・医療・テクノロジー・ビジネスなど

筆記試験　85分

問題	形式・課題詳細	問題数	満点スコア
1	文脈に合う適切な語句を補う。	20問	650
2	パッセージ(長文)の空所に文脈に合う適切な語句を補う。	6問	
3	パッセージ(長文)の内容に関する質問に答える。	12問	
4	指定されたトピックについての英作文を書く。(80〜100語)	1問	650

リスニング　約25分　放送回数/1回

問題	形式・課題詳細	問題数	満点スコア
第1部	会話の内容に関する質問に答える。	15問	650
第2部	短いパッセージの内容に関する質問に答える。	15問	

二次試験 面接形式のスピーキングテスト

主な場面・題材 社会性のある話題

過去の出題例 環境にやさしい素材・オンライン会議・屋上緑化・ペット産業・新しいエネルギー・サプリメントなど

スピーキングテスト ⏱約**7**分	問題	形式・課題詳細	満点スコア
	音読	60語程度のパッセージを読む。	**650**
	No.1	音読したパッセージの内容についての質問に答える。	
	No.2	3コマのイラストの展開を説明する。	
	No.3	ある事象・意見について自分の意見などを述べる。(カードのトピックに関連した内容)	
	No.4	日常生活の一般的な事柄に関する自分の意見などを述べる。(カードのトピックに直接関連しない内容も含む)	

▽4種類の英検®

英検には、実施方式が異なる4種類の試験があります。実施時期や受験上の配慮など、自分に合った方式を選択しましょう。なお、従来型の英検とその他の英検の**問題形式、難易度、級認定、合格証明書発行、英検CSEスコア取得等はすべて同じです。**

英検®(従来型)	紙の問題冊子を見て解答用紙に解答。二次試験(S)を受験するためには、一次試験(RLW)に合格する必要があります。
英検CBT®	コンピュータを使って1日で4技能を受験。Sはコンピュータを使った録音式で実施されます。
英検2020 1day S-CBT®	RLWは解答用紙に記入、Sはコンピュータを使った録音式。1日で4技能を受験することができます。
英検2020 2days S-Interview®	点字や吃音等、CBT方式では対応が難しい受験上の配慮が必要な方のみが受験可能。

RはReading、LはListening、WはWriting、SはSpeakingを表します。

受験する級によって選択できる方式が異なります。各方式の詳細および最新情報は英検ウェブサイト(https://www.eiken.or.jp/eiken/)をご確認ください。

◎合否判定方法

統計的に算出される英検CSEスコアに基づいて合否判定されます。Reading、Writing、Listening、Speakingの4技能が均等に評価され、合格基準スコアは固定されています。

■技能別にスコアが算出される!

技　能	試験形式	満点スコア	合格基準スコア
Reading（読む）	一次試験（筆記1〜3）	650	1520
Writing（書く）	一次試験（筆記4）	650	
Listening（聞く）	一次試験（リスニング）	650	
Speaking（話す）	二次試験（面接）	650	460

- 一次試験の合否は、Reading、Writing、Listeningの技能別にスコアが算出され、それを合算して判定されます。
- 二次試験の合否は、Speakingのみで判定されます。

■合格するためには、技能のバランスが重要!

英検CSEスコアでは、技能ごとに問題数は異なりますが、スコアを均等に配分しているため、各技能のバランスが重要となります。なお、正答数の目安を提示することはできませんが、2016年度第1回一次試験では、1級、準1級は各技能での正答率が7割程度、2級以下は各技能6割程度の正答率の受験者の多くが合格されています。

■英検CSEスコアは国際標準規格CEFRにも対応している!

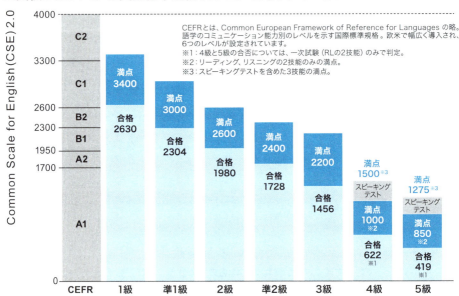

英検®（従来型）受験情報

■2020年度 試験日程

	第1回	第2回	第3回
申込受付	3月13日▶4月28日（4月24日 書店締切）	8月3日▶9月10日（9月4日 書店締切）	11月20日▶12月10日（12月4日 書店締切）
一次試験	5月31日(日)	10月11日(日)	2021年 1月24日(日)
二次試験	A 6月28日(日)／B 7月5日(日)	A 11月8日(日)／B 11月15日(日)	A 2021年 2月21日(日)／B 2021年 2月28日(日)

※二次試験にはA日程、B日程があり、条件により協会が指定します（日程の選択は不可）。詳しくは英検ウェブサイトをご覧ください。

■申込方法

団体受験：学校や塾などで申し込みをする団体受験もあります。詳しくは先生にお尋ねください。
個人受験：下記いずれかの方法でお申し込みください。

インターネット（願書不要）	英検ウェブサイトから直接申し込む。検定料は、クレジットカード、コンビニ、郵便局ATM、楽天ペイで支払う。
コンビニ（願書不要）	ローソン、ミニストップ、セブン-イレブン、ファミリーマートの店頭の情報端末に入力し、「申込券」が出力されたら検定料をレジで支払う。
英検特約書店（要願書）	書店で検定料を支払い、「書店払込証書」と「願書」を協会へ郵送。

※申込方法は変更になる場合があります。

■検定料

1級	準1級	2級	準2級	3級	4級	5級
10,300円	8,400円	7,400円	6,900円	5,900円	3,600円	3,000円

（本会場料金/税込）※検定料は変更になる場合があります。

※ 1～3級の「一次免除者（一次試験に合格し、二次試験を棄権または不合格になった人は、一次試験を1年間免除され、二次試験から受験することができる）」の検定料は、通常の受験者と同額です。

お問い合わせ先

英検サービスセンター 📠**03-3266-8311** 月～金 9:30～17:00（祝日・年末年始を除く）

英検ウェブサイト **www.eiken.or.jp/eiken/** 試験についての詳しい情報を見たり、入試等で英検を活用している学校の検索をすることができます。

2019年度の傾向と攻略ポイント

2019年度第1回検定と第2回検定を分析し，出題傾向と攻略ポイントをまとめました。2級の合格に必要な正答率は6割程度だと予測されます。正答率が6割を切った大問は苦手な分野だと考えましょう。

一次試験　筆記（85分）

1　短文の語句空所補充
1〜2文程度の長さからなる文の空所に入る適切な語を選ぶ。

問題数 **20問**　めやす **12分**

傾向
- 単語　空所に入る語の品詞は第1回・第2回とも，動詞が4問，名詞が4問，形容詞・副詞が各1問で，通常通りの配分である。
- 熟語　第1回は，capable of や become acquainted with といった形容詞や動詞の受け身形を含んだ熟語の出題が目立った。第2回は，動詞を中心とした熟語，形容詞を含む熟語などが主に出題された。
- 文法　第1回では文法に特化した問題は出題されず，定型表現や熟語などを問う問題が目立った。第2回は，完了形の分詞構文は出題されたが，それ以外はやはり熟語または定型表現を問う問題が多かった。

攻略ポイント
文脈から適切な語を選べる推測力の養成が必要である。動詞を中心にした熟語は頻出であるが，形容詞を含む熟語にも目を配る必要がある。第1回，第2回ではあまり多くはなかったが，分詞構文や仮定法も頻出の文法項目である。

2　長文の語句空所補充
[A][B] 2つの長文の空所に最適な語句を補充する。

問題数 **6問**　めやす **18分**

傾向
前後関係を読み取り，適切な接続語句を選ばせる問題と，主語の後に論理的に続く述語部分を選択する問題が頻出傾向にある。題材としては，第1回，第2回とも社会的な話題と自然科学的な話題がそれぞれ1つずつ出題された。

攻略ポイント
自然科学的なトピックと社会問題的なトピックが1つずつ出題される傾向にあるので，日ごろからそのような論説文に慣れ親しんでおくことが必要である。また，段落冒頭のトピックセンテンスや文と文をつなぐ接続語句などに意識を向け，論理展開を素早く把握する練習も重要であろう。

3　長文の内容一致選択
[A][B][C] 3つの長文の内容に関する質問に答える。

問題数 **12問**　めやす **35分**

傾向
[A] は240語程度のEメール，[B] と [C] はそれぞれ340語程度と370語程度の論説文である。[A] の設問は3問，[B] の設問は4問，[C] の設問は5問で，ともに1段落につき1つの設問が対応していることが多い。[C] の設問の5問目は「次に述べられていることで正しいものはどれか」という形式が多い。

攻略ポイント
[A] のEメールは，ヘッダーの「件名」に着目し，本文の内容を大まかに予測して読み進めるとよい。[B]，[C] は，1段落につき1つの設問が対応していることが多いので，設問を一問ずつ読み，その答えを段落ごとに探していくとよいであろう。

4 英作文
指定されたトピックについての英作文を書く。

問題数 **1問**
めやす **20分**

傾向 第1回のトピックは「インターネットの使用時間を減らすべきかどうか」，第2回は「大企業への就職を望まない若者が今後増えるかどうか」であった。このような身近な時事的トピックについて，理由を2つ添えて自分の意見を述べる形式である。

攻略ポイント 「意見表明」→「具体的な理由1」→「具体的な理由2」→「まとめ文（最初に述べた意見を再度表明する）」という流れで自分の意見を述べていくことが重要である。その際，First of all, in addition, in conclusion といったつなぎ言葉を使用すると効果的である。

一次試験　リスニング（約25分）

第1部　会話の内容一致選択 放送される会話の内容に関する質問に対して最も適切な答えを4つの選択肢から選ぶ。　問題数 **15問**

第2部　一般文の内容一致選択 放送される一般文の内容に関する質問に対して最も適切な答えを4つの選択肢から選ぶ。　問題数 **15問**

傾向 第1部は，学校，職場，家庭，店などで交わされる男女の日常会話を聞き取る形式である。第2部は，60語程度の英文を聞き取る形式で，トピックとしては，自然科学・社会・歴史・文化などのレポート，ある人物の出来事の説明，公共施設や乗り物などでのアナウンス，などが頻出である。

攻略ポイント できるだけ事前に選択肢に目を通し，放送の内容に関して予測しておくと効果的である。どうしてもわからない場合は，その問題にとらわれ過ぎず，最初にこれだ，と思った答えを選択し，頭を切り替えて次の問題に備える方が良い。

二次試験　面接（約7分）

英文（パッセージ）と3コマのイラストのついたカードが渡される。20秒の黙読の後，英文の音読をするよう指示される。それから，4つの質問がされる。

No. 1 カードの英文に関する質問。パッセージの該当個所を利用して，必要な情報を過不足なく伝えることを心掛けよう。

No. 2 イラストの説明。3コマのイラストを，各コマ2文程度で説明する。矢印の中に書いてある，場所や時間の経過を表す語句で始め（最初のコマでは指定の文をそのまま読めばよい），それから吹き出しのせりふやイラストの人物の状況や心理を説明する。
ここで，カードを裏返して置くよう指示される。

No. 3 カードのトピックに関係のある事柄についての意見を面接委員が紹介し，それに対してどう思うかを尋ねられる。同意か否かを述べてから，自分の意見を2文程度で述べよう。

No. 4 カードのトピックに関連性のない事柄に関して Yes/No Question で尋ねられる。さらに，Why?/Why not? と理由を尋ねられるので，2文程度で理由を述べよう。

二次試験・面接の流れ

(1) 入室とあいさつ

係員の指示に従い,面接室に入ります。あいさつをしてから,面接委員に面接カードを手渡し,指示に従って,着席しましょう。

(2) 氏名と受験級の確認

面接委員があなたの氏名と受験する級の確認をします。その後,簡単なあいさつをしてから試験開始です。

(3) 問題カードの黙読

英文とイラストが印刷された問題カードを手渡されます。まず,英文を20秒で黙読するよう指示されます。英文の分量は60語程度です。

※問題カードには複数の種類があり,面接委員によっていずれか1枚が手渡されます。本書では英検協会から提供を受けたもののみ掲載しています。

(4) 問題カードの音読

英文の音読をするように指示されるので,英語のタイトルから読みましょう。時間制限はないので,意味のまとまりごとにポーズをとり,焦らずにゆっくりと読みましょう。

(5) 4つの質問

音読の後,面接委員の4つの質問に答えます。No.1・2は問題カードの英文とイラストについての質問です。No.3・4は受験者自身の意見を問う質問です。No.2の質問の後,カードを裏返すように指示されるので,No.3・4は面接委員を見ながら話しましょう。

(6) カード返却と退室

試験が終了したら,問題カードを面接委員に返却し,あいさつをして退室しましょう。

※二次試験にはA日程とB日程がありますが,受験級・申込方法・年齢・希望受験地等により,どちらかを指定されます。日程を選択・変更することはできません。詳しくは英検ウェブサイトをご確認ください。

2019-2

一次試験 2019.10.6実施
二次試験 A日程 2019.11. 3 実施
　　　　 B日程 2019.11.10実施

Grade 2

試験時間

筆記：**85分**

リスニング：**約25分**

一次試験・筆記　　　　　p.18〜32
一次試験・リスニング　　p.33〜37
二次試験・面接　　　　　p.38〜41

＊解答・解説は別冊p.5〜40にあります。
＊面接の流れは本書p.16にあります。

2019年度第2回

**Web 特典「自動採点サービス」対応
オンラインマークシート**

※検定の回によってQRコードが違います。
※筆記1〜3，リスニングの採点ができます。
※PCからも利用できます（本書 p.8 参照）。

一次試験
筆 記

1 次の (1) から (20) までの (　　　) に入れるのに最も適切なものを **1, 2, 3, 4** の中から一つ選び，その番号を解答用紙の所定欄にマークしなさい。

(1) Cigarette smoke makes Julie feel ill. She (　　　) when people smoke around her, and she gets a sore throat.
1 differs　　**2** coughs　　**3** involves　　**4** arranges

(2) The restaurant decided to close because of many (　　　). The biggest one was that it was not making enough money.
1 factors　　**2** suburbs　　**3** vehicles　　**4** units

(3) When the bank sends credit cards to its customers, there are instructions on the envelope that tell people not to (　　　) the envelope so they do not damage the card.
1 raise　　**2** trap　　**3** bend　　**4** deal

(4) Brandon (　　　) to a local photography club. He often goes on short trips with other members of the club to take photos together.
1 informs　　**2** figures　　**3** belongs　　**4** repeats

(5) Mr. Johnson studied karate for many years and (　　　) became the karate teacher at his local sports center.
1 eventually　　**2** slightly　　**3** mildly　　**4** heavily

(6) George likes being tall because he can reach things in high places. However, one (　　　) is that he often hits his head on low doorways.
1 ingredient　　　　　　**2** technique
3 disadvantage　　　　　**4** foundation

(7) After watching the Olympic marathon, Karen was (　　　) to start jogging. She now runs 5 kilometers a day.
1 created　　**2** inspired　　**3** astonished　　**4** disturbed

18

(8) Ellen loves drawing. Last week, she decided to take part in an art (　　　) at her school. If she wins, she will get a new set of drawing pencils.

1 definition　　**2** expectation　**3** revolution　　**4** competition

(9) The Queen's Forest Golf Club is very (　　　). It only accepts 20 new members each year, and they have to pay expensive membership fees.

1 portable　　**2** vital　　　**3** exclusive　　**4** embarrassed

(10) When the woman saw a car accident last night, she immediately called an (　　　). Then, the injured people were quickly taken to the hospital.

1 accomplishment　　　　**2** ambulance
3 occasion　　　　　　　**4** objection

(11) Greg was pleased when his school (　　　) with its uniform. He prefers wearing casual clothes to school.

1 caught up　　**2** got away　　**3** kept up　　**4** did away

(12) *A:* Who do you (　　　), your mother or your father?
B: Both. I look like my father, but I act a lot like my mother.

1 read through　　　　　**2** look through
3 go after　　　　　　　**4** take after

(13) Kazue will study abroad for two months in Australia this summer. She is anxious (　　　) being away from her family for such a long time.

1 about　　　**2** on　　　　**3** by　　　　**4** below

(14) *A:* Thank you for the beautiful roses! What are they for?
B: They're just a little present to (　　　) for canceling our date last week.

1 sign up　　**2** go out　　**3** make up　　**4** come out

(15) Mr. Smith told his students to organize their reports (　　　): they must begin with an introduction, add some data, and then write a conclusion.

1 as follows　　**2** by nature　　**3** in stock　　**4** off duty

19

(16) *A:* Why is your boss angry at you? Didn't you sell the most cell phones last month?

B: I did, but I went (   ) and secretly gave the customers a discount.

1 in his favor   2 behind his back

3 at his feet   4 to his joy

(17) Victor was very busy with his schedule when he first started college, but he has become (   ) it over the last year.

1 accustomed to   2 relevant to

3 guilty of   4 worthy of

(18) Having (   ) his cup of coffee, Harry paid his bill and left the café.

1 finish   2 been finished

3 finishing   4 finished

(19) *A:* I want to make pancakes for breakfast tomorrow. How much milk is in the fridge?

B: Oh, there is (   ) left. We'll have to buy some.

1 not more   2 none   3 no one   4 any more

(20) Water is to fish (   ) land is to humans. It is the place where they live.

1 what   2 which   3 than   4 for

20

19年度第2回 筆記

（筆記試験の問題は次のページに続きます。）

次の英文 [A], [B] を読み，その文意にそって (21) から (26) までの（ ）に入れるのに最も適切なものを 1, 2, 3, 4 の中から一つ選び，その番号を解答用紙の所定欄にマークしなさい。

[A]
Trouble with Transporting

Because of the increased ease of air travel, professional musicians today fly all over the world to perform. However, they often have trouble transporting their instruments. Many musicians try to carry their instruments onto a plane with them, but they are frequently told that there is no space. (**21**   ), airline staff members tell them that their instruments must be put in the cargo area of the plane. However, instruments are sometimes damaged there.

Recently, things have begun to change. In December 2014, for example, the U.S. Department of Transportation created a rule that musical instruments should be treated like other carry-on bags. While this is good news for musicians, it may (**22**   ). One instrument may require a lot of space in the storage areas above the seats, so other passengers' luggage may not fit, making them angry. Moreover, depending on the shape of the instrument, it may not fit at all, meaning the airline staff members must find some other way of storing it safely on board.

For musicians who play large instruments, though, the only way to bring their instruments on the plane is to purchase an extra seat. Cristina Wallace, a cello player, would rather pay for her instrument to travel in the seat next to her than hand it over to the airline. Dutch musician Lavinia Meijer plays an even bigger instrument—a full-size harp. When she was invited to play at a concert in Korea, Meijer ended up paying for her harp to fly in business class. Although it is more expensive, many musicians believe it (**23**   ) to know their instruments are safe.

22

(21)
1 By chance
3 Meanwhile

2 At least
4 Instead

(22)
1 be against the rules
2 cause problems for airlines
3 damage some instruments
4 make listeners angry

(23)
1 is worth the price
2 is a poor way
3 increases their concerts
4 reduces costs

[B]
The Return of Whales

New York City is famous for theaters and museums, but these days it is also becoming famous for something else—humpback whales. More and more people in the city have looked out at the ocean and (**24**   ). In 2010, fishermen first noticed the whales in the area and the sightings have become more frequent ever since. This is surprising because, while humpbacks are often found near the West Coast, they are not as common near the East Coast.

However, humpback whales were once very common in the area. Then, in the 1650s, when Europeans first moved to the New York area, they began hunting the whales to use their fat for fuel. In the 1840s, other kinds of fuel, such as kerosene, replaced whale fat. Nevertheless, whale meat remained popular, and by the 20th century, there were only about 700 humpbacks in the Atlantic Ocean. Moreover, the water in and around New York began to (**25**   ). Scientists believe that these two things—too much hunting and water pollution—caused the humpbacks to disappear from the area about 100 years ago.

Much has changed since then, though. For example, in 1972, the U.S. government created a law called the Clean Water Act to reduce pollution in oceans, lakes, and rivers. Gradually, as the water became cleaner, many types of fish and sea life returned, providing a food source for whales. (**26**   ), it seems that whales are finally able to return to the water around New York City.

(24) **1** visited a museum
2 decided to go fishing
3 seen one of these creatures
4 sold pictures of whales

(25) **1** provide a home to whales
2 increase in temperature
3 contain harmful chemicals
4 produce more fuel

(26) **1** In spite of this
2 Thanks to this
3 On the other hand
4 For one thing

3 次の英文 [A], [B], [C] の内容に関して，(27) から (38) までの質問に対して最も適切なもの，または文を完成させるのに最も適切なものを 1, 2, 3, 4 の中から一つ選び，その番号を解答用紙の所定欄にマークしなさい。

[A]

From: Judy Sebring <j.sebring@kidland.com>
To: Timmy Fletcher <timmy23@pmail.com>
Date: October 6
Subject: Childcare services

Dear Mr. Fletcher,

Thank you for contacting Kidland Childcare. As I promised on the phone yesterday, I am e-mailing you today to give you the information you asked for about our childcare services for your son. As I said, we take care of children aged two to five at our day-care center. The center is open from 6 a.m. to 6 p.m. from Monday through Friday.

Parents can choose the three-day, four-day, or five-day plan. You can also choose between half-day and full-day care. The cost for a full day is $50 per day, and a half day is $30. For the half day, there are two sessions—the morning session from 6 a.m. to noon and the afternoon session from noon to 6 p.m. Parents who choose the full day must bring their children's lunch to the center every day.

Our center provides high-quality care to each child. We teach basic skills like reading and counting. We also have many educational toys for each age, and we have many activities for the children every day. You can learn more about these on our website. If you would like to come and visit our center with your son, please let me know, and I can set up a date and time. I hope to see you soon!

Sincerely,
Judy Sebring
Kidland Childcare

(27) Why is Judy Sebring writing to Mr. Fletcher?

1 Mr. Fletcher asked her about the services provided by Kidland Childcare.

2 She was unable to speak to Mr. Fletcher when he called yesterday.

3 Mr. Fletcher's son has started to attend Kidland Childcare.

4 She needs more information about Mr. Fletcher's son.

(28) Parents who send their children to Kidland Childcare for a half day

1 can choose between morning and afternoon sessions.

2 must bring their children to the center five days each week.

3 get a discount of $30 each day.

4 have to prepare their children's lunch.

(29) What does Judy Sebring offer to do for Mr. Fletcher?

1 Teach his son how to read and write for free.

2 Schedule a visit for him to come and see the center.

3 Send him a list of the activities that her day-care center offers.

4 Recommend some educational toys to use at home.

[B]
Generations Helping Each Other

One problem that many modern societies face is a lack of communication between different generations. Today, many young people move around for education and work. As a result, they often leave their parents behind when they move to other cities or even countries, and now, many elderly people no longer live with their children but rather move into retirement homes. This means that the different generations often do not spend time together and do not have chances to hear each other's point of view.

A few years ago, one retirement home in the Netherlands, called Humanitas, came up with an interesting way to overcome this problem. The idea began when a young man, Onno Selbach, contacted Humanitas to ask if any rooms were available for him to use. Selbach was a student, but he thought the student dormitory where he lived was noisy and dirty. Gea Sijpkes, the head of Humanitas, met Selbach and had an idea. She decided to allow six college students to live in the retirement home for free.

In return for a place to live, the students agreed to volunteer about 30 hours a month for the residents of the retirement home. The students began to do many things with the elderly people. Sometimes, they would chat or play games with them. At other times, they cooked simple meals for them. They would also go shopping for them and teach them useful skills, such as how to use a computer. When residents became ill and could not leave their rooms, the students would take turns sitting with and talking to them.

The program has been a big success, and many retirement homes in other countries are now offering similar plans to students. In this way, students can save money on a place to stay and elderly people can get help in their lives. One important effect of the program has been to help younger and older people understand each other better. Another has been to stop elderly people from feeling lonely. Many studies have shown that loneliness can make health problems worse, so the program helps the elderly people stay healthier as well.

(30) What is one problem that many modern societies have?
1 The older generation is not able to afford the high prices of modern cities.
2 The younger generation is not interested in getting an education or finding jobs.
3 Young people and elderly people do not have many opportunities to exchange opinions.
4 Elderly people believe that young people do not spend enough time visiting retirement homes.

(31) Gea Sijpkes, the head of Humanitas,
1 was worried the rooms in the retirement home were too noisy and dirty.
2 decided to provide some students with free rooms in the retirement home.
3 had trouble finding people who were interested in living in her rooms.
4 wanted to find a way to make housing cheaper for young students.

(32) What did the students living at Humanitas do?
1 They spent time with the residents and supported them with their daily needs.
2 They learned many new computer skills from the residents and used them for school projects.
3 They designed systems to attract more residents to the facility.
4 They provided medical care to residents who had fallen ill.

(33) What is one benefit of Humanitas's program?
1 It gives elderly people the chance to move out of retirement homes.
2 It allows elderly people to save money on their housing costs.
3 Young people are trained to become healthcare workers for free.
4 Young people can help reduce the loneliness of elderly people.

[C]

Smart Stickers

Doctors often need to monitor changes in their patients' bodies over a long period of time. When a patient has heart problems, for example, it is important to record the speed of the heartbeat. Traditionally, doctors have attached electronic devices to patients' bodies and used these to record information. These devices must be worn daily and are quite heavy, and they need many electric wires. As a result, they can make it difficult for patients to move around freely or to sleep. Now, though, they are increasingly being replaced by a new kind of measuring device called an "electronic sticker."

One of these devices was developed by John Rogers, a professor at the University of Illinois at Urbana-Champaign. The device consists of a number of very small electronic parts attached to a thin layer of silicon. This was made into a very thin sticker that could be stuck onto a patient's skin. The tiny electronic sticker can record information such as a patient's heart rate, body temperature, muscle movement, and brain activity.

The new electronic stickers are useful for patients who need to sleep a lot, such as newborn babies, because the stickers do not bother them. Furthermore, researchers say that the stickers have many other potential uses. For example, Rogers placed one of the electronic stickers onto a person's throat. The sticker recorded the movements of the muscles in the throat when the person said certain words. When these words were said again, the sticker recognized the pattern and sent a signal to a computer. In this way, the person was able to use certain words to control the movements of objects in a computer game.

Another possible use for the electronic stickers would be to allow people to communicate secretly with other people. According to Rogers, the U.S. government has shown an interest in developing a secret means of communication for special agents to use. Probably, as time goes by, people will think of other uses. Whether they do or not, the new electronic stickers are definitely a big step forward in connecting the human body directly to computers and other forms of technology.

(34) What is one issue that patients with heart problems have?

    1 The cost of the devices that they need is too high for them.

    2 The devices used to monitor their bodies are inconvenient for them.

    3 They cannot receive treatment without waiting for a long period of time.

    4 They do not have time to record all the information their doctor needs.

(35) What did John Rogers develop?

    1 A sticker that can be attached to electronic devices to make them more efficient.

    2 A sticker that can be used to record medical information about a patient.

    3 A device that is made of silicon and has the ability to make muscles move.

    4 A device that is used by scientists to make silicon stronger.

(36) In his research, Rogers was able to find a way to

    1 move things in a computer game using a device that recognizes what people are saying.

    2 provide medical treatment to people who have problems using their throats to make sounds.

    3 protect newborn babies who are likely to get dangerous diseases.

    4 help people who are trying to increase the size of their muscles.

(37) Why is the U.S. government interested in "electronic stickers"?

    1 They could be used as a way for people to speak to each other in secret.

    2 They will be used to encourage people to communicate with the government.

    3 They can be used to monitor the conversations of spies from other countries.

    4 They may prevent information from being shared with other people by mistake.

(38) Which of the following statements is true?
1 Special agents often use special cards to show other agents who they are.
2 Doctors sometimes use electronic wires to help their patients sleep.
3 Rogers developed a type of silicon that keeps stickers on the skin.
4 Electronic stickers can be used to monitor patients who need a lot of sleep.

ライティング
● 以下の TOPIC について，あなたの意見とその理由を 2 つ書きなさい。
● POINTS は理由を書く際の参考となる観点を示したものです。ただし，これら以外の観点から理由を書いてもかまいません。
● 語数の目安は 80 語〜100 語です。
● 解答は，解答用紙の B 面にあるライティング解答欄に書きなさい。なお，解答欄の外に書かれたものは採点されません。
● 解答が TOPIC に示された問いの答えになっていない場合や，TOPIC からずれていると判断された場合は，0 点と採点されることがあります。TOPIC の内容をよく読んでから答えてください。

TOPIC
Today, some young people do not want to start working for large companies. Do you think the number of these people will increase in the future?

POINTS
● Income
● Opportunity
● Stress

リスニング

2級リスニングテストについて

1 このリスニングテストには，第1部と第2部があります。
★英文はすべて一度しか読まれません。
第1部：対話を聞き，その質問に対して最も適切なものを1, 2, 3, 4の中から一つ選びなさい。
第2部：英文を聞き，その質問に対して最も適切なものを1, 2, 3, 4の中から一つ選びなさい。

2 No. 30のあと，10秒すると試験終了の合図がありますので，筆記用具を置いてください。

第1部　　▶MP3 ▶アプリ ▶CD 1 **1**〜**16**

No. 1
1 It may snow heavily.
2 It may be too late to plant her garden.
3 The man's garden party may be canceled.
4 Her plants may freeze.

No. 2
1 It is not for sale.
2 It does not match her coat.
3 It has an interesting pattern.
4 It is similar to the woman's.

No. 3
1 Find a different guitar school.
2 Learn how to play the guitar.
3 Buy a guitar for her daughter.
4 Teach her daughter to play the guitar.

No. 4
1 Having a picnic with his grandmother.
2 Buying a camera for his grandmother.
3 Going to the beach with his grandmother.
4 Making a gift for his grandmother.

No. 5
1 To meet some classmates.
2 To get leaves for an art project.
3 To plant some trees.
4 To take pictures for school.

33

No. 6
1 Making costumes for Halloween.
2 Buying cookies for their guests.
3 The plans for their party.
4 The guest list for their party.

No. 7
1 It is very easy to use.
2 It has the most memory.
3 It will be good for traveling with.
4 It is the store's fastest laptop.

No. 8
1 He spilled salad dressing on his bag.
2 He does not have enough lemons.
3 He left the lemons he bought at the store.
4 He does not know how to make salad dressing.

No. 9
1 Parking costs too much.
2 She needs to get more exercise.
3 She can get there faster by bike.
4 The train is more convenient.

No. 10
1 Which discounts they offer.
2 Whether they deliver groceries.
3 What their website address is.
4 Where they are located.

No. 11
1 By printing out a new one.
2 By getting it from Bob's desk.
3 By looking for it in the meeting room.
4 By asking her co-workers about it.

No. 12
1 It usually does not like people.
2 It gets lonely in the apartment.
3 It loves to go out for walks.
4 It does not eat very much.

No. 13

1 What causes warm air to rise from the sea.
2 When it will start raining again.
3 How the sea creates warm winds.
4 Why it rains so much in Jamestown.

No. 14

1 Look at some drink advertisements.
2 Help him give out drinks.
3 Try his company's new drink.
4 Suggest a flavor for a drink.

No. 15

1 Buy a new cell phone.
2 Hurry back to the office.
3 Invite a customer to lunch.
4 Change his lunch appointment.

第 2 部 ◀)) ▶MP3 ▶アプリ ▶CD 1 **17**～**32**

No. 16

1 She does not have any free time.
2 She does not make enough money.
3 She needs to improve her grades.
4 She wants to learn more about nursing.

No. 17

1 They cost a lot of money.
2 They needed to be repaired.
3 They were far away from the city.
4 They have all been sold.

No. 18

1 She worked for a newspaper.
2 She wanted to be a writer.
3 Her father was an explorer.
4 Her doctor suggested it.

No. 19	1 To look for science classes nearby.
	2 To make it easier to find exhibits.
	3 To help visitors find other museums.
	4 To become a volunteer at the museum.

No. 20	1 Send e-mails to the mayor.
	2 Pick up trash in the park.
	3 Take her children to the park.
	4 Go to meet the mayor.

No. 21	1 He had an idea for using sunlight.
	2 He replaced the first solar panel.
	3 He bought a lot of oil and coal.
	4 He sold a new type of mirror.

No. 22	1 The library was closed.
	2 The topic was not easy for him.
	3 He started it too late.
	4 He did not like history.

No. 23	1 They are small in size.
	2 They rarely go on land.
	3 They cannot lay eggs on land.
	4 They cannot fly long distances.

No. 24	1 To hike with his old friends.
	2 To learn about local hiking areas.
	3 To find out about local history.
	4 To get more exercise with his friends.

No. 25	1 Move their bags to the support center.
	2 Visit companies around their college.
	3 Think about working in a new city.
	4 Attend career fairs all over the country.

No. 26	1 She heard that it was safer.
	2 Her passwords were stolen.
	3 She bought a new computer.
	4 Her old passwords were too short.

No. 27	1 It was defeated by a stronger army.
	2 It created the country of Zanzibar.
	3 It fought a very short war.
	4 It developed a new weapon.

No. 28	1 By spending time at a café.
	2 By talking to other teachers.
	3 By going to a language school.
	4 By reading a book about Japan.

No. 29	1 Give a presentation.
	2 Take the train home.
	3 Go on a tour of Osaka.
	4 Have dinner with a friend.

No. 30	1 Play three new games.
	2 Share ideas for videos.
	3 Sell their video games.
	4 Watch the conference live.

19年度第2回 リスニング

二次試験
面 接

問題カード（A日程）　　◀» ▶MP3 ▶アプリ ▶CD1 33～37

New Lifestyles

Nowadays, many young people are finding it difficult to pay for everyday expenses. This situation is especially common in large cities, where the cost of renting an apartment has become higher. Some young people share this cost with their roommates, and by doing so they can afford to live in cities. It is also a good opportunity for them to make new friends.

Your story should begin with this sentence: **One day, Mr. and Mrs. Oda moved into a new house outside the city.**

Questions

No. 1 According to the passage, how can some young people afford to live in cities?

No. 2 Now, please look at the picture and describe the situation. You have 20 seconds to prepare. Your story should begin with the sentence on the card.
<20 seconds>
Please begin.

Now, Mr. / Ms. ——, please turn over the card and put it down.

No. 3 Some people say that young people today do not show enough respect to elderly people. What do you think about that?

No. 4 These days, many people spend their vacations abroad. Do you think taking vacations abroad is better than taking them in Japan?
Yes. → Why?
No. → Why not?

問題カード（B日程）

Skills for the Future

Nowadays, computer technology is becoming more and more important at many workplaces. For this reason, there is a demand for people who have skills in writing computer programs. Now, some high schools teach their students such skills, and by doing so they help them understand computer technology better. Experts say that this will be useful to students later in life.

Your story should begin with this sentence: **One day, Mr. and Mrs. Sato were talking in their living room.**

Questions

No. 1 According to the passage, how do some high schools help their students understand computer technology better?

No. 2 Now, please look at the picture and describe the situation. You have 20 seconds to prepare. Your story should begin with the sentence on the card.
<20 seconds>
Please begin.

Now, Mr. / Ms. ——, please turn over the card and put it down.

No. 3 Some people say that computer games have a bad influence on children. What do you think about that?

No. 4 It is often said that modern life is very stressful. Do you think that people feel more stress today than before?
Yes.　→ Why?
No.　→ Why not?

2019-1

Grade 2

一次試験 2019.6.2 実施
二次試験 A日程 2019.6.30 実施
　　　　 B日程 2019.7.7 実施

試験時間

筆記：85分
リスニング：約25分

一次試験・筆記　　　　p.44〜58
一次試験・リスニング　p.59〜63
二次試験・面接　　　　p.64〜67

＊解答・解説は別冊p.41〜76にあります。
＊面接の流れは本書p.16にあります。

2019年度第1回

**Web特典「自動採点サービス」対応
オンラインマークシート**

※検定の回によってQRコードが違います。
※筆記1〜3，リスニングの採点ができます。
※PCからも利用できます（本書p.8参照）。

一次試験
筆 記

1 次の **(1)** から **(20)** までの（　　　）に入れるのに最も適切なものを **1, 2, 3, 4** の中から一つ選び，その番号を解答用紙の所定欄にマークしなさい。

(1) Brenda sent her son to the park to play basketball with his friends. (　　　), she got dinner ready for the family. When her son came home, they ate dinner together.
1 Meanwhile　**2** Overall　　**3** Certainly　　**4** Similarly

(2) Professor Holt was surprised by his students' (　　　) of World War I. Because they knew so little, he decided to spend more time on the topic.
1 journey　　**2** ignorance　**3** opposite　　**4** currency

(3) The salesman decided to increase the (　　　) of his visits to his main clients. In the past, he only visited them once a month, but now he goes every week.
1 pronunciation　　　　　**2** invention
3 frequency　　　　　　　**4** rehearsal

(4) The picture Joanna wanted to use in her presentation was too small. She decided to (　　　) it so the audience could see it.
1 reverse　　**2** enlarge　　**3** consume　　**4** witness

(5) Andy's house is far from his office. It takes him more than an hour to (　　　) to work every morning.
1 commute　　**2** appeal　　**3** behave　　**4** qualify

(6) *A:* How long does our history report have to be, Ms. Evans?
B: It should be at least 5 pages, but don't make it too long. The (　　　) is 10 pages.
1 market　　**2** incident　　**3** maximum　　**4** instrument

(7) The soccer coach lost his temper during the match and started (　　　) at the referees. They told him that if he didn't lower his voice, he would have to leave.
1 grasping　　**2** yelling　　**3** sneezing　　**4** wiping

44

(8) The government is planning to ( ) a new tax on cars that use a lot of gasoline. It wants to encourage people to buy cars that use less fuel.

1 twist   **2** civilize   **3** murder   **4** impose

(9) *A:* I heard that Paula has moved into your house. Is it true?
B: Yes, but it's only ( ). Her new apartment will be ready in a few weeks.

1 temporary   **2** brilliant   **3** entire   **4** portable

(10) The new healthcare law was debated in ( ) for days, but in the end the politicians could not agree on it.

1 orchestra   **2** parliament   **3** foundation   **4** nursery

(11) The first time Kara entered her pet dog Max into a dog contest, she did not think he would win. She was surprised when Max came in first ( ).

1 part   **2** glance   **3** place   **4** aid

(12) *A:* You did such a nice job on this photo album. It must have taken a great ( ) of time to choose all the photos.
B: Yes, it did. I worked on it every night for two weeks.

1 deal   **2** base   **3** force   **4** role

(13) Smart Solutions is a company that develops computer software. It is becoming popular all over the world because it has developed software ( ) speeding up any business.

1 bitter about   **2** sorry for   **3** capable of   **4** free from

(14) *A:* Tom, have you become ( ) with the new manager yet?
B: Not yet, Sarah. I've heard good things about her, but we haven't had the chance to meet yet.

1 acquainted   **2** superior
3 knowledgeable   **4** mindful

(15) While Simon was on vacation, he became sick ( ) eating too much food. After resting for a couple of hours, however, he felt better.

1 to   **2** at   **3** on   **4** from

(16) *A:* Did my explanation of the new project (   ), Carter?
B: Yes, it did. You answered all the questions I had.
1 stand still   **2** take care
3 pay attention   **4** make sense

(17) After all his hard work, Steven felt that he was (   ) a pay raise. He was disappointed when his boss said his salary would stay the same.
1 related to   **2** stuck in   **3** absorbed in   **4** entitled to

(18) After the smartphones that P-Tech designed had problems, the company decided to give refunds only to people with receipts. (   ) who did not have receipts were unhappy.
1 This   **2** That   **3** These   **4** Those

(19) *A:* My dad always gets angry when I come home late at night.
B: Well, (   ) that you had a child, how would you feel? He's just worried about you.
1 wish   **2** suppose   **3** except   **4** so

(20) Last year, Lucy started running regularly. Now, she can run 5 kilometers in half (   ) that it used to take her.
1 the time   **2** times   **3** of time   **4** timing

46

19年度第1回　筆記

（筆記試験の問題は次のページに続きます。）

47

2 次の英文 [A], [B] を読み，その文意にそって (21) から (26) までの (　) に入れるのに最も適切なものを 1, 2, 3, 4 の中から一つ選び，その番号を解答用紙の所定欄にマークしなさい。

[A]
The Mysteries of Amber

Amber is a beautiful, shiny, yellow stone, which has been used to make jewelry since ancient times. It is made of a substance called resin that comes from trees and has hardened over millions of years. In the 19th century, people began to (　**21**　). When they did so, they found that amber often contains fossils—the remains of ancient plants and animals. However, unlike normal fossils, which are hard and usually found in rock, amber is able to preserve soft materials, too.

Millions of years ago, leaves, insects, and small animals sometimes got trapped in resin. After the resin became hard, the object inside would be protected as a fossil. By examining these objects, scientists are able to study the blood and DNA of insects, frogs, and lizards that are now extinct. (　**22**　), small details, such as feathers and hair, are preserved in fossils in amber. This means that the colors and shapes of the actual animals can be observed in the fossils.

In 2015, Lida Xing, a Chinese scientist, found the tail of a small, 99-million-year-old dinosaur in amber. Small details, such as the bone structure, were kept in perfect condition. Besides this, Xing noticed that the tail had feathers. This animal had dark brown feathers on top of the tail and lighter feathers underneath. Based on the shape and size of these, Xing believes that this dinosaur (　**23**　). Instead, its feathers were for warmth and decoration. This is the first time this kind of information on ancient life has ever been found, proving how special amber really is.

48

(21) **1** buy fossils with amber
    2 create their own amber
    3 make amber jewelry
    4 study amber closely

(22) **1** Nevertheless
    2 Unfortunately
    3 Moreover
    4 Immediately

(23) **1** had many feathers
    2 was always cold
    3 was not pretty
    4 could not fly

[B]

Changing Slums

"Slum" is a word meaning an area of a city with low-quality housing that often lacks basic services, such as electricity and clean water. In developing countries, slums are created when large numbers of poor people move to cities in search of work. According to the United Nations (UN), about one in seven people in the world live in slums. City officials usually consider slums a problem, and the solution has been to try to get rid of them. Now, the UN is asking cities to (**24**). That is, they want cities to improve slums and make them part of the city, rather than destroy them.

Land ownership is one of the main issues the UN recommends solving. Many people living in slums do not actually own the land and house where they live. Even though their family built the home and lived there for many years, they usually do not have documents to show that it belongs to them. (**25**), the law cannot protect them if somebody tries to take their home. The UN recommends cities help people living in slums by providing them with documents showing that they own the land and their homes.

In addition, the UN says local governments should work to manage slums better. When slums are more organized, people create businesses, which leads to more jobs and more money. In the Dharavi slum in Mumbai, India, small businesses owned by local residents add about $1 billion to the local economy each year. This suggests that cities do not need to get rid of slums. Instead, slums can (**26**).

(24) **1** take a different approach
2 get rid of poor people
3 build better houses elsewhere
4 check up on people

(25) **1** For once
2 In contrast
3 Therefore
4 Otherwise

(26) **1** be a good thing for cities
2 make business worse
3 clean up the environment
4 result in more crime

3 次の英文 [A], [B], [C] の内容に関して，(27) から (38) までの質問に対して最も適切なもの，または文を完成させるのに最も適切なものを 1, 2, 3, 4 の中から一つ選び，その番号を解答用紙の所定欄にマークしなさい。

[A]

From: Pete Merrick <pete.merrick@greenzine.org>
To: Wendy Hensley <w-hensley2@imail.com>
Date: May 31
Subject: Volunteer writing

Dear Ms. Hensley,

Thanks for your interest in writing for our magazine, *Greenzine*. As you know, *Greenzine* is an online magazine that publishes articles about the environment. It's a nonprofit magazine, so we offer all of our material to readers for free every month. Because of this, we ask volunteers to write all our articles instead of hiring paid writers.

You said in your e-mail that you'd like to write for us because you're interested in the environment and want to get some writing experience. Becoming a volunteer writer is a great way for a college student like yourself to improve your skills! We're happy to have young writers who have a passion for saving the earth. We'd like to give you a chance to write for us, and we were wondering if you could write an article for the next issue.

Right now, we're looking for someone to review new "green" products that are supposed to be better for the environment. I've attached a list of these products to this e-mail along with an application form. Please choose one to write about, send in the application form, and then, we'll send you a free sample. Once you've written your article, please e-mail it to me by June 25, and I'll have a look at it.

Sincerely,

Pete Merrick

Managing Editor, *Greenzine*

(27) What is true about *Greenzine*?

    1 Its writers volunteer to help clean the environment each month.
    2 Its readers pay to read its articles that are not on the Internet.
    3 It is sent to readers in the mail once a month.
    4 It does not pay its writers any money.

(28) Why does Ms. Hensley want to write for *Greenzine*?

    1 She needs to write articles for a college class.
    2 She wants to get some practical writing skills.
    3 She hopes to get a free copy of the magazine.
    4 She saw an interesting article in it last month.

(29) Pete Merrick asks Ms. Hensley to

    1 fill out the online writer's application form by June 25.
    2 make a list of products that are good for the environment.
    3 write a review of his magazine and recommend it to others.
    4 pick a product to write about for *Greenzine*'s next issue.

[B]
Metal Foam

When we think about dangers to our health, we usually think of dangerous diseases. However, one of the leading causes of death around the world is traffic accidents. In fact, traffic accidents are the biggest cause of death for people aged 15 to 29. Furthermore, not only do 1.2 million people die in such accidents every year, but 20 to 50 million people are also injured. While some wealthy countries have reduced the number of traffic accidents in recent years, they are increasing rapidly in developing countries.

One way to deal with this problem is to make cars that are better able to protect the people inside them during accidents. For many years, researchers have been interested in using metal foam to do this. Metal foam refers to a metal, usually steel or aluminum, which has had bubbles of air or another gas inserted into it. Usually the metal foam is between 75 to 95 percent air. This makes it very light compared to ordinary metal. Metal foams have been created for some time, but most of them have been very weak. This has made it difficult to use them in vehicles.

Afsaneh Rabiei, a scientist at North Carolina State University in the United States, has developed a new metal foam. Rabiei spent five years developing it. According to her, the problem with earlier metal foams was that the bubbles were various sizes. In the new metal foam, though, the bubbles are regular in size. This results in a much stronger metal foam.

Tests carried out by Rabiei show that the new material is five to six times stronger than other metal foams, and also greatly decreases the damage that occurs in a crash. This means that, if it were to be used to build cars, it would be much better than ordinary metals at protecting drivers and passengers. Rabiei believes that the new metal foam could also be used in boats and airplanes, as well as to help protect buildings against earthquakes.

(30) Traffic accidents are

   1 leading to more people having dangerous diseases.
   2 the main cause of death for people of all ages in wealthy countries.
   3 becoming more and more of a problem in developing countries.
   4 usually caused by drivers who are between the ages of 15 and 29.

(31) What is one problem with most types of metal foam?

   1 They are not strong enough to improve the safety of cars.
   2 They are made of aluminum which is too light to use in cars.
   3 The steel that is used to make them is not filled with enough bubbles.
   4 The air inside them causes environmental damage when it is released.

(32) What has Afsaneh Rabiei developed?

   1 A way to release the unnecessary bubbles from metal foam.
   2 A type of metal foam in which each of the bubbles is the same size.
   3 A stronger type of metal that can be used to create better metal foam.
   4 A quicker way to produce the metal that is used to create metal foam.

(33) What is one possible benefit of Rabiei's new material?

   1 It can reduce the damage and injuries that result from car crashes.
   2 It can be used to prevent a large number of earthquakes.
   3 It may allow companies to build cars that are five to six times cheaper.
   4 It may decrease the number of boat and airplane accidents that occur.

[C]
Counting Every Citizen

In recent decades, India has been experiencing very rapid economic growth. Yet, while the country as a whole has grown much wealthier, it still has more poor people than any other country in the world. It is difficult to say exactly how many poor people there are in India, but many experts agree that around a third of the population suffers from poverty. Although the Indian government has many programs designed to help these people, many people still do not receive the financial support they need. The national government believes one reason is that local officials sometimes steal this money.

In order to solve this problem, the national government started a program in 2010 with the aim of using new technology to help the poor. This program is known as the Unique Identification Authority of India (UIDAI). This is a project to record the identity of every Indian individual in a huge government database. The government records the name, date of birth, address, and fingerprints of each person. Each person is then given a number. By 2018, 93 percent of the population had been recorded in this way.

It is hoped that the UIDAI will allow individuals to deal directly with the national government rather than going through local officials. For example, the government gives money to people with less than a certain income. This money is now paid directly into individuals' bank accounts, rather than through local offices. The system also allows people to prove who they are, so they are able to obtain education, drivers' licenses, and other government services.

Not everybody, though, thinks that the new system is a success. While some government officials argue that it provides a model for other developing countries that want to help the poor, some people point to problems. For example, if a mistake is made when recording the details of an individual, it is extremely difficult to get it corrected and people will be unable to access government services. In addition, some machines designed to check the identity of individuals do not work properly. However, the Indian government is confident that it will solve these problems before long, and the UIDAI will be a success.

(34) Nowadays in India,

1 a third of the population suffers from diseases that cannot be cured easily.

2 experts have become concerned about the increasing number of wealthy people.

3 the number of people living in poverty is still high despite economic progress.

4 local officials have started stealing money in order to help poor people in their area.

(35) What is the purpose of the Unique Identification Authority of India (UIDAI)?

1 It supports businesses that are trying to create databases.

2 It gathers basic data about all the citizens of the country.

3 It helps poor people gain access to new types of technology.

4 It collects the fingerprints of people who have committed crimes.

(36) What is one benefit of the UIDAI program?

1 Poor Indians can receive money directly from the national government.

2 Local governments are able to decide how money in their regions is spent.

3 It makes it easier for poor Indians to find new jobs in local areas.

4 It helps people pay the fees that are needed for their children's education.

(37) One concern people have about the UIDAI is that

1 too much money was spent purchasing the high-quality machines used for the project.

2 the new system is working very differently from the original model for the program.

3 it can cause difficult problems if incorrect information is accidentally recorded.

4 it would be too challenging to set up a similar program in developing countries.

(38) Which of the following statements is true?

1 The UIDAI helps people show who they are in order to access government services.
2 There are fewer poor people in India than in other developing countries.
3 Around 93 percent of the Indian population does not know their date of birth.
4 The government is worried that the UIDAI will not be as successful as it expected.

ライティング
● 以下の TOPIC について，あなたの意見とその理由を 2 つ書きなさい。
● POINTS は理由を書く際の参考となる観点を示したものです。ただし，これら以外の観点から理由を書いてもかまいません。
● 語数の目安は 80 語〜100 語です。
● 解答は，解答用紙の B 面にあるライティング解答欄に書きなさい。なお，解答欄の外に書かれたものは採点されません。
● 解答が TOPIC に示された問いの答えになっていない場合や，TOPIC からずれていると判断された場合は，0 点と採点されることがあります。TOPIC の内容をよく読んでから答えてください。

TOPIC
Some people say that people today should spend less time using the Internet. Do you agree with this opinion?

POINTS
● Communication
● Education
● Health

一次試験
リスニング

2級リスニングテストについて

1　このリスニングテストには，第1部と第2部があります。
　★英文はすべて一度しか読まれません。
　第1部：対話を聞き，その質問に対して最も適切なものを1，2，3，4の中から一つ選びなさい。
　第2部：英文を聞き，その質問に対して最も適切なものを1，2，3，4の中から一つ選びなさい。

2　No.30のあと，10秒すると試験終了の合図がありますので，筆記用具を置いてください。

第1部　　▶ MP3　▶ アプリ　▶ CD 1 42～57

No. 1
1　At a hotel.
2　In a restaurant.
3　On an airplane.
4　At a travel agency.

No. 2
1　He is planning to quit the team.
2　He needs more team members.
3　She knows how to swim well.
4　She is interested in swimming.

No. 3
1　The one-day pass is too expensive.
2　The weather is expected to change.
3　Some of the ski lifts are not working.
4　The mountain does not have much snow.

No. 4
1　Find another member for the sales team.
2　Take a new co-worker out to eat.
3　Help another employee with his work.
4　Hire an assistant to make schedules.

No. 5
1　They are not very common.
2　They do not live in trees.
3　They cannot fly fast.
4　They are not very big.

59

No. 6

1 Take a Spanish exam.
2 Study Italian with Bart.
3 Go out with her friends.
4 Prepare for her Italian exam.

No. 7

1 The new shopping mall.
2 A nice car for their family.
3 Somewhere to park.
4 Good seats at the football game.

No. 8

1 It was painted in France.
2 It will be sent abroad next month.
3 It was painted for next month's exhibition.
4 It was bought by the gallery in the 1920s.

No. 9

1 Shop for a ski suit.
2 Go skiing with his wife.
3 Buy a jacket for himself.
4 Try a new winter sport.

No. 10

1 He is on the wrong street.
2 He looked in the wrong building.
3 He did not know the shop's name.
4 He could not find the stairs.

No. 11

1 He hurt himself at the gym.
2 He has to study late tonight.
3 He does not have his lunch today.
4 He cannot find his backpack.

No. 12

1 He has ordered food for the party.
2 He works at a restaurant.
3 He does not drink wine.
4 He does not enjoy cooking.

No. 13
1 Help her father cook dinner.
2 Go to the store with her father.
3 Start recording the end of the TV show.
4 Watch the end of the show.

No. 14
1 She gives her students few tests.
2 She has become a better teacher.
3 She plans to go back to Spain.
4 She makes her students study hard.

No. 15
1 Go on a trip with Brad.
2 Study German at college.
3 Stay at home with her family.
4 Visit a friend in Germany.

第 2 部 ◀) ▶MP3 ▶アプリ ▶CD 1 58～73

No. 16
1 They must be kept indoors.
2 They are found in the ocean.
3 They do not smell nice.
4 They do not have pretty flowers.

No. 17
1 Her family had moved a lot.
2 Her family lived nearby.
3 She got good grades.
4 She had learned about a lot of cities.

No. 18
1 The history of Los Angeles.
2 The countries she has visited.
3 Foods that do not taste good.
4 Places to go that do not cost money.

61

No. 19

1 Take trips to different places.
2 Open a restaurant in France.
3 Start writing for a magazine.
4 Live with his daughter in Asia.

No. 20

1 It was created for a wedding.
2 It has vegetables and meat in it.
3 Many people serve it with wine.
4 Many people use it as a pasta sauce.

No. 21

1 She won a badminton competition.
2 She learned to play a new sport.
3 She started a new college club.
4 She planned a trip to Japan.

No. 22

1 He cannot read some of his notes.
2 He cannot hear his professor.
3 His laptop computer is broken.
4 His test scores are getting worse.

No. 23

1 The first Superman comic was drawn in Canada.
2 The Superman movies were filmed in Canada.
3 The artist who drew him was born in Canada.
4 The writer who created him moved to Canada.

No. 24

1 They could not find a house they liked.
2 They do not have good salaries.
3 They have been spending a lot of money.
4 They had an expensive wedding.

No. 25

1 There are a lot of places to do research at.
2 There are many famous authors living there.
3 He found a job at a museum there.
4 He spent a year there before.

No. 26	1 By introducing a new member. 2 By buying more than one item. 3 By spending more than $20. 4 By joining the Smart Shopper Club.

No. 27	1 He had flowers delivered to his mother. 2 He wrote his mother a letter from Japan. 3 He flew to Australia to visit his mother. 4 He made a website for his mother.

No. 28	1 Many are based on older stories. 2 Many were printed in newspapers. 3 They are becoming less popular. 4 They can help us learn about history.

No. 29	1 Teach children how to take photos. 2 Travel to the mountains. 3 Take pictures at a wedding. 4 Sell photos of beautiful scenery.

No. 30	1 Put their seats back to their original position. 2 Make sure their seat belts are tight enough. 3 Choose a dessert to eat. 4 Empty their seat pockets.

19年度第1回 リスニング

問題カード（A日程）　　◀)) ▶MP3 ▶アプリ ▶CD1 74～78

Keeping Children Safe

Most home products, such as can openers, are designed for adults. These products are difficult and dangerous for children to use. To deal with this problem, some companies produce goods that are designed to be safe for children. More parents purchase such goods, and by doing so they keep their children safe. Further improvements will probably be made to other products, too.

Your story should begin with this sentence: **One day, Ken was talking to his mother about celebrating his father's birthday.**

Questions

No. 1 According to the passage, how do more parents keep their children safe?

No. 2 Now, please look at the picture and describe the situation. You have 20 seconds to prepare. Your story should begin with the sentence on the card.
<20 seconds>
Please begin.

Now, Mr. / Ms. ——, please turn over the card and put it down.

No. 3 Some people say that parents should make their children study from an early age. What do you think about that?

No. 4 Today, some Japanese actors appear in foreign films. Do you think the number of these actors will increase in the future?
Yes. → Why?
No. → Why not?

問題カード（B日程）　　◀》　▶MP3　▶アプリ　▶CD 1 79〜82

Reducing Paper Waste

At many workplaces, paper documents are often used at meetings. This causes a large amount of paper waste. Now, computer programmers have developed software that makes it easier for people to share documents. Many companies are introducing such software, and in this way they are reducing their use of paper. Digital technologies are helping companies to become more and more efficient.

Your story should begin with this sentence: **One day, Mr. and Mrs. Kojima were cleaning their home.**

Questions

No. 1   According to the passage, how are many companies reducing their use of paper?

No. 2   Now, please look at the picture and describe the situation. You have 20 seconds to prepare. Your story should begin with the sentence on the card.
<20 seconds>
Please begin.

Now, Mr. / Ms. ——, please turn over the card and put it down.

No. 3   Some people say that, because of the Internet, people are spending too much time alone. What do you think about that?

No. 4   Today, many junior high schools give students the chance to experience working in places like shops or restaurants. Do you think this is a good idea?
Yes.   → Why?
No.   → Why not?

2018-3

一次試験　2019.1.27 実施
二次試験　A日程　2019.2.24 実施
　　　　　B日程　2019.3. 3 実施

Grade 2

試験時間

筆記：85分
リスニング：約25分

一次試験・筆記　　　　　p.70〜84
一次試験・リスニング　　p.85〜89
二次試験・面接　　　　　p.90〜93

＊解答・解説は別冊p.77〜112にあります。
＊面接の流れは本書p.16にあります。

2018年度第3回

**Web 特典「自動採点サービス」対応
オンラインマークシート**

※検定の回によってQRコードが違います。
※筆記1〜3, リスニングの採点ができます。
※PCからも利用できます（本書 p.8 参照）。

一次試験

筆 記

1 次の (1) から (20) までの （　　　） に入れるのに最も適切なものを 1, 2, 3, 4 の中から一つ選び，その番号を解答用紙の所定欄にマークしなさい。

(1) Scott has decided to (　　　) in a marathon next month. He is training hard to get ready for the race.

1 participate　　**2** spread　　　**3** delay　　　　**4** whisper

(2) *A:* I'm sorry, ma'am, but it's (　　　) to park here. Your car is blocking the entrance to the fire station.
B: I see, officer. I'll move it right away.

1 common　　　**2** private　　　**3** illegal　　　**4** complex

(3) Before Tom left for his vacation in Canada, he made sure that his health (　　　) would cover him if he got sick overseas.

1 affection　　**2** insurance　　**3** violence　　**4** mineral

(4) Andy and Samantha (　　　) to get married next year, so right now they are saving money to buy a house.

1 intend　　　**2** matter　　　**3** regret　　　**4** preserve

(5) When people ask Lori what her (　　　) is, she usually says that she is an office worker. It is easier than explaining what her job actually is.

1 signature　　**2** disaster　　　**3** emotion　　　**4** occupation

(6) Mr. Wilson read his students' English essays and wrote comments about the mistakes. He then returned the essays to his students and asked them to (　　　) the errors for homework.

1 decline　　　**2** postpone　　**3** correct　　　**4** elect

(7) When the Internet was first created, few people understood its (　　　). After several years, though, it became obvious that the Internet would change people's lives completely.

1 confusion　　　　　　　　　**2** allowance
3 pronunciation　　　　　　　**4** significance

70

(8) Mr. and Mrs. Lawrence were unable to enjoy their meal at the restaurant because their children were (   ) badly. They were shouting and throwing food at each other.

1 marching　　**2** observing　　**3** behaving　　**4** approving

(9) *A:* Mom, give me $2 to buy a snack.
B: I'll only give you the money if you ask (   ), Darren. You could start by saying "please."

1 safely　　**2** widely　　**3** politely　　**4** accidentally

(10) The students began working with more (   ) when they heard they would get a prize if their class did the best on their school project.

1 enthusiasm　　　　　　**2** coincidence
3 origin　　　　　　　　**4** warning

(11) The photograph of the crowded stadium was (   ), so it was difficult to see the faces of the people clearly.

1 in the moment　　　　　**2** at its best
3 to the point　　　　　　**4** out of focus

(12) Julie named her kitten Oliver (   ) a character in one of her favorite novels. People often asked her why she had chosen the name.

1 in　　　　**2** with　　　　**3** to　　　　**4** after

(13) *A:* Do you mind if I use this computer?
B: It's fine as (   ) as I'm concerned, but you had better check with the boss.

1 long　　　　**2** far　　　　**3** much　　　　**4** well

(14) Alice is always very (   ) others. She is always careful not to say things that might hurt people's feelings.

1 considerate of　　　　　**2** confident of
3 known to　　　　　　　**4** engaged to

(15) Gavin finds it hard to (   ) in math class because the class is right before lunchtime. He is often thinking about what he will eat.

1 shake hands **2** take cover
3 make believe **4** pay attention

(16) Lisa is (   ) to become a professional pianist, so she practices for many hours every day.

1 admitted **2** revealed **3** determined **4** frightened

(17) *A:* Are you going to the dentist today?
B: Yes, I have to get a tooth pulled out. I can't wait to get it (   ) so that my mouth will stop hurting.

1 together with **2** over with
3 back from **4** away from

(18) Takako cried in gym class when she slipped and fell down in front of everyone. She ended up (   ) again when she told her mother what had happened.

1 cry **2** crying **3** to cry **4** have cried

(19) Gabriella buys a lottery ticket every week. For this week's lottery, (   ) wins will receive $5 million. She hopes that this time it will be her.

1 whoever **2** whatever **3** whenever **4** wherever

(20) David used to eat very big meals, but now he is on a diet to lose weight. He tries to eat no (   ) than 1,800 calories per day.

1 more **2** less **3** most **4** least

（筆記試験の問題は次のページに続きます。）

18年度第3回　筆記

次の英文 [A], [B] を読み，その文意にそって (21) から (26) までの（　　）に入れるのに最も適切なものを 1, 2, 3, 4 の中から一つ選び，その番号を解答用紙の所定欄にマークしなさい。

[A]

Good Job

Nowadays, when you visit a successful company, you expect to see stylish, modern offices. Such companies often spend a lot of money on advertising and on creating a good public image. Their goals are to both impress customers and (　　**21**　　). In fact, people who are looking for a job are much more likely to apply to a famous and successful company.

A recent trend in the United Kingdom, however, is for people to consider other things when choosing a company they want to work for. Russell Govan, who works in human resources, has been interviewing job applicants for 25 years. In the last few years, Govan says, he has (　　**22**　　). These days, he says, more and more young people prefer a pleasant atmosphere with friendly and supportive co-workers to high pay at a successful company. Basically, they are looking for companies that will give them the happiest working experience and the most satisfaction.

Innocent Drinks, a fruit drink company in London, is one company that is trying to create such a fun and relaxed image. For example, it has set up an informal working environment where employees are able to chat and joke with their co-workers, so employees say they enjoy working there. (　　**23**　　), the owners say that this enjoyable environment leads to better ideas, such as cute pictures on their products' labels and a fun website written in informal English. Customers, too, are attracted to the company by its casual style. With all these benefits, it is likely that more companies will follow this trend.

74

(21) **1** become more stylish
     2 gain more clients
     3 increase their profits
     4 attract new employees

(22) **1** needed more young people
     2 worried about this trend
     3 seen a change
     4 found a problem

(23) **1** What is more
     2 Like before
     3 For this purpose
     4 Despite this

[B]

Mystery in the Sky

If you look up at the sky on a clear summer night, you might be lucky enough to see a special type of cloud glowing in the darkness. These clouds are strange and rare events called noctilucent clouds (NLCs). NLCs are different from the clouds we see every day. Most clouds form near the earth's surface—usually within 10 kilometers of the ground. (**24**   ), NLCs are formed around 80 kilometers away, in a section of the sky called the mesosphere. NLCs are also colorful—generally bright blue, but sometimes red, yellow, or white.

Scientists believe that, like normal clouds, NLCs are made of tiny ice crystals. However, in the mesosphere, it is usually (**25**   ). In order for ice crystals to form and create clouds, there must be water and dust for that water to stick to. NLCs are only able to form in the summer, when winds carry water up to the mesosphere from lower levels of the atmosphere.

NLCs have only appeared in recent times. In fact, the first NLCs were recorded in 1885, two years after a volcano erupted in Krakatoa, Indonesia. Scientists believe that the volcano released huge amounts of dust into the mesosphere, which allowed NLCs to form. Although this may explain why NLCs were seen after the eruption, it does not explain the NLCs that occur today. Some scientists now believe that NLCs are (**26**   ). For one thing, NLCs did not start to appear until the modern age, when carbon dioxide and other gases began to increase. For another, they are becoming more frequent and widespread as temperatures rise.

(24) **1** For instance
     2 In contrast
     3 Since then
     4 Even so

(25) **1** too warm for people to see
     2 too dry for clouds to form
     3 too dark for scientists to study
     4 too windy for normal clouds

(26) **1** going to disappear soon
     2 caused mainly by volcanoes
     3 dangerous for humans
     4 related to global warming

次の英文 [A], [B], [C] の内容に関して，**(27)** から **(38)** までの質問に対して最も適切なもの，または文を完成させるのに最も適切なものを **1**, **2**, **3**, **4** の中から一つ選び，その番号を解答用紙の所定欄にマークしなさい。

[A]

From: Maze Online Books <info@mazebooks.com>
To: Michael Smith <msmith22@gomail.com>
Date: January 27
Subject: Your recent purchase

Dear Mr. Smith,

Thank you for your recent order of *The Oldest Day* by Rachel Woodrow. We at Maze Online Books would like you to take a few minutes to write a review of the book online. In return, we're offering $2 off your next book order from our website. Simply log in to your Maze account, view "recent purchases," and click on the "review" link to the right of the book you purchased.

Please understand that we're asking for a review of the content of the book, not of our services. If you had a problem with delivery or payment, please send a message to our customer service center at customer-service@mazebooks.com. Once your book review is complete, we will e-mail you a coupon code. The coupon can be used for book purchases, including e-books. However, it cannot be used to purchase other goods on our website.

Also, from next month, Maze will be lowering the price of our book-of-the-month service to only $10 per month. Each month, you can choose one of five different books which are recommended based on the books that you like. It's a great way to get introduced to new authors. If you're interested, you can sign up today and get 10 percent off your first month by using this code: READ12.

Sincerely,
The Maze Online Books Team

(27) Maze Online Books has e-mailed Mr. Smith

1 to confirm his order of *The Oldest Day.*
2 to ask him to review a book that he bought.
3 because he needs help logging in to his account.
4 because he was unhappy with his recent purchase.

(28) What should Mr. Smith do if his book was damaged during delivery?

1 Exchange it for other goods on the store's website.
2 Write about it in his review of the book.
3 Tell Maze and get a coupon code.
4 Send an e-mail to the customer service center.

(29) What is true about Maze's book-of-the-month service?

1 It will become cheaper next month.
2 Customers receive five books each month.
3 Maze chooses the book of the month randomly.
4 Mr. Smith can get 10 percent off for the whole year.

[B]
A New Type of Chocolate

Chocolate is one of the most popular foods in the world, and more and more of it is consumed every year. Recent research has shown that chocolate can have good effects on people's health. However, chocolate also contains ingredients, such as fat and sugar, which can be harmful. This means that eating a lot of chocolate is not good for you. Recently, though, a team of scientists at the University of Warwick in the United Kingdom has come up with a way to replace fat in chocolate without affecting the taste.

The reason that traditional chocolate has so much fat in it is that the fat is needed to keep all the ingredients combined together. Chocolate usually consists of cocoa powder, cocoa butter, fat from milk, sugar, and water. These ingredients separate easily. Therefore, extra fat is added to keep all these different ingredients together. The fat also creates the smooth feeling of chocolate. The team of scientists, though, has found a new and much healthier way to keep the ingredients of chocolate together.

In this method, first, fruit juice, which is healthier than fat, is converted into tiny bubbles. These are then mixed with the other ingredients in order to hold them all together. According to the leader of the team, Stefan Bon, it is possible to replace up to 50 percent of the fat with fruit juice in this way. The method can be used with dark, milk, or white chocolate, and the fruit juice maintains the feeling of chocolate in the mouth. So far, the team has been able to use cranberry, orange, and apple juice.

Of course, fruit-flavored chocolate has been available for some time. This time, though, the aim is not to improve the flavor of the chocolate but to make it healthier. More recently, the scientists have found that it is possible to replace the fruit juice with water and vitamin C in order to maintain a purely chocolate flavor. Even with the new method, chocolate will continue to have fat and sugar, so people should be careful not to eat too much. The new method, however, will make it much healthier than before.

(30) The chocolate developed by a team of scientists at the University of Warwick

    1 has become the most popular type of chocolate in the world.
    2 has more sugar but less fat than most types of chocolate.
    3 tastes good but is healthier to eat than traditional chocolate.
    4 helps people who dislike the flavor of traditional chocolate.

(31) Why is extra fat added to traditional chocolate?

    1 To add a harder feeling to some types of chocolate.
    2 To improve the taste of the milk used in chocolate.
    3 To reduce the amount of sugar that is necessary.
    4 To prevent the various ingredients from separating.

(32) What has the team of scientists discovered?

    1 A type of fruit juice that can be added to chocolate to improve its taste.
    2 A way to make chocolate that maintains the sweet flavor of fruit juice.
    3 Up to half of the fat in chocolate can be replaced with fruit juice.
    4 Fruit juice can be added to traditional chocolate to make it harder.

(33) The team of scientists has found that

    1 adding vitamin C to chocolate can make it even healthier than adding fruit juice alone.
    2 water and vitamin C can be used to make chocolate healthier without changing the taste.
    3 the combination of fat and sugar in chocolate is the main reason that people enjoy eating it.
    4 chocolate that tastes like fruit is naturally healthier than other types of chocolate.

[C]
Female Pioneers

Since the computer's invention, many of the people famous for working in computer science have been men. Even now, only about 25 percent of people working in computer-related fields in the United States are women. However, some of the first computer programmers were a group of American women who worked at the University of Pennsylvania in the 1940s. They made a huge contribution to the development of modern computers, but for many years their work was largely forgotten.

During World War II, many American men were fighting overseas. As a result, women were needed for jobs that were traditionally done by men. For example, in 1942, the U.S. Army hired a group of women who had studied math in university. The U.S. Army needed to understand where and how its rockets and bombs moved, so the army asked the women to do the calculations. At first, the women worked with desk calculators. Each calculation took one woman about 20 hours to complete.

To reduce the time it took to complete these calculations, the army developed a special computer in 1943. It was called ENIAC, and it was designed by engineers at the University of Pennsylvania. The computer was big enough to fill a whole room and had to be programmed before each calculation. Six women were chosen to develop a way to program the computer. Their names were Kathleen Antonelli, Jean Bartik, Betty Holberton, Marlyn Meltzer, Frances Spence, and Ruth Teitelbaum. Although it could sometimes take a long time to program the computer for a calculation, once the computer was programmed, it only took 30 seconds to complete each calculation.

Although the women created one of the first computer programs, few people remembered them. Then, in 1986, a young female student at Harvard University, Kathryn Kleiman, was researching women in computer science. She came across a photo of the six women working with ENIAC. She began to research the women's contribution and eventually made a documentary about them. Finally, the women were recognized for the big role they had played in the development of modern computing. Kleiman believes that remembering these women is important because it will encourage more women to take up careers in computer science.

(34) What is true about computer programming?
1 Most people had forgotten that some of the first computer programmers were female.
2 A majority of people who study to become computer programmers are women.
3 Male computer programmers have trouble finding jobs in the modern economy.
4 Most of the men working in computer programming studied at the University of Pennsylvania.

(35) What happened during World War II?
1 Women began doing jobs which had mostly been done by men before the men went to war.
2 Men who had studied math in college often found it difficult to find a place to work.
3 The U.S. Army calculated the time it took to build rockets and bombs.
4 The U.S. Army hired a group of women to fight along with men overseas.

(36) ENIAC was
1 a special program where women could learn how to develop new computers.
2 a device that could quickly do calculations that took humans a long time to complete.
3 an event held by the U.S. Army to increase the security of their computers.
4 a type of device that was used by computers to increase the speed of their calculations.

(37) What did Kathryn Kleiman do?
1 She created a group to support women who want to become computer programmers.
2 She made a documentary about a group of women who helped develop modern computer programming.
3 She became the first woman to get a degree in computer programming at Harvard University.
4 She developed a new way to use computer programming to create movies.

(38) Which of the following statements is true?
1. Women calculated the movements of rockets and bombs for the U.S. Army during World War II.
2. Kathryn Kleiman began teaching computer science at Harvard University in 1986.
3. The first computer was so large that it took two days for a group of women to repair.
4. About 75 percent of young American women have said that they will study computer science.

ライティング
- 以下の **TOPIC** について，あなたの意見とその<u>理由を **2** つ</u>書きなさい。
- **POINTS** は理由を書く際の参考となる観点を示したものです。ただし，これら以外の観点から理由を書いてもかまいません。
- 語数の目安は **80** 語〜**100** 語です。
- 解答は，解答用紙の **B** 面にあるライティング解答欄に書きなさい。<u>なお，解答欄の外に書かれたものは採点されません。</u>
- 解答が **TOPIC** に示された問いの答えになっていない場合や，**TOPIC** からずれていると判断された場合は，<u>**0** 点と採点されることがあります。</u>**TOPIC** の内容をよく読んでから答えてください。

TOPIC
Some people say that playing sports helps children become better people. Do you agree with this opinion?

POINTS
- Health
- Personal interests
- Teamwork

一次試験
リスニング

2級リスニングテストについて

1. このリスニングテストには，第1部と第2部があります。
   ★英文はすべて一度しか読まれません。
   第1部：対話を聞き，その質問に対して最も適切なものを1，2，3，4の中から一つ選びなさい。
   第2部：英文を聞き，その質問に対して最も適切なものを1，2，3，4の中から一つ選びなさい。

2. No. 30のあと，10秒すると試験終了の合図がありますので，筆記用具を置いてください。

第1部　　▶MP3　▶アプリ　▶CD 2 **1**～**16**

No. 1
1. It is not for sale yet.
2. It is not a new book.
3. It is very popular.
4. It will be finished soon.

No. 2
1. He takes them to the supermarket.
2. He sells them to a recycling center.
3. He gives them to his apartment manager.
4. He sends them to another city.

No. 3
1. He wants to show Dorothy a stain on it.
2. He has to take it on a business trip.
3. He wants to wear it to a meeting.
4. He has to take it to the dry cleaner's.

No. 4
1. On the second floor of the building.
2. On the library's computer system.
3. In the old library building.
4. In the room next to the computer room.

No. 5
1. The woman checked the GPS location.
2. The woman saw it in her handbag.
3. The man remembered where it was.
4. The man called it with his phone.

No. 6	1 Going to see Amanda in Spain.
	2 Buying some blankets for Amanda.
	3 Moving into an apartment in Barcelona.
	4 Traveling with their friends from college.

No. 6
1 Going to see Amanda in Spain.
2 Buying some blankets for Amanda.
3 Moving into an apartment in Barcelona.
4 Traveling with their friends from college.

No. 7
1 Coming to her party.
2 Helping her study French.
3 Giving her a birthday card.
4 Buying her dinner at a restaurant.

No. 8
1 He wrote about the wrong subject.
2 He turned in the paper late.
3 He did not do any research.
4 He made a lot of spelling mistakes.

No. 9
1 Buy some clothes from the woman.
2 Take some clothes to the dry cleaner's.
3 Give some clothes to a charity.
4 Fix some holes in his clothes.

No. 10
1 It had too many words.
2 It is very important.
3 It is not very interesting.
4 It was written too quickly.

No. 11
1 Let the woman taste the ice cream.
2 Bring the woman's change.
3 Get a menu for the woman.
4 Tell the woman what time they close.

No. 12
1 He learned many recipes in cooking school.
2 He started cooking when he was young.
3 His brother and sister taught him to cook.
4 Only professionals should try cooking.

86

No. 13	1 Taking him to a train museum.
	2 Getting change from a machine.
	3 Explaining how to buy tickets.
	4 Showing him a map of the train station.

No. 14	1 He picked some coconuts.
	2 He ate a lot of candy.
	3 He saw many famous sights.
	4 He visited a factory.

No. 15	1 Cancel the meeting on Friday.
	2 Print out sales reports.
	3 Attend his presentation.
	4 Clean up his desk.

▒▒▒ **第 2 部** ▒▒▒▒▒▒▒▒▒▒▒▒▒▒▒▒▒ 🔊 ▸MP3 ▸アプリ ▸CD 2 **17**〜**32**

No. 16	1 Her boss is not nice to her.
	2 Her job does not pay well.
	3 She needs more time for studying.
	4 She will start studying abroad soon.

No. 17	1 Customers wrote bad reviews about it online.
	2 Customers can only get a discount for it online.
	3 It can only be bought at Electronic Mart.
	4 It is sold more cheaply at Electronic Mart.

No. 18	1 Many people were leaving their garbage there.
	2 Too many people were running there.
	3 A new city hall was being built there.
	4 The signs were very dirty there.

No. 19

1 It eats meat and plants.
2 It has brown legs and small ears.
3 It sleeps for 50 percent of the day.
4 It is the biggest type of wolf.

No. 20

1 To learn difficult English words.
2 To prepare for an English exam.
3 To understand her classes in Japan.
4 To help her enter a college in Japan.

No. 21

1 Look at the car rental prices.
2 Ask for maps and directions.
3 Review the traffic and safety laws.
4 Show a staff member their driver's license.

No. 22

1 He did not enjoy going to school.
2 He did not have any books to read.
3 He believed education was important.
4 He lost a war against western Europe.

No. 23

1 By cleaning up the local area.
2 By fixing things in their homes.
3 By chatting with them at their homes.
4 By teaching them how to use computers.

No. 24

1 He wanted to join a snowboarding competition.
2 He wanted his friends to have fun snowboarding.
3 His friend was a snowboard instructor.
4 His friends were too busy to teach him.

No. 25

1 The noise was bothering other students.
2 The Internet connection was not working.
3 The students were playing games on them.
4 The students were not taking enough notes.

No. 26
1 They were not used in Europe.
2 They were not very useful for people.
3 They were made from animal bones.
4 They were similar to modern ice skates.

No. 27
1 Change the club's website.
2 Choose a new club secretary.
3 Organize a party for Raymond.
4 Decide the rules for a competition.

No. 28
1 She missed the last train home.
2 She left her wallet at a restaurant.
3 She could not go out to see her friends.
4 She did not have money to pay for dinner.

No. 29
1 They are a drink made from milk.
2 They are a dish made from corn.
3 They are originally from Europe.
4 They are usually eaten in the evening.

No. 30
1 He chatted on the phone.
2 He started writing a book.
3 He worked on his computer.
4 He talked to his favorite writer.

二次試験

問題カード（A日程）　　　◀))　▶MP3　▶アプリ　▶CD 2 33〜37

Ocean Life

Nowadays, various kinds of ocean life, such as fish and sea turtles, are facing serious problems caused by human beings. For example, some people throw things made of plastic into the sea. Some animals in the ocean eat such things by accident, and in this way they damage their health. People should remember that their actions can cause problems for ocean life.

Your story should begin with this sentence: **One day, Mr. and Mrs. Suzuki were visiting the beach on their vacation.**

Questions

No. 1 According to the passage, how do some animals in the ocean damage their health?

No. 2 Now, please look at the picture and describe the situation. You have 20 seconds to prepare. Your story should begin with the sentence on the card.

<20 seconds>

Please begin.

Now, Mr. / Ms. ——, please turn over the card and put it down.

No. 3 Some people say that keeping a pet can help people reduce their stress. What do you think about that?

No. 4 These days, some young people rent a house and live in it together. Do you think sharing a house will become more common in the future?

Yes. → Why?

No. → Why not?

問題カード（B日程）

A New Technology

Nowadays, a technology called virtual reality is attracting attention. With this technology, people can experience various situations that look real. This technology is useful in many different fields. For example, doctors need opportunities to improve their skills. Virtual reality allows doctors to have such opportunities at any time, and in this way it helps them to become better at their jobs.

Your story should begin with this sentence: **One day, Mr. and Mrs. Mori were thinking about watching a movie at the theater.**

Questions

No. 1 According to the passage, how does virtual reality help doctors to become better at their jobs?

No. 2 Now, please look at the picture and describe the situation. You have 20 seconds to prepare. Your story should begin with the sentence on the card.
<20 seconds>
Please begin.

Now, Mr. / Ms. ——, please turn over the card and put it down.

No. 3 Some people say that more security cameras should be set up on streets in cities and towns. What do you think about that?

No. 4 It is often said that children today read fewer books than before. Do you think children should spend more time reading?
Yes. → Why?
No. → Why not?

2018-2

一次試験 2018.10.7 実施
二次試験 A日程 2018.11. 4 実施
　　　　 B日程 2018.11.11 実施

Grade 2

試験時間

筆記：85分
リスニング：約25分

一次試験・筆記　　　　p.96〜110
一次試験・リスニング p.111〜115
二次試験・面接　　　　p.116〜119

＊解答・解説は別冊p.113〜148にあります。
＊面接の流れは本書p.16にあります。

2018年度第2回

Web 特典「自動採点サービス」対応
オンラインマークシート

※検定の回によってQRコードが違います。
※筆記1〜3，リスニングの採点ができます。
※PCからも利用できます（本書p.8参照）。

一次試験
筆 記

1 次の (1) から (20) までの（　　）に入れるのに最も適切なものを **1**, **2**, **3**, **4** の中から一つ選び，その番号を解答用紙の所定欄にマークしなさい。

(1) **A:** Wendy, tell your sister that I hope she feels better soon.
B: She'd love to hear from you (　　). Why don't you give her a call tonight?

1 historically　**2** barely　　**3** directly　　**4** previously

(2) The new movie (　　) some very famous actors, including Tom MacDonald. Some people are saying they plan to go and see the movie just because he is in it.

1 deletes　　**2** features　　**3** monitors　　**4** reminds

(3) **A:** I don't have an appointment, but I need to speak to Ms. Jasper immediately. I have a very (　　) message for her.
B: All right, sir. I'll go find her right now.

1 relative　　**2** generous　　**3** cruel　　**4** urgent

(4) Last month, Marilyn's father turned 70 years old. She planned a big (　　) for him and over 50 guests attended.

1 foundation　**2** celebration　**3** reflection　**4** prediction

(5) The students had difficulty understanding some (　　) in the textbook, so the professor had to take extra time in class to explain them.

1 whispers　　**2** deposits　　**3** concepts　　**4** apologies

(6) Jack (　　) his friends by telling them that he was working as a top chef at an expensive restaurant. Actually, he was a waiter and did not do any cooking.

1 established　**2** endured　　**3** disposed　　**4** deceived

96

(7) The computer company studied its sales (　　　) to learn more about who was buying its products. It found that people in their 20s bought the most expensive computers.

1 compromises **2** statistics

3 terminals **4** religions

(8) All the soccer players went onto the field and quickly got into (　　　). They were ready for the game to start.

1 formation **2** currency **3** envelopes **4** quarrels

(9) Cynthia quit her part-time job because she could not (　　　) working and going to college at the same time. Trying to do both was too tiring for her.

1 remove **2** excuse **3** detect **4** handle

(10) Last year, Ken's house was damaged by a typhoon. He had to spend a lot of money in order to (　　　) the house to its original condition.

1 accompany **2** punish **3** restore **4** compare

(11) Annette usually goes on vacation with her friends, but (　　　) time to time, she likes to travel alone.

1 since **2** around **3** from **4** with

(12) Air conditioners were in (　　　) last summer because of the very hot temperatures.

1 demand **2** common **3** advance **4** detail

(13) Violet's father always stood (　　　) in a crowd, both because he was very tall and because he had bright red hair.

1 out **2** over **3** up **4** by

(14) Donna had to wait at home until the computer repairman came. (　　　), she washed the dishes and cleaned the bedroom.

1 To some extent **2** At any cost

3 In the meantime **4** On the contrary

(15) Before Allison had children, she did not like going to the zoo. However, after she started taking her kids there, she (   ) to like it a lot.

1 forgot   **2** made   **3** took   **4** came

(16) Gary played golf with an important client from work yesterday. Gary is actually very good at golf, but he decided to play badly so that his client would not lose (   ).

1 signal   **2** face   **3** cause   **4** part

(17) When Kevin became the sales manager, his boss told him that he would have to (   ) any mistakes that his team made. Kevin agreed to take on this new responsibility.

1 rely on   **2** vote for   **3** answer for   **4** insist on

(18) The school's sports day took place as planned, (   ) the rain. Most of the events happened inside the gym.

1 along   **2** despite   **3** about   **4** worth

(19) Joanne's parents went to New York last weekend. (   ) lonely, Joanne invited some friends over to watch a movie on Saturday night.

1 Feeling   **2** Felt
3 To have felt   **4** To feel

(20) *A:* Mr. McMillan, welcome to AirBed Hotel. We regret (   ) you that the pool will be closed for repairs this evening.

B: That's OK. I wasn't planning to swim tonight.

1 to inform   **2** informed
3 have informed   **4** inform

98

（筆記試験の問題は次のページに続きます。）

18年度第2回　筆記

次の英文 [A], [B] を読み，その文意にそって (21) から (26) までの (　) に入れるのに最も適切なものを 1, 2, 3, 4 の中から一つ選び，その番号を解答用紙の所定欄にマークしなさい。

[A]

New Bananas

Although there are many varieties of bananas, most bananas sold around the world are one type—the Cavendish. However, this was not always true. Until the 1960s, a much larger and better tasting banana called the Gros Michel was the most popular. (　**21**　), a fungus called Panama disease began killing Gros Michel bananas. Soon, the disease had spread so much that fruit companies could no longer produce enough Gros Michel bananas. They started growing Cavendish bananas instead.

At that time, the Cavendish was not affected by Panama disease. However, recently, a new type of the disease has begun killing Cavendish bananas in parts of Asia, Australia, and Africa. Luckily, it has not yet reached Central America, where most Cavendish bananas are grown. Nevertheless, experts believe (　**22**　) there. In response, scientists are looking for a banana to replace the Cavendish, just as the Cavendish replaced the Gros Michel.

To do this, some scientists are trying to change the Cavendish's DNA so that it cannot get sick. However, many people worry that eating foods that have been changed in this way will have negative effects on their health. Therefore, other scientists are trying to use natural methods to create new banana varieties. One such scientist is Juan Aguilar, who helped produce a banana called the Goldfinger, which is not affected by Panama disease. However, because it tastes similar to an apple, it probably (　**23**　) the Cavendish. Aguilar is confident he will one day be able to create a new banana that tastes similar to the Cavendish and is safe from disease.

100

(21) **1** In contrast   **2** For instance
      3 Unfortunately   **4** Additionally

(22) **1** the bananas will be safe
      2 the disease will soon arrive
      3 people will get sick
      4 production will quickly increase

(23) **1** has a better flavor than
      2 has more vitamins than
      3 cannot protect
      4 will not replace

[B]
The Benefits of Touch

Humans have five important senses they use to understand the world—sight, hearing, smell, taste, and touch. Of these, people tend to think hearing and sight are (**24**   ). However, some experts believe touch is just as necessary for human communication, relationships, and health. This should not be surprising because touch is actually the first sense that babies develop. Moreover, there is now evidence that touch also has the ability to reduce anxiety and heal the body.

For example, a researcher named James Coen found that holding a loved one's hand can reduce stress. Using an MRI machine, Coen examined the brains of a group of married women. When a woman knew she would receive an electric shock to her ankle, the areas of her brain related to fear became active. However, when her husband touched her hand, (**25**   ) in those areas. Coen found that the women also felt less fear even when their hand was touched by a stranger, but to a lesser degree.

Other studies have looked at the effects that different kinds of touch, such as massage, have on health. In one study, it was found that massage causes a decrease in certain chemicals in the body called cytokines. These chemicals cause the body to feel pain. (**26**   ), massage could be particularly helpful for people suffering from frequent pain as a result of autoimmune disorders—diseases where the body attacks itself. In response to these discoveries, many more doctors are now using touch to treat people for both mental and physical problems.

(24) 1 the most difficult
2 more useful than smell
3 the most important
4 more annoying than taste

(25) 1 she became cold
2 she felt pain
3 feelings became clearer
4 brain activity dropped

(26) 1 To make matters worse
2 As usual
3 Even so
4 For this reason

18
年度第2回　筆記

次の英文 [A], [B], [C] の内容に関して, **(27)** から **(38)** までの質問に対して最も適切なもの, または文を完成させるのに最も適切なものを **1, 2, 3, 4** の中から一つ選び, その番号を解答用紙の所定欄にマークしなさい。

3

[A]

From: Pete Quince <p.quince@obertonlions.com>
To: All Parents <lionshockeyparentslist@inmail.com>
Date: October 7
Subject: Parent volunteers

- -

Dear parents,

This is Pete Quince, the coach of your sons' hockey team. Every year, our team holds a number of special events to raise money. We use this money to buy sports equipment, to pay for membership to the Junior Hockey Association, and to travel to our hockey games. We are currently looking for parents to volunteer at these events. At practice last week, I gave each player a sign-up sheet for our next event, which will be held in November.

This event will be a T-shirt sale. We'll be holding the T-shirt sale at the Oberton Park picnic area. We've put out an advertisement for the event in the local newspaper. The boys are designing T-shirts that will show our team's lion mascot. Shirts-n-Stuff, a local company, has agreed to print the shirts for a special, discounted price.

At the event, we'll need parents to help us set up tables for the sale, as well as receive payments. If you're interested in volunteering or not, please fill out the sign-up sheet that your son brought home. When you've filled it out, ask your son to bring it to practice sometime this week. The deadline is Friday. If you have any questions, please e-mail me or give me a call.

Sincerely,
Pete Quince
Oberton Lions Coach

104

(27) Last week, Pete Quince gave the hockey players

1 some new equipment for this year's season.
2 some money to pay for travel expenses to games.
3 sheets for parents to sign if they want to volunteer.
4 tickets to a special event at the Junior Hockey Association.

(28) What will Shirts-n-Stuff do for the hockey team?

1 Help the team advertise its event in the newspaper.
2 Design a T-shirt with a lion on it for the team.
3 Allow the team to pay a lower price than usual for T-shirts.
4 Donate money to help the team with its event.

(29) What is one thing that Pete Quince asks parents to do?

1 Lend the team some tables.
2 Attend every practice with their son.
3 Call him about their sons' payments.
4 Reply to his request by Friday.

[B] *A New Way to Use a Computer*

Most people use a mouse when they use a computer. This device allows them to move the cursor* around the screen and click on the things they want to use. However, many disabled people cannot use their hands freely. A Swedish company called the Tobii Group has come up with a device that can help such people. It is called the PCEye, and it allows users to move a cursor on the computer screen just by moving their eyes.

The device works by using a camera that watches the movements of a person's eyes. The camera is fixed to the bottom of the computer screen. When the user's eyes move, the cursor on the screen moves. There are two ways for users to click on what they would like to use. One way is just to stare at a part of the screen until it is clicked. However, this can easily lead to mistakes, and so the company has developed another way. This involves closing the eyes and opening them. The timing can be changed so that it is clear when the user intends to click on something.

Although the device is useful for people who cannot use their hands, the company believes that it will be attractive to other types of users, too. In particular, people who use tablet computers often find it difficult to hold the computer in their hands and touch the screen at the same time. For these people, the PCEye could be extremely useful. The company also thinks that people will enjoy playing computer games where they can control the game just by using their eyes.

At present, the main problem is the high price of the device, but the company is working hard to make it cheaper. Meanwhile, the PCEye has made a big difference to thousands of disabled people. Not only does it allow them to access the Internet or contact their friends and relatives, but it also improves their employment opportunities. In this sense, the device is another example of the way in which developments in technology can help disabled people lead better lives.

*cursor: カーソル

(30) The PCEye is a device that
1 provides information on how people use their eyes.
2 helps disabled people see small items on the screens of computers.
3 acts like a human eye allowing people to see what is happening around them.
4 makes it easier for people who have trouble moving their hands to use a computer.

(31) Why did the Tobii Group develop a second way for the PCEye to click on things?
1 It is easy for mistakes to be made when people stare at the screen.
2 It is difficult for the camera to see where the user's eyes are looking.
3 The Tobii Group was worried that users would accidentally break their computers.
4 The Tobii Group wanted to find a faster way to open programs that people wanted to use.

(32) What is one group of people who may be interested in using the PCEye?
1 Those who enjoy using the most attractive types of new technology.
2 Those who have trouble touching the screen while holding a tablet computer.
3 Those who are not interested in playing new games on tablet computers.
4 Those who have not yet learned how to type on a traditional keyboard.

(33) What is one advantage of the PCEye?
1 It costs less than most other devices used for the same purposes.
2 It stops people from accessing dangerous sites on the Internet.
3 It allows more disabled people to find jobs working with computers.
4 It makes it cheaper for people to contact their friends and relatives.

[C] *The Mysterious Mummies*

Mummies are the preserved bodies of people who have died. The most famous mummies are those of ancient Egypt, but mummies are found in many other cultures as well. Some of these mummies are ones that have been created on purpose. There are other mummies, however, that have been created by chance, usually through extreme dryness. One area where many such natural mummies have been found is the Taklamakan Desert in the Xinjiang region of China.

The extreme dryness of the desert climate means that these mummies are exceptionally well preserved. Their hair, skin, and clothes are almost the same as when the people died over 3,000 years ago. However, the mummies have one very surprising characteristic—they all look as though they came from Europe. One of the oldest mummies discovered in Xinjiang, for example, is known as Yingpan Man. He has blond hair and a beard, and he is wearing a death mask similar to those used in ancient Greece. Another mummy, Cherchen Man, is 6 feet tall, has red hair, and wears clothes that are unlike anything usually worn in the area. Instead, they are similar to those worn by the Celtic people in ancient Europe.

There have been a number of theories as to how these European-looking people ended up in China. With the development of DNA testing techniques, however, results are becoming more accurate. In 2007, a team from the National Geographic Society took samples of DNA from a group of mummies and started to analyze them. Their first results suggested that the mummies or their ancestors came from a variety of places—Europe, the Middle East, and the Indus Valley in India and Pakistan.

Victor Mair, a professor at the University of Pennsylvania, has been studying the mummies for many years. He believes that the earliest settlers in the Taklamakan Desert were Western people who moved there 5,000 years ago. It was only about 2,000 years ago that East Asians reached the area. According to Mair, this shows that the early development of Chinese civilization may have been more influenced by the West than has traditionally been believed.

(34) What is true about mummies?
  1 They are often created for the purpose of preserving a certain culture.
  2 Techniques for making them spread from ancient Egypt to other cultures.
  3 Most have been found in the Taklamakan Desert area of China.
  4 Some have been created naturally as a result of environmental conditions.

(35) What is surprising about the mummies found in the Xinjiang region of China?
  1 They have skin that has changed dramatically over the years.
  2 They had become mummies 3,000 years earlier than scientists originally thought.
  3 Their appearance is different from people who currently live in the area.
  4 Their clothes were too thick and heavy to be worn in a desert area.

(36) The National Geographic Society found that
  1 the ancestors of most Chinese people originally came from the Indus Valley.
  2 the DNA of the mummies had come from a number of places outside of China.
  3 many European-looking people have DNA that comes from China.
  4 most of the mummies were created in the Middle East and later moved to China.

(37) What does Victor Mair believe about the Taklamakan Desert area?
  1 The first people to live there originally came from another place.
  2 The first civilization was developed 2,000 years ago by East Asians in the area.
  3 The Western people who moved there 5,000 years ago took the land from East Asians.
  4 The Chinese were responsible for developing its early culture.

109

(38) Which of the following statements is true?
1 The National Geographic Society went to India and Pakistan to collect DNA from mummies.
2 Cherchen Man is wearing clothes that are different from what would be expected.
3 Mair says that Western civilization was influenced by Chinese civilization.
4 Famous mummies from ancient Egypt were shown at an exhibition in China.

ライティング
● 以下の TOPIC について，あなたの意見とその理由を 2 つ書きなさい。
● POINTS は理由を書く際の参考となる観点を示したものです。ただし，これら以外の観点から理由を書いてもかまいません。
● 語数の目安は 80 語〜100 語です。
● 解答は，解答用紙の B 面にあるライティング解答欄に書きなさい。なお，解答欄の外に書かれたものは採点されません。
● 解答が TOPIC に示された問いの答えになっていない場合や，TOPIC からずれていると判断された場合は，0 点と採点されることがあります。TOPIC の内容をよく読んでから答えてください。

TOPIC
Today, some people buy products that are good for the environment. Do you think buying such products will become more common in the future?

POINTS
● Changing lifestyles
● Cost
● Technology

一次試験
リスニング

2級リスニングテストについて

1 このリスニングテストには，第1部と第2部があります。
★英文はすべて一度しか読まれません。
第1部：対話を聞き，その質問に対して最も適切なものを 1，2，3，4 の中から一つ選びなさい。
第2部：英文を聞き，その質問に対して最も適切なものを 1，2，3，4 の中から一つ選びなさい。

2 No. 30 のあと，10 秒すると試験終了の合図がありますので，筆記用具を置いてください。

第 1 部　　　◀)) ▶MP3 ▶アプリ ▶CD 2 **42**～**57**

No. 1
1 He does not like his food.
2 He did not buy an anniversary gift.
3 He thinks the restaurant is expensive.
4 He was worried about getting a table.

No. 2
1 Have a birthday party at school.
2 Buy some jewelry as a present.
3 Get a book for their mother.
4 Cook dinner together at home.

No. 3
1 Ask Cindy about her friends.
2 Write a report with Cindy.
3 Take Cindy to his class.
4 Talk with Cindy at a café.

No. 4
1 Whether it is safe for small children.
2 Whether his son can get a discount.
3 How long he will have to wait in line.
4 How many tickets are still left for it.

No. 5
1 Help him with his homework.
2 Suggest a book for him to read.
3 Return his French textbook.
4 Lend him her dictionary.

18
年度第**2**回　リスニング

111

No. 6	1 She did not enjoy the food.
	2 She did not have a very good time.
	3 She stayed in an old part of the city.
	4 She was too tired to go sightseeing.

No. 7	1 Dangerous animals have been seen there.
	2 There are no trail maps left.
	3 The trails are being repaired.
	4 The weather is expected to be bad.

No. 8	1 They have not been playing well.
	2 They do not have any young players.
	3 They are the most popular team.
	4 They will move to a new city.

No. 9	1 Cook dinner.
	2 Buy groceries.
	3 Meet Jane at the store.
	4 Make dinner reservations.

No. 10	1 She should go to another store.
	2 She should look for a job elsewhere.
	3 He will buy her comic books.
	4 He will look for *Superheroes in Space*.

No. 11	1 She will work on it tomorrow.
	2 She will use a different computer.
	3 She will give the job to someone else.
	4 She will get help from the man.

No. 12	1 Playing sports with friends.
	2 Driving with his mother.
	3 Riding his bicycle.
	4 Talking to Cathy.

| No. 13 | 1 Traffic is bad on the freeway.
2 Her train has been delayed.
3 She got off at the wrong station.
4 There are no taxis available. |

| No. 14 | 1 They made a mistake with his meal.
2 They do not have comfortable seats.
3 They changed his ticket.
4 They do not serve drinks. |

| No. 15 | 1 To ask what time her appointment is.
2 To say she cannot come today.
3 To find out when it opens.
4 To talk to Dr. Clinton. |

第 2 部

| No. 16 | 1 A new animal will arrive at the zoo.
2 A new program will start next week.
3 The zoo will be closing down soon.
4 Tickets will be cheaper on Saturdays. |

| No. 17 | 1 It is salty in taste.
2 It is gathered by fishermen.
3 It is only used to make salads.
4 It is only eaten with beef dishes. |

| No. 18 | 1 It was not very safe at night.
2 It was too hot in the evenings.
3 He wanted to go to sleep earlier.
4 He did not have time after work. |

No. 19

1 Go to the garden.
2 Plant some flowers.
3 Visit the laboratory.
4 Mix their own perfume.

No. 20

1 Students can use them to study better at home.
2 Students can use them to speak to professors at any time.
3 Professors can use them to teach smaller classes.
4 Professors can use them to see if students understand the class.

No. 21

1 He took fewer showers.
2 He made fewer phone calls.
3 He ate only two meals a day.
4 He drank less water at home.

No. 22

1 Change to the Green Line.
2 Get off at Broadway Station.
3 Go to the last stop on the line.
4 Walk from Kennedy Street Station.

No. 23

1 She will start a new job soon.
2 She needs help using the computer.
3 She does not want to move to Texas.
4 She cannot sell her house in California.

No. 24

1 There are few storms near the ocean around it.
2 Many ships have sunk in the ocean around it.
3 Rock climbing is popular there.
4 Around 10,000 ships were built there.

No. 25

1 She volunteered with some students in another country.
2 She helped some students study abroad.
3 Some students made a website about her charity.
4 Some students cooked food for her.

No. 26

1 To enjoy her trip.
2 To join a swim team.
3 Her friends told her to.
4 She wanted to wear a swimsuit.

No. 27

1 Baby crocodiles fell asleep more easily.
2 Baby crocodiles came out of their eggs.
3 Mother crocodiles quickly ran away.
4 Mother crocodiles attacked the scientists.

No. 28

1 Her T-shirts are too expensive.
2 Her T-shirts are not very popular.
3 She bought too many T-shirts.
4 She does not have any T-shirts to sell.

No. 29

1 By studying harder for her tests.
2 By asking her friend to teach her.
3 By learning how to write better papers.
4 By starting a study group with other students.

No. 30

1 You can see it from all the restaurants.
2 You can take swimming lessons in it.
3 It is the biggest on any cruise ship.
4 It is next to the tennis courts.

二次試験
面 接

問題カード（A日程）　　◀))　▶MP3　▶アプリ　▶CD2 74〜78

Disappearing Languages

There are thousands of languages spoken around the world. These languages are important parts of cultures. In some places, however, there are languages that have fewer and fewer speakers. Now, some researchers are making recordings of such languages, and by doing so they are helping to protect cultures. It is hoped that these languages can be passed on to future generations.

Your story should begin with this sentence: **One day, Mr. and Mrs. Suzuki were talking about their son, Yuta.**

Questions

No. 1 According to the passage, how are some researchers helping to protect cultures?

No. 2 Now, please look at the picture and describe the situation. You have 20 seconds to prepare. Your story should begin with the sentence on the card.
<20 seconds>
Please begin.

Now, Mr. / Ms. ——, please turn over the card and put it down.

No. 3 Some people say that stores in Japan should give their workers foreign language training. What do you think about that?

No. 4 Nowadays in Japan, some people go to work by bicycle. Do you think the number of such people will increase in the future?
Yes.   → Why?
No.   → Why not?

問題カード（B日程）

A Shortage of Workers

Nowadays, the population of Japan is decreasing. As a result, many companies are having difficulty finding enough employees. Some experts suggest that workers from other countries could be a solution. Some companies hire these workers, and by doing so they try to deal with the shortage of employees. It is likely that the number of foreign workers will increase in the future.

Your story should begin with this sentence: **One day, Akina was talking with her father about getting a part-time job.**

Questions

No. 1 According to the passage, how do some companies try to deal with the shortage of employees?

No. 2 Now, please look at the picture and describe the situation. You have 20 seconds to prepare. Your story should begin with the sentence on the card.
<20 seconds>
Please begin.

Now, Mr. / Ms. ——, please turn over the card and put it down.

No. 3 Some people say that, thanks to the Internet, more people will work from home instead of going to the office. What do you think about that?

No. 4 Today, many movies have violent scenes. Do you think people should stop making these movies?
Yes. → Why?
No. → Why not?

2018-1

一次試験 2018.6.3実施
二次試験 A日程 2018.7.1実施
　　　　　B日程 2018.7.8実施

Grade 2

試験時間

筆記：**85分**

リスニング：約**25分**

一次試験・筆記　　　　p.122～136
一次試験・リスニング p.137～141
二次試験・面接　　　　p.142～145

＊解答・解説は別冊p.149～184にあります。
＊面接の流れは本書p.16にあります。

2018年度第1回　**Web特典「自動採点サービス」対応**
オンラインマークシート

※検定の回によってQRコードが違います。
※**筆記1～3**，リスニングの採点ができます。
※PCからも利用できます（本書 p.8 参照）。

一次試験
筆 記

1 次の (1) から (20) までの (　　) に入れるのに最も適切なものを **1, 2, 3, 4** の中から一つ選び，その番号を解答用紙の所定欄にマークしなさい。

(1) Wendy wants to (　　) her school in a national science contest. Only one student's work from the school will be chosen for the event, and Wendy hopes it will be hers.

1 collapse　　**2** represent　　**3** insult　　**4** obtain

(2) Dan was raised in England by his Italian mother and Japanese father, so there was always an interesting (　　) of cultures in his home.

1 forehead　　**2** lane　　**3** costume　　**4** mixture

(3) Last week, some hikers got lost in the mountains, hundreds of kilometers from the nearest town. It took a long time for the rescuers to find them because the area was so (　　).

1 punctual　　**2** responsible　　**3** isolated　　**4** frightened

(4) *A:* Steve, you are spending too much time playing video games. I know you've been doing well in class all year, but there's no (　　) that you'll pass the final exam.
B: I'm sorry, Mom. I'll try to study more.

1 blame　　**2** license　　**3** guarantee　　**4** spell

(5) When Heather was in her 60s, she noticed that it was becoming more difficult to move easily. She began stretching and doing yoga to improve her (　　).

1 gravity　　**2** sympathy　　**3** anniversary　　**4** flexibility

(6) Castleville High School is a very strict school. If a student (　　) a rule, the school immediately calls his or her parents. As a result, the students usually behave well.

1 delays　　**2** approaches　　**3** violates　　**4** translates

122

(7) When Elizabeth Beckingham, the famous movie star, came out of the car, she was (　　　) by a big crowd of fans. It was hard for her to move through so many people.

1 traded   **2** surrounded
3 immigrated   **4** corrected

(8) The recent forest fires greatly changed the (　　　) around Amy's town. Now, the ground is black and most of the trees are dead.

1 instinct   **2** symbol   **3** landscape   **4** policy

(9) *A:* Look at all this traffic, Gary. We're (　　　) going to be late for our meeting.
B: Let's call Mr. Murphy to let him know.

1 jealously   **2** strangely   **3** generously   **4** obviously

(10) The waiter noticed that a customer had forgotten to take her change. He ran out of the store, (　　　) her down the street, and gave the money back to her.

1 poured   **2** chased   **3** managed   **4** disturbed

(11) There are enough computers in the IT room for 30 students to work there (　　　). When there are more students than that, some have to wait.

1 over the edge   **2** all the way
3 at one time   **4** in the air

(12) *A:* Bob said he'd come to work early this morning, but he didn't (　　　) until ten o'clock.
B: Yeah. Bob's always late. He never comes when he says he will.

1 show up   **2** pull away   **3** try out   **4** reach out

(13) It seems like things often (　　　) wrong with Brad's car. Last month, one of the seatbelts broke, and then the horn stopped working. Yesterday, the car's battery died.

1 make   **2** keep   **3** do   **4** go

(14) Tom's boss does not like it when people disagree with his plans. As a result, Tom never says no to him (   ) of losing his job.

1 on behalf   **2** on account   **3** for fear   **4** for need

(15) Jennifer started to have (   ) about becoming an artist when she realized how difficult it would be for her to make any money.

1 a big mouth   **2** second thoughts
3 the last word   **4** small changes

(16) A thief broke (   ) Jack's shop late last night and stole a lot of valuable jewelry.

1 into   **2** under   **3** up   **4** out

(17) *A:* It's getting late, and I'm tired. Do you want to (   ), Heidi?
      B: Yeah, let's stop working now. We can finish the project tomorrow.

1 lose your way   **2** call it a day
3 wait your turn   **4** make it a rule

(18) Roger is a chef at a health-food restaurant. His goal is to create healthy versions of dishes that are (   ) delicious than the original versions.

1 no less   **2** no more   **3** any less   **4** any more

(19) When the young businessman was asked (   ) he became rich, he answered that it was through hard work and nothing else.

1 what   **2** who   **3** when   **4** how

(20) Janet knew she had to be very quiet when she got home late last night. Otherwise, she (   ) her family up.

1 would wake   **2** did wake
3 woke   **4** waking

124

（筆記試験の問題は次のページに続きます。）

18年度第1回　筆記

2 次の英文 [A], [B] を読み，その文意にそって (21) から (26) までの（　）に入れるのに最も適切なものを 1, 2, 3, 4 の中から一つ選び，その番号を解答用紙の所定欄にマークしなさい。

[A]

Getting Light Right

Electric lights have greatly improved the quality of humans' lives. However, scientists have discovered that artificial lights can cause a variety of health problems. (　**21**　), they can prevent people from being able to sleep properly. This happens because many body rhythms, such as the sleep cycle, are controlled by light. When it is too bright at the wrong time, the body thinks it is time to be awake rather than asleep.

Moreover, problems caused by light seem to (　**22**　). As a result, issues with sleep occur more frequently in the elderly. To solve this, a group of researchers in Europe have come together to create the ALADIN Project. They have discovered that both the brightness and color of light have an effect on body rhythms. With this knowledge, the researchers have created an indoor lighting system that helps seniors sleep better by changing the light throughout the day to match the body's natural cycle.

Furthermore, the system can be adjusted to match a specific person. By using sensors in the person's clothing, it is able to detect changes in the body. Then, it adjusts the light to match that person's needs. For example, when the person's heart rate decreases in the evening, the light levels in the room go down, allowing that person's body to prepare for sleep. The researchers believe their system could be used to (　**23**　) in the future. For example, it could be put on airplanes to help passengers sleep on long flights. Therefore, the ALADIN Project could be beneficial to people of all ages.

126

(21) 1 On average
2 On the other hand
3 In return
4 In particular

(22) 1 depend on the season
2 improve over time
3 increase with age
4 cause health issues

(23) 1 help people in other ways
2 reduce airline accidents
3 cure heart disease
4 make better clothing

[B]
The Symmetry of Speed

In nature, many plants and animals have what is called "symmetry." This means that both sides of something are the same. (24   ), the eyes on the human face are at about the same place on both sides, and the ears appear to be mirror images of each other. However, symmetry in nature is not exact. If you look at a face very carefully, you will notice that one eye is usually slightly higher than the other. Scientists have found that faces that have almost exact symmetry are considered to be more attractive. Now, there is evidence that symmetry may give advantages in sports, too.

One study has found that knee symmetry can (25   ). In 1996, scientists went to Jamaica to measure the bodies of 270 eight-year-old children. They chose that country because many top runners come from there. The scientists checked for symmetry in areas such as legs, ears, fingers, and feet. Later, in 2010, the scientists measured and tested the same people again. They found that those with better knee symmetry when they were children had become faster runners.

The scientists say they are not surprised. After all, symmetry makes movement easier, which would result in faster running. However, the main question is whether this symmetry develops over time because of running, or if some people are born with better symmetry. Based on their research, the scientists believe that it is more likely that people are born with good symmetry. (26   ), it will be possible to tell who is likely to become a fast runner from an early age just by looking at their knees.

(24) 1 Despite this
2 For instance
3 Like before
4 What is more

(25) 1 reduce leg injuries
2 harm children's health
3 increase the height of people
4 improve athletic performance

(26) 1 If it is prevented
2 If this is true
3 With better treatment
4 With more exercise

3 次の英文 [A], [B], [C] の内容に関して, **(27)** から **(38)** までの質問に対して最も適切なもの, または文を完成させるのに最も適切なものを **1, 2, 3, 4** の中から一つ選び, その番号を解答用紙の所定欄にマークしなさい。

[A]

From: Janice Walsh <janice.walsh@braxton.com>
To: All Staff <all_staff@braxton.com>
Date: June 1
Subject: Office repairs

Dear staff members,

I am writing today to inform everyone that there will be some work done to our office building starting next Monday. The electrical system is old and has needed repairs for some time. Since last year's sales were so strong, we have decided to use some of the profits to make repairs and other improvements to the whole building.

The company has decided to make improvements to only one part of the building at a time, so we can still work in the building during construction. Next week, construction will begin on the north side of the building, and it will last for about one month. During that time, the stairs on that side of the building will be closed, so please use the south stairs.

In addition, the bathrooms on the third floor will be closed. If you need to use the bathroom, please use the ones on the first or fifth floor. Also, the north side parking lot will be closed because the construction company will need that space for their equipment. Please park in the south or the east parking lot. After the construction to the north side is done, construction on the south side will begin.

Thank you,
Janice Walsh
Building Manager
Braxton Industries

(27) What is one reason Braxton Industries will improve its building?

1 It needs a larger building for its new employees.
2 It has some free time to start construction.
3 It wants to fix problems with the electrical system.
4 It is trying to improve its company image.

(28) Starting next week, staff members of Braxton Industries

1 must use the stairs on the south side of the building.
2 must not use the elevator in the central part of the building.
3 will be asked to move equipment to other parts of the office.
4 will not be allowed to enter the office building.

(29) What will happen after repairs on the north side are complete?

1 Repairs will be done on a number of the bathrooms.
2 Construction will begin on another part of the building.
3 The construction company will gain some more space.
4 The parking lots on the east side of the building will close.

[B]
The Price of a Song

All around the world people sing the "Happy Birthday" song on people's birthdays. However, for a long time, it was rare to hear the song sung in movies or TV programs. This was because the copyright for the song belonged to a company. If somebody has a copyright for a song, they can charge money when other people use it in their movies or TV programs. In order to reduce their expenses, many directors avoided using the song in their shows.

In reality, though, the complicated history of "Happy Birthday" meant that it is unclear who actually owned the copyright. The music was originally composed in 1893 by Patty and Mildred Hill, two sisters who were teachers. The sisters wrote a greeting song for their students to sing each morning. Sometime later, the words were changed and the song became a birthday song. Nobody knows who wrote the new words, but it was believed that the sisters gave the copyright to a publishing company.

This copyright was then sold to another company, and then in 1988 it was bought by a large music company called Warner/Chappell. After Warner/Chappell bought the copyright, the company decided to carefully check all movies and TV shows to see if the song was being used. They charged different amounts of money depending on how popular the show was. It is estimated that the company has made two million dollars a year from the song.

However, a group of filmmakers thought that Warner/Chappell might not actually own the copyright to the song. They took the company to court and argued that there was no evidence that the copyright had ever belonged to any of the companies who had claimed to own it. In September 2015, the judge in charge of the case agreed with the filmmakers. He said that the copyright for the song was no longer owned by any company and that anyone could use it freely. As a result, it will probably become much more common to hear the song in movies or on TV.

(30) Why did many directors choose not to use the "Happy Birthday" song?

1 It was not popular in many of the countries where movies are watched.

2 It cost them money to use it in their movies or TV shows.

3 They wanted to use songs that were not used frequently by other directors.

4 They thought that people wanted to hear more interesting songs.

(31) Although Patty and Mildred Hill wrote the music of "Happy Birthday,"

1 two other teachers had written the famous words to the song.

2 it is not clear who actually wrote the words for the current song.

3 neither was able to sing the songs that their students wanted to listen to.

4 their students decided to write a different song that they would like more.

(32) After Warner/Chappell bought the copyright for "Happy Birthday,"

1 it created new movies and TV shows that used the song in them.

2 it charged companies two million dollars each time they wanted to use it.

3 it began to make a lot of money each year by charging people who used it.

4 it carefully checked whether the song had become more popular than before.

(33) Why is "Happy Birthday" likely to become more popular in the future?

1 A judge decided that there was no longer any copyright on the song.

2 Filmmakers bought the copyright for the song from the company that owned it.

3 There is evidence that the song was used most frequently in September 2015.

4 The company that owns it has started to freely share the song with other people.

[C]
A Model Tourist Town

Mamallapuram is a small town located on the southeast coast of India. The town was first built in the 7th century and contains many ancient stone temples and other buildings. It is a UNESCO World Heritage Site and attracts many tourists from both inside India and abroad. Although the town has a population of only 15,000, it is visited every day by around 20,000 people. These tourists bring many economic benefits to the town, but they also cause many environmental problems.

One of the biggest problems is the amount of food waste tourists produce. The town has more than 3,000 restaurants. Customers at these restaurants produce about three metric tons of food waste every day. Until recently, this has been thrown away in garbage dumps, leading to both air and water pollution. The tourist industry also produces a lot of other waste, including plastic and metal garbage. In 2008, an NGO called Hand in Hand came up with a plan for the waste to be recycled in an environmentally friendly way. Since then, the organization has been working with the town council to carry out this plan.

First, a center was built that can turn food waste into a type of fuel called biogas. The center can process up to 800 kilograms of waste every day. The biogas is then used to make electricity for the town. The remaining food waste is turned into fertilizer for use in growing crops. This process not only means that harmful food waste is turned into something safe, but it also allows the town to cut down on the fossil fuels needed to make electricity.

In 2011, the town also banned the use of plastic. Plastic bags, cups, and other items have been replaced by ones made of cloth or paper. These cause less harm to the environment when they are thrown away. The project also employs people to recycle other kinds of waste, such as glass and metal. According to Hand in Hand, the plan has not only solved some of the environmental problems caused by the tourist industry, but it has also resulted in more local people being employed. The NGO hopes that similar plans will be adopted by other towns soon.

(34) What is true about the town of Mamallapuram?

1 It is much older than experts originally thought it was.

2 Few people from outside India have heard of its ancient temples.

3 Many of its ancient buildings have been destroyed by tourists.

4 More people visit it each day than actually live in the town.

(35) What is one problem that tourists cause in Mamallapuram?

1 They pay large amounts of money to buy food which causes the prices to increase.

2 They are causing pollution by failing to participate in the city's recycling program.

3 The cars and other vehicles they drive cause air pollution in the area.

4 The large amount of food they throw away can damage the environment.

(36) Part of Hand in Hand's plan was to

1 begin growing new crops that people were more likely to want to eat.

2 use some of Mamallapuram's garbage to create fuel for making electricity.

3 send 800 kilograms of Mamallapuram's garbage to nearby cities to be burned.

4 increase the amount of fossil fuels being used to cut down on harmful food waste.

(37) What is one result of Hand in Hand's plan?

1 It has provided jobs to more people living in Mamallapuram.

2 It has reduced the amount of glass and metal that people are using.

3 It has helped more people learn to make products from cloth and paper.

4 It has increased the amount of money the tourist industry brings to Mamallapuram.

(38) Which of the following statements is true?

1. Some of the food waste in Mamallapuram is made into fertilizer.
2. Mamallapuram was the capital of India in the 7th century.
3. People in Mamallapuram had not used plastic until 2011.
4. People stopped building new restaurants in Mamallapuram in 2008.

ライティング
- 以下の TOPIC について，あなたの意見とその理由を 2 つ書きなさい。
- POINTS は理由を書く際の参考となる観点を示したものです。ただし，これら以外の観点から理由を書いてもかまいません。
- 語数の目安は 80 語～100 語です。
- 解答は，解答用紙の B 面にあるライティング解答欄に書きなさい。なお，解答欄の外に書かれたものは採点されません。
- 解答が TOPIC に示された問いの答えになっていない場合や，TOPIC からずれていると判断された場合は，0 点と採点されることがあります。TOPIC の内容をよく読んでから答えてください。

TOPIC
Some people say that too much water is wasted in Japan. Do you agree with this opinion?

POINTS
- Daily habits
- Technology
- The environment

一次試験
リスニング

2級リスニングテストについて

1 このリスニングテストには，第1部と第2部があります。
★英文はすべて一度しか読まれません。
第1部：対話を聞き，その質問に対して最も適切なものを1, 2, 3, 4の中から一つ選びなさい。
第2部：英文を聞き，その質問に対して最も適切なものを1, 2, 3, 4の中から一つ選びなさい。

2 No. 30のあと，10秒すると試験終了の合図がありますので，筆記用具を置いてください。

第1部　　　◀》 ▶MP3 ▶アプリ ▶CD3 **1**～**16**

No. 1
1 She forgot about the dinner plans.
2 She could not go for a drive.
3 She made too much food.
4 She lost her aunt's gift.

No. 2
1 His friend cannot meet him for lunch.
2 He cannot order what he wanted.
3 There is no more clam chowder.
4 The salmon pasta is not very good.

No. 3
1 He will visit his grandmother soon.
2 He is growing quickly.
3 He is too big for his new clothes.
4 He already has enough clothes.

No. 4
1 Red wine is her favorite.
2 Her friend does not like French wine.
3 She drank a lot of wine in France.
4 She does not want to spend too much money.

No. 5
1 Their championship parade was canceled.
2 Their manager is changing teams.
3 They have not been playing well.
4 They do not have a nice stadium.

18年度第1回 リスニング

137

No. 6

1 Her teacher came to class late.
2 Her classmates did not listen to it.
3 She had to do it without any notes.
4 She forgot to practice for it.

No. 7

1 He should wear shoes.
2 He needs to clean up his trash.
3 She has cut her foot.
4 She has lost her sandals.

No. 8

1 It is located nearby.
2 It is decorated beautifully.
3 The staff is friendly.
4 The food is inexpensive.

No. 9

1 She has never studied French.
2 She traveled to France a few times last year.
3 She used to work at a French company.
4 She has been to France before.

No. 10

1 He contacted a musician.
2 He called a radio show.
3 He wrote a song.
4 He answered a question about jazz.

No. 11

1 She thought his cat was in danger.
2 She was returning his phone call.
3 She thought she saw him at work.
4 She wanted to ask him a favor.

No. 12

1 They will go to a Christmas party.
2 They do not have any kids.
3 They do not like classical music.
4 They used to go to concerts often.

No. 13
1 Start a new class for Erica.
2 Teach more new things in class.
3 Explain things more in class.
4 Help Erica choose classes.

No. 14
1 His family wants to move to Milton.
2 His new office will be far away.
3 He has to do a lot of overtime.
4 He has trouble waking up on time.

No. 15
1 He was not able to go.
2 He caught a lot of fish.
3 He does not like fishing.
4 He enjoyed being with his father.

第 2 部　◀)) ▶MP3 ▶アプリ ▶CD 3 **17**〜**32**

No. 16
1 They came to Africa from Asia.
2 They are a small type of insect.
3 They can roll into the shape of a ball.
4 They hunt other pangolins.

No. 17
1 It could improve her health.
2 It could help her get into a good college.
3 She was looking for a new hobby.
4 She was stressed from studying too much.

No. 18
1 Greet the other runners.
2 Register for the marathon.
3 Tell a staff member they have arrived.
4 Wait for the staff members to arrive.

No. 19

1 She needed it to enter a temple.
2 She needed to buy a present for her friend.
3 She wanted to support local shops.
4 She wanted it to protect her knees.

No. 20

1 They fought as soldiers.
2 They discovered many old books.
3 They taught French to the Egyptians.
4 They studied its history and environment.

No. 21

1 The play will begin.
2 The actors will come to the tables.
3 There will be a short break.
4 There will be a dinner.

No. 22

1 To win a science award.
2 To promote space travel.
3 To show animals in nature.
4 To teach Americans about science.

No. 23

1 Watch more soccer games.
2 Get better at playing soccer.
3 Quit playing for the team.
4 Find new players to join the team.

No. 24

1 Working mostly from home.
2 Going to a different company.
3 Making a marketing presentation.
4 Looking for new desks for her office.

No. 25

1 Ralph wants to move out.
2 Scott uses too much water.
3 They have been fighting.
4 Their neighbor is too loud.

No. 26

1 To wake her up in the morning.
2 To see if she is exercising enough.
3 To help her with a heart problem.
4 To go to appointments on time.

No. 27

1 His topic had too much information.
2 His teacher would not help him.
3 He was not interested in paintings.
4 He knew little about Japan.

No. 28

1 Orders suits from any brand.
2 Makes changes to suits for free.
3 Gives them lower prices if they ask.
4 Accepts coupons on the third floor.

No. 29

1 He wants to work less.
2 He wants to stop flying.
3 He wants to help younger pilots.
4 He wants to get more money.

No. 30

1 They are made out of paper.
2 They are given as Christmas presents.
3 They were unpopular with children.
4 They were invented by a student.

問題カード（A日程）　　　▶MP3　▶アプリ　▶CD 3 33～37

Online Banking

Nowadays, people can access their bank accounts over the Internet anytime. This is very convenient, but it can also lead to Internet crime. Banks want to protect their customers from this, so they are introducing new security software for online banking. People should also remember to change their passwords frequently. It is important for people to protect themselves when using the Internet.

Your story should begin with this sentence: **One day, Mr. and Mrs. Kato were checking travel websites.**

Questions

No. 1   According to the passage, why are banks introducing new security software for online banking?

No. 2   Now, please look at the picture and describe the situation. You have 20 seconds to prepare. Your story should begin with the sentence on the card.
<20 seconds>
Please begin.

Now, Mr. / Ms. ——, please turn over the card and put it down.

No. 3   Some people say that people trust information on the Internet too easily. What do you think about that?

No. 4   These days, organic vegetables are becoming popular. Do you think more people will buy organic vegetables in the future?
Yes.   → Why?
No.   → Why not?

問題カード (B日程)

Traveling Abroad Safely

These days, more and more people are traveling to other countries for business or pleasure. Normally, these travelers do not experience any serious problems. However, there are areas that can be dangerous. Governments provide information about these areas, and by doing so they help people travel safely. It is important that people refer to such information when they are planning their trips.

Your story should begin with this sentence: **One evening, Mr. and Mrs. Sato arrived at their hotel on their winter vacation.**

Questions

No. 1 According to the passage, how do governments help people travel safely?

No. 2 Now, please look at the picture and describe the situation. You have 20 seconds to prepare. Your story should begin with the sentence on the card.
<20 seconds>
Please begin.

Now, Mr. / Ms. ———, please turn over the card and put it down.

No. 3 Some people say that it is necessary for people to study abroad if they want to learn a foreign language. What do you think about that?

No. 4 Today, many people take supplements such as vitamins and minerals. Do you think the number of these people will increase in the future?
Yes. → Why?
No. → Why not?

2017-3

一次試験 2018.1.21実施
二次試験 A日程 2018.2.18実施
　　　　 B日程 2018.2.25実施

Grade 2

試験時間

筆記：85分
リスニング：約25分

一次試験・筆記　　　　p.148〜162
一次試験・リスニングp.163〜167
二次試験・面接　　　　p.168〜171

＊解答・解説は別冊p.185〜220にあります。
＊面接の流れは本書p.16にあります。

2017年度第3回

Web 特典「自動採点サービス」対応
オンラインマークシート

※検定の回によってQRコードが違います。
※筆記1〜3，リスニングの採点ができます。
※PCからも利用できます（本書p.8参照）。

一次試験
筆 記

1 次の (1) から (20) までの (　　) に入れるのに最も適切なものを **1**, **2**, **3**, **4** の中から一つ選び，その番号を解答用紙の所定欄にマークしなさい。

(1) My mother has an (　　) memory. She can easily remember phone numbers after hearing them just once.
1 incredible **2** artificial **3** innocent **4** arrogant

(2) The scientist invented a (　　) that can cheaply and quickly measure the amount of pollution in water.
1 harbor **2** temper **3** device **4** legend

(3) Mary is paid less than the other people in her section, but she is often given more work to do. She feels that her boss is not treating her (　　).
1 widely **2** fairly **3** deeply **4** vaguely

(4) Dorothy was put in charge of the school festival. She had to prepare a schedule and (　　) all the activities.
1 prevent **2** organize **3** complicate **4** harvest

(5) With his friends' (　　), Joe was able to move all of his things into his new house in one day. To thank them for their help, he took them all out to dinner.
1 recreation **2** conflict **3** planet **4** assistance

(6) *A:* Oh no! I just spilled wine on my dress. It's (　　).
B: That's not so bad. I guess you just need to take it to the cleaner's.
1 melted **2** ruined **3** argued **4** launched

(7) Amy (　　) $300 from her bank account so she could buy a new watch.
1 refused **2** withdrew **3** embraced **4** overtook

148

(8) The town has made an effort to (   ) the views of its beaches by limiting the construction of new apartment buildings near the ocean.

1 publish   **2** replace   **3** preserve   **4** restrict

(9) Rachel bought a new bookshelf yesterday. When she got home, she read the (   ) carefully so that she would not make any mistakes while putting it together.

1 instructions   **2** campaigns   **3** lifestyles   **4** stocks

(10) Socrates was a great (   ) who lived in ancient Greece. Even today, many people study the wise things that he said.

1 explorer   **2** competitor   **3** spectator   **4** philosopher

(11) Dan's bicycle chain broke when he was riding to work this morning. Luckily, a driver stopped and (   ) him a ride to a repair shop.

1 made   **2** heard   **3** gave   **4** sent

(12) Judy was (   ) joy when she got the news that she had been accepted into a top university. It was the happiest day of her life.

1 filled with   **2** due to
3 reminded of   **4** suffering from

(13) Anne told a close friend at her company that she was going to quit. She asked him to (   ) it to himself until she told their boss.

1 turn   **2** speak   **3** push   **4** keep

(14) The noise from the road construction was so loud that students could not (   ) their exam. The teacher told them to do the best they could.

1 interfere with   **2** concentrate on
3 see about   **4** laugh at

(15) *A:* Stephen's parents have a lot of money, don't they?

B: Yes, they're very (   ). They live in a huge house, and they also own a vacation home in France.

1 straight on   **2** left on   **3** well off   **4** far off

(16) *A:* I don't think we'll be able to reserve a hotel. It's too late.

B: I'm not (   ) to give up yet. I'll call every hotel in the city if I have to.

1 free   **2** shocked   **3** equal   **4** ready

(17) *A:* Honey, could you (   ) my suit at the dry cleaner's on your way to work?

B: Sure, I can do that.

1 rule out   **2** leave out   **3** drop off   **4** switch off

(18) Sally looked at two laptops and decided to buy the smaller one. She thought it would be more convenient than (   ) because she was going to take it to her college every day.

1 the other   **2** another   **3** either   **4** both

(19) The chemistry problem was very easy (   ). Almost everyone in the class got the right answer.

1 solving   **2** be solved

3 to solve   **4** having solved

(20) Mr. Smith's co-workers found (   ) surprising that he had once been an Olympic swimmer. He did not seem very athletic.

1 it   **2** what   **3** all   **4** this

（筆記試験の問題は次のページに続きます。）

次の英文 [A], [B] を読み，その文意にそって (21) から (26) までの （   ） に入れるのに最も適切なものを 1, 2, 3, 4 の中から一つ選び，その番号を解答用紙の所定欄にマークしなさい。

[A]

The Eco-Chef

Many restaurants waste huge amounts of food and consume large amounts of energy. In addition, most restaurants are usually more concerned with making a profit than they are with protecting the environment. Nowadays, however, consumers are starting to prefer companies and businesses that are kinder to the earth. (　**21**　), Arthur Potts Dawson, a British chef and businessman, has started to make changes to the way that the food industry works.

Potts Dawson developed his love and respect for food and nature when he spent his childhood summers on a farm with his father, where he learned about raising sheep and growing crops. He started training as a chef at the age of 16, and later worked at several popular restaurants. However, it was not until he opened his first restaurant that he realized that avoiding food waste (　**22**　). First, it helped his business by saving money, and second, it was better for the environment.

Later, Potts Dawson decided to open Acorn House, London's first environmentally sustainable restaurant. There, leftover food was used to make fertilizer. The fertilizer was then used to help grow the plants in the restaurant's rooftop garden, which produced many of the vegetables served in the restaurant. Acorn House also recycled all of its waste that was not food and trained local youth to be "eco-chefs." The restaurant was a success, and other restaurants have begun to (　**23**　). Indeed, as more consumers are attracted to green businesses, it is likely that the number of "eco-restaurants" will continue to increase in the future.

152

(21) 1 At most   2 On the other hand
        3 Despite this   4 Because of this

(22) 1 created additional problems
        2 achieved two goals
        3 resulted in a higher cost of food
        4 was a growing trend

(23) 1 avoid using fertilizers
        2 buy his vegetables
        3 do the same thing
        4 move to London

[B]
Smart Driving

Most new cars use much less gasoline than they did 20 years ago. Additionally, hybrid cars, which run on both gasoline and electricity, are becoming more common. Naturally, these vehicles create less air pollution than older cars. However, even people who drive older cars can still do a lot to reduce (24   ). In fact, one of the best actions drivers can take is simply to change the way they drive.

For instance, research has shown that driving at 90 kilometers per hour uses 25 percent less gasoline than driving at 110 kilometers per hour. Just by driving more slowly, far less fuel is used per kilometer. (25   ), cars use a lot of energy when increasing speed quickly. For this reason, it is recommended that drivers try to move at a constant speed whenever possible and also change speeds more slowly.

Researchers have found that when drivers used these and other techniques, such as letting the car slow down naturally instead of using the brakes, 30 percent less gasoline was used. In fact, some people have turned this activity of efficient driving into a hobby, called "hypermiling." They drive ordinary cars as far as they can while (26   ) as possible. The best hypermilers can drive a car for hundreds of kilometers on just a few liters of fuel. While most people will not reach that level of efficiency, everyone who drives can start saving gasoline without having to buy a new car.

(24) 1 the amount of time they drive
2 the number of cars they have
3 their impact on the environment
4 their use of electricity

(25) 1 To make matters worse   2 At least
3 Moreover   4 As a result

(26) 1 meeting as few people
2 spending as much money
3 visiting as many places
4 using as little gasoline

3 次の英文 [A], [B], [C] の内容に関して, **(27)** から **(38)** までの質問に対して最も適切なもの, または文を完成させるのに最も適切なものを **1, 2, 3, 4** の中から一つ選び, その番号を解答用紙の所定欄にマークしなさい。

[A]

From: Thomas Snyder <t.snyder@flashweb.net>
To: Brenda Nixon <brenda-nixon@amail.net>
Date: January 19
Subject: Internet service

Dear Ms. Nixon,

Thanks for letting us at FlashWeb know that you will be moving next month. We are happy to hear that you wish to continue using FlashWeb at your new apartment, and I am writing you today to help you with making changes to your service. We will easily be able to move your service to your new place, as well as offer you some special upgrades and free services.

First, it looks like faster Internet service is available in your new neighborhood. Right now you have the FlashWeb25 service, which only has Internet speeds of up to 25 Mbps. This is the fastest in your current neighborhood. However, when you move to Clairton, you can upgrade to the FlashWeb100, which is 100 Mbps and includes free telephone service. The price difference is only $5 more per month, and the first three months are free.

Also, we will need to schedule a day and time for one of our staff to come and set up the Internet service in your new place. Before the end of this month, set up the appointment on our website or call us at 1-800-555-8989. When you make arrangements to set up the new service, you will also have the chance to tell us if you want to make the upgrade to FlashWeb100. Thanks for using FlashWeb!

Sincerely,
Tom Snyder
FlashWeb Customer Service

(27) Ms. Nixon

1 will be moving to a new place soon.

2 asked Tom Snyder to add some free services.

3 is trying to cancel her contract with FlashWeb.

4 is having trouble with the Internet in her apartment.

(28) What is true about Ms. Nixon's Internet service now?

1 It was free for only the first three months.

2 It comes with free telephone service.

3 It costs more than the service in Clairton.

4 It is the fastest available in her neighborhood.

(29) What should Ms. Nixon do before the end of the month?

1 Go online and visit the FlashWeb website to get a discount.

2 Upgrade to FlashWeb100 at her current apartment.

3 Call FlashWeb to see how much her new service will cost.

4 Schedule an appointment with FlashWeb to set up her Internet.

[B]
Bibliotherapy

The word "bibliotherapy" means reading books with the goal of treating mental problems. The idea that books are good for the mind has existed since ancient times, and in modern times, too, some doctors have emphasized the importance of reading for mental health. Recently, however, using reading to treat illnesses has started to be researched more carefully. Medical experts say that they have found strong evidence that reading can be as effective as other forms of treatment.

One discovery has been that any kind of reading can be good for people with stress. David Lewis, a psychologist in the United Kingdom, tested the effect of reading on the body. He found that reading silently for six minutes slowed down the rate at which the heart beats and helped the muscles relax. Indeed, Lewis learned that reading can reduce stress levels by more than 60 percent. This is much more effective than other methods of reducing stress, such as listening to music.

Another important aspect of bibliotherapy is the content of the books being read. In 2013, the British government started a program called Books on Prescription. In this program, doctors recommend books to patients to help them with their problems. The books give advice on how to deal with problems such as being unable to sleep or feeling anxious. Research has shown that getting patients to read about their problems in this way is just as effective as other, more expensive kinds of treatment. The British program has now been adopted by a number of other countries.

A different kind of bibliotherapy uses novels and literature to help people deal with mental problems. When a reader reads a novel, he or she will often experience the same emotions as characters in the novel. This experience can teach them to see their own problems more clearly. This has been found to help people deal with many different kinds of mental problems. Now, one service has started in London which provides people with a list of novels specially chosen to help with their particular problem. Experts say that bibliotherapy is likely to become more common in the future.

(30) According to some doctors,

1 some people's minds do not respond well to bibliotherapy.

2 mental illnesses are becoming more common in modern times.

3 many modern treatments for mental illnesses are not effective.

4 reading can have benefits for people's mental health.

(31) What did David Lewis find about reading silently?

1 It can greatly reduce how much stress people feel.

2 It can increase the speed at which the heart beats.

3 It should be done six minutes after physical exercise.

4 It has fewer benefits than listening to music.

(32) What is one benefit of the program called Books on Prescription?

1 Patients can talk to doctors about their problems more easily.

2 Patients can receive effective treatment at a lower cost.

3 Doctors have more time to spend with each patient.

4 Doctors feel less pressure to find effective books.

(33) What is one reason novels are being used for people with mental problems?

1 People can get a better understanding of their problems by feeling the emotions of characters.

2 Some novels have lists of places where people can go to get the help that they need.

3 Some people enjoy reading the stories so much that they forget about their problems.

4 Novels about the future allow people to examine the world in a different way.

[C] Bringing Back Ancient Plants

Humans have always been curious about what Earth was like thousands of years ago. To learn more about the plants and animals that lived during that time, scientists examine their fossils or other remains. In recent years, genetics, and in particular the study of DNA, has become an important tool for these scientists. Some people even dream of bringing ancient creatures such as dinosaurs back to life. Although no animals have been brought back yet, scientists have managed to grow a number of ancient plants from seeds. By far the oldest of these plants is a 32,000-year-old plant that has been grown again by Russian scientists.

The plant is a flower called *Silene stenophylla*, which used to grow in Siberia in eastern Russia. The scientists discovered seeds and fruits of the plant buried deep below the ground. They believe the seeds and fruits were put there by an ancient animal which stored them to eat during the winter. The seeds that the scientists found failed to grow because they were damaged. However, the scientists were able to take genetic material from the fruit to grow a new plant. Then, this plant produced new seeds which the scientists were able to use to grow more plants.

A modern relative of the original flower still grows in Siberia, but when the ancient flower was grown, it had some important differences from the modern flower. The petals on the ancient flower were much longer and also spaced further apart. Studying the ancient flower will allow the scientists to learn more about how plants have evolved.

Before this, the oldest seed to have been grown was from a 2,000-year-old tree in Israel. The Russian scientists believe the reason why the Siberian seeds were preserved for so long is that they were buried in permanently frozen earth, which protected the genetic information in the seeds. The scientists believe that the permanently frozen soil in Siberia contains many other ancient seeds, so they may be able to bring back even older plants. This will help them better understand the history of plants and how they have changed over time.

(34) Recently, scientists have
  1 been able to bring a number of ancient animals back to life.
  2 begun using genetics to learn more about ancient plants and animals.
  3 started to create a dinosaur that could live on Earth today.
  4 tried to create new types of fossils to study how animals used to live.

(35) How were Russian scientists able to grow *Silene stenophylla*?
  1 They used genetic material from an ancient fruit they discovered.
  2 They used ancient seeds that they had found deep below the ground.
  3 They planted the seeds deep in the ground to protect them during the cold winter.
  4 They planted the fruit in a new kind of container that they had specially designed.

(36) What is one thing the Russian scientists learned by comparing the ancient plant with its modern relative?
  1 The plant used to produce fewer flowers than it produces now.
  2 The plant has evolved to have shorter petals on its flowers.
  3 The ancient plant was a different color from its modern relative.
  4 The modern plant is found across a wider area of Russia than the ancient one.

(37) The Russian scientists believe that
  1 it is unlikely that they can grow plants from seeds that are over 2,000 years old.
  2 ancient seeds that were kept in Israel will be easier to grow than Russian seeds.
  3 they will be able to grow plants in areas where the earth is permanently frozen.
  4 the frozen soil in Siberia is able to keep the DNA of plants safe for a long time.

161

(38) Which of the following statements is true?
1 Russian scientists would like to use frozen earth to protect seeds.
2 Human DNA can be used to help scientists learn more about the genetic history of plants.
3 The fruit and seeds of *Silene stenophylla* may have been buried by an ancient animal.
4 The first plant that had flowers grew in Siberia over 32,000 years ago.

ライティング
● 以下の TOPIC について, あなたの意見とその理由を 2 つ書きなさい。
● POINTS は理由を書く際の参考となる観点を示したものです。ただし, これら以外の観点から理由を書いてもかまいません。
● 語数の目安は 80 語～100 語です。
● 解答は, 解答用紙の B 面にあるライティング解答欄に書きなさい。なお, 解答欄の外に書かれたものは採点されません。
● 解答が TOPIC に示された問いの答えになっていない場合や, TOPIC からずれていると判断された場合は, 0 点と採点されることがあります。TOPIC の内容をよく読んでから答えてください。

TOPIC
Some people say that the number of cars in cities should be limited. Do you agree with this idea?

POINTS
● Convenience
● Public safety
● The environment

一次試験
リスニング

2級リスニングテストについて

1 このリスニングテストには，第1部と第2部があります。
★英文はすべて一度しか読まれません。
第1部：対話を聞き，その質問に対して最も適切なものを1, 2, 3, 4の中から一つ選びなさい。
第2部：英文を聞き，その質問に対して最も適切なものを1, 2, 3, 4の中から一つ選びなさい。

2 No. 30のあと，10秒すると試験終了の合図がありますので，筆記用具を置いてください。

第1部 ◀)) ▶MP3 ▶アプリ ▶CD3 42～57

No. 1
1 Play tennis with Jessica.
2 Call Jessica tomorrow night.
3 Speak to Jessica now.
4 Call again later tonight.

No. 2
1 Ms. Evans is too busy on that day.
2 Ms. Evans cannot drive a car.
3 Jack can speak Spanish.
4 Jack has met the client before.

No. 3
1 A place where he can park his car.
2 A parking lot that just opened.
3 The park near the police station.
4 The prices at the parking garage.

No. 4
1 It needs to be repaired often.
2 It has started having problems recently.
3 The noise it makes is louder than before.
4 The shop repaired it recently.

No. 5
1 The Franklin Street Grill is closed.
2 The Texas Steakhouse forgot his reservation.
3 He gave the woman the wrong name.
4 He went to the wrong restaurant.

163

No. 6
1 She was not nice to Cindy.
2 She is quite strict.
3 She has worked in many departments.
4 She does not work hard.

No. 7
1 Give the package to the guard.
2 Wait for Ms. Hardy outside.
3 Look for Ms. Hardy's office.
4 Sign in at the security desk.

No. 8
1 She did not drive during rush hour.
2 She went to a store nearby.
3 The store was not crowded.
4 The bus came early.

No. 9
1 She will ask the man's neighbor.
2 She will look in a magazine.
3 She will call her friend.
4 She will use the Internet.

No. 10
1 Get the dog examined.
2 Volunteer at an animal clinic.
3 Go to his wife's office.
4 Shop for pet food.

No. 11
1 Blueberries grow well in their area.
2 Gardening is not for beginners.
3 The woman should change her plans.
4 The woman should not grow strawberries.

No. 12
1 He saw her note on the table.
2 He did not know where she was.
3 She lost her phone at the library.
4 She has not been studying lately.

No. 13
1 She forgot about her husband's birthday.
2 She never buys the man socks.
3 It is good to have a lot of neckties.
4 Her husband should dress nicely for the party.

No. 14
1 When the last train is.
2 How to get to City Station.
3 Whether he can change rooms.
4 What room his clients are in.

No. 15
1 She has never been to Australia before.
2 She cannot swim very well.
3 She is worried that the water will be too cold.
4 She thinks the ocean might not be safe.

||||| 第 2 部 |||||||||||||||||||||||||||||||||||||||||| ◀)) ▶MP3 ▶アプリ ▶CD 3 **58**～**73**

No. 16
1 To pay her cell-phone bill.
2 To work at a school.
3 To use the Internet.
4 To meet her friends.

No. 17
1 He got his car repaired.
2 He found that Miami was too hot.
3 He had to take his driving test twice.
4 He was given a new car by his parents.

No. 18
1 Choose the subjects.
2 Look for people to teach them.
3 Change the advertisements.
4 Find more students.

No. 19	1 It was first made in Greece.
	2 It was created after the first Olympics.
	3 It was not popular in Europe until 776 B.C.
	4 It was a special dessert for a Roman emperor.

No. 20	1 They made it for a class project.
	2 They needed a way to pay for classes.
	3 They were worried about Victor's dog.
	4 They wanted to find owners for their dogs.

No. 21	1 Learn a new kind of dance.
	2 Turn off their cameras during the show.
	3 Ask their friends to come next time.
	4 Show that they are enjoying the concert.

No. 22	1 His invention had a big impact.
	2 His engineering classes were popular.
	3 He was good at fixing machines.
	4 He won a competition for inventors.

No. 23	1 By using less paper in its offices.
	2 By taking away trash cans from parks.
	3 By using volunteer garbage collectors.
	4 By charging people to use parks.

No. 24	1 His best chef is going to leave.
	2 His customers do not like his food.
	3 His manager is making him work too long.
	4 His restaurant is not making much money.

No. 25	1 They have a more cheerful design.
	2 They use a design from a book.
	3 They are not used on roads.
	4 They do not use many colors.

No. 26

1 She moved it to her living room.
2 She sold it to buy a lamp.
3 She painted it a new color.
4 She gave it to a neighbor.

No. 27

1 He sold very expensive coffee in Indonesia.
2 He wanted to help Indonesian coffee farmers.
3 He brought Dutch people to coffee farms.
4 He taught Dutch people how to make coffee.

No. 28

1 He has to take several English courses.
2 He needs to take it to enter college.
3 He wants to write novels in the future.
4 He wants to do better on tests.

No. 29

1 A fire engine broke down.
2 A fire alarm was turned on by mistake.
3 Somebody accidentally started a fire.
4 Some new firefighters started working.

No. 30

1 She will buy a new wallet.
2 She will sell her laptop computer.
3 She will travel to Los Angeles.
4 She will go to Hawaii on business.

二次試験
面　接

問題カード（A日程）　　▶MP3　▶アプリ　▶CD 3 74〜78

Online Reviews

Today, it is common for people to give opinions online about products and services. These online reviews help consumers decide what products to buy. Sometimes, however, people write reviews that include false information. Some consumers believe such reviews, and as a result they buy products that are different from their expectations. People should be careful when using online information.

Your story should begin with this sentence: **One day, Mr. and Mrs. Nakata were at a bookstore.**

Questions

No. 1 According to the passage, why do some consumers buy products that are different from their expectations?

No. 2 Now, please look at the picture and describe the situation. You have 20 seconds to prepare. Your story should begin with the sentence on the card.
<20 seconds>
Please begin.

Now, Mr. / Ms. ——, please turn over the card and put it down.

No. 3 Some people say that people today spend too much time using smartphones. What do you think about that?

No. 4 In Japan, many students wear school uniforms. Do you think schools should make students wear uniforms?
Yes. → Why?
No. → Why not?

問題カード (B日程)   ▶MP3 ▶アプリ ▶CD3 79〜82

Bringing Back Fish

Dams built on rivers can help protect people from floods. However, dams prevent fish from swimming up rivers to lay their eggs. This has caused the number of fish to decrease. Now, special routes that let fish swim around dams are attracting attention. Many local governments build these routes, and by doing so they are trying to increase fish populations in their rivers.

Your story should begin with this sentence: **One day, Mr. and Mrs. Suzuki were talking about the weekend.**

Questions

No. 1   According to the passage, how are many local governments trying to increase fish populations in their rivers?

No. 2   Now, please look at the picture and describe the situation. You have 20 seconds to prepare. Your story should begin with the sentence on the card.
<20 seconds>
Please begin.

Now, Mr. / Ms. ——, please turn over the card and put it down.

No. 3   Some people say that people should do more to protect places of natural beauty like mountains and rivers. What do you think about that?

No. 4   These days, many people use electronic dictionaries. Do you think people will stop buying paper dictionaries in the future?
Yes.   → Why?
No.   → Why not?

MEMO

MEMO

2020年度版

文部科学省後援

英検®2級
過去6回 全問題集
別冊解答

英検®は、公益財団法人 日本英語検定協会の登録商標です。

旺文社

もくじ

Contents

| 2019年度 | 第2回検定　解答・解説 | …………………………… | 5 |

第1回検定　解答・解説 …………………………… 41

| 2018年度 | 第3回検定　解答・解説 | …………………………… | 77 |

第2回検定　解答・解説 …………………………… 113

第1回検定　解答・解説 …………………………… 149

| 2017年度 | 第3回検定　解答・解説 | …………………………… | 185 |

2019-2

一次試験
筆記解答・解説　　p.6〜18

一次試験
リスニング解答・解説　　p.18〜36

二次試験
面接解答・解説　　p.36〜40

解 答 一 覧

一次試験・筆記

1

(1)	2	(8)	4	(15)	1
(2)	1	(9)	3	(16)	2
(3)	3	(10)	2	(17)	1
(4)	3	(11)	4	(18)	4
(5)	1	(12)	4	(19)	2
(6)	3	(13)	1	(20)	1
(7)	2	(14)	3		

2 A

(21)	4
(22)	2
(23)	1

2 B

(24)	3
(25)	3
(26)	2

3 A

(27)	1
(28)	1
(29)	2

3 B

(30)	3
(31)	2
(32)	1
(33)	4

3 C

(34)	2	(36)	1	(38)	4
(35)	2	(37)	1		

4　解答例は本文参照

一次試験・リスニング

第1部

No. 1	4	No. 6	3	No.11	4
No. 2	1	No. 7	3	No.12	1
No. 3	3	No. 8	2	No.13	4
No. 4	4	No. 9	1	No.14	3
No. 5	2	No.10	2	No.15	2

第2部

No.16	4	No.21	1	No.26	1
No.17	2	No.22	3	No.27	3
No.18	4	No.23	2	No.28	1
No.19	2	No.24	2	No.29	4
No.20	1	No.25	3	No.30	4

| 一次試験・筆記 | **1** | 問題編 p.18〜20 |

(1) — 解答 ②

訳 タバコの煙はジュリーの具合を悪くさせる。彼女の周りでタバコを吸う人がいると，彼女は咳をし，のどが痛くなる。

解説 第1文で「タバコの煙で具合が悪くなる」，第2文後半で「のどが痛くなる」と述べられていることから，cough「咳をする」が最も適切。differ「異なる」，involve「〜を含む」，arrange「手配する」

(2) — 解答 ①

訳 そのレストランは多くの要因から閉店することが決まった。最も大きな要因は十分な収益を上げていないことであった。

解説 because of の後には，レストランを閉店する原因や理由に関わる名詞がくることが予想されるので，factor「要因」を選ぶ。suburb「郊外」，vehicle「乗り物」，unit「単位」

(3) — 解答 ③

訳 その銀行が顧客にクレジットカードを送るとき，封筒には，カードを破損しないために，封筒を折り曲げないよう指示する注意書きがついている。

解説 空所の後に「カードを破損しないように」とある。破損しないようにするためには，封筒を bend「折り曲げる」ことがないようにとの注意書きが必要である。raise「〜を上げる」，trap「〜を罠で捕まえる」，deal「〜を分配する」

(4) — 解答 ③

訳 ブランドンは，地域の写真クラブに所属している。彼は，クラブのほかのメンバーとしばしば短い旅行に出かけ，写真を一緒に撮る。

解説 選択肢の中で，空所の直後にある to につながって意味を成す熟語は belongs to「〜に所属する」のみ。inform「知らせる」，figure「現れる」，repeat「繰り返し起こる」

(5) — 解答 ①

訳 ジョンソン氏は長年，空手を学び，とうとう彼の地元のスポーツセンターで空手の先生になった。

解説 「長年空手を学んだ」という内容と「空手の先生になった」という内容を結ぶには，eventually「とうとう」という副詞が最も適切である。slightly「わずかに」，mildly「穏やかに」，heavily「大量に」

(6) — 解答 ③

訳 高いところにあるものに手が届くので，ジョージは背が高いことを気に入っている。しかし，1つ不便なことは，低い出入り口にしばしば頭を

ぶつけることだ。

解説 第 1 文では「背が高いことの利点」が述べられており，その後に逆接の接続詞 However が続いている。このことから，空所には disadvantage「不便なこと」が入るのがわかる。ingredient「(料理の)材料」，technique「技術」，foundation「基盤」

(7) — 解答 **2**

訳 オリンピックのマラソンを見た後，カレンは刺激を受けてジョギングを始めた。彼女は今や 1 日に 5 キロ走っている。

解説 マラソンを見た後にジョギングを始めたという内容から，カレンがマラソンに inspired「刺激を受けた」ことが推察される。create「～を創造する」，astonish「～を驚かす」，disturb「～を悩ます」

(8) — 解答 **4**

訳 エレンは線画を描くのが大好きだ。先週，彼女は学校で行われる線画のコンテストに参加することにした。もし彼女が優勝すれば，新しい線画用の鉛筆を 1 セットもらえるだろう。

解説 第 3 文に，彼女が優勝すれば賞品がもらえると書かれている。このことから，competition「コンテスト」が適切である。definition「定義」，expectation「期待」，revolution「革命」

(9) — 解答 **3**

訳 クイーンズフォレスト・ゴルフクラブは，非常に高級である。毎年 20 名しか新しい会員を受け入れず，その会員は高額な会費を支払わなければならない。

解説 第 2 文で，このクラブは毎年 20 名しか新会員を受け入れないと述べられているので，exclusive「高級な」ことがわかる。portable「持ち運び可能な」，vital「不可欠な」，embarrassed「当惑して」

(10) — 解答 **2**

訳 その女性は昨夜，交通事故を目撃すると，すぐに救急車を呼んだ。そして，けが人は素早く病院へ搬送された。

解説 交通事故を目撃→けが人が素早く病院へ搬送，という流れから，この女性はすぐに ambulance「救急車」を呼んだと考えられる。call an ambulance は「救急車を呼ぶ」。accomplishment「達成」，occasion「場合」，objection「反対」

(11) — 解答 **4**

訳 グレッグは，学校が制服を廃止したときに喜んだ。彼は，学校に普段着を着ていきたいのだ。

解説 第 2 文で，グレッグは普段着を学校に着ていきたいと述べられているので，グレッグが喜んだ理由は，学校が制服を did away with「廃止した」ことであるとわかる。catch up with「～に追いつく」，get away with「〜の罰を逃れる」，keep up with「〜に遅れずについていく」

(12)—解答 **4**

訳 A：あなたは誰に似ているの？　お母さん？　お父さん？

B：両方だよ。外見は父親似だけれど，振る舞いは母にとても似ているんだ。

解説 B は，外見は父親似，振る舞いは母親似であると言っていることから，take after「〜に似ている」を選ぶ。read through「〜に目を通す」，look through「〜を通して見る」，go after「〜の後を追う」

(13)—解答 **1**

訳 この夏，カズエはオーストラリアへ 2 か月間留学をする予定である。こんなに長く家族と離れて暮らすことを，彼女は心配している。

解説 anxious「心配している」に続く前置詞は，この選択肢の中では，about だけ。be anxious about は「〜について心配する」。

(14)—解答 **3**

訳 A：美しいバラをありがとう！　何のためなの？

B：先週のデートをキャンセルしたことを埋め合わせするほんのささやかなプレゼントだよ。

解説 デートをキャンセルしたためにバラを贈ったということは，このバラはそのキャンセルを make up for「埋め合わせする」ためのものであると考えられる。sign up for「〜に参加を申し込む」，go out for「〜のために出かける」，come out for「〜を支持すると表明する」

(15)—解答 **1**

訳 スミス先生は学生に，次のようにレポートをまとめるように伝えた。導入で始め，情報を加え，その後，結論を書くこと。

解説 空所直後のコロン (:) は，次に具体例などを列挙するときに使われることから，as follows「次のように」が適切である。by nature「生まれつき」，in stock「在庫に」，off duty「勤務時間外で」

(16)—解答 **2**

訳 A：なぜ君の上司は君に怒っているんだい？　君は先月，最も多くの携帯電話を売り上げなかった？

B：そうだけど，彼に無断で，客にこっそりと割引をしてしまったんだ。

解説 よい業績を上げながらも上司が怒っているということは，went behind his back「彼に内緒にして」割引をしたと考えられる。in one's favor「〜に気に入られて」，at one's feet「〜の足元に」，to one's joy「うれしいことに」

(17)—解答 **1**

訳 ビクターは大学に入った当初，スケジュールに追われてとても忙しかった。しかし，昨年 1 年間でそのスケジュールに慣れてしまった。

解説 非常に忙しかったという事実が述べられた後，but という逆接の接続詞がきているので，忙しさに has become accustomed to「慣れてしまった」ことが推察される。relevant to「～と関連のある」，guilty of「～の罪を犯した」，worthy of「～に値する」

(18)— 解答 ④

訳 ハリーはコーヒーを飲み終え，代金を支払ってそのカフェを後にした。

解説 完了形の分詞構文。空所直後に目的語 his cup of coffee が続いているので，他動詞 finish の過去分詞 finished が適切。

(19)— 解答 ②

訳 A：明日の朝食にパンケーキを作りたいんだ。冷蔵庫に牛乳はどれくらいあるかな。
B：あら，全く残っていないわ。買わないといけないわね。

解説 B が We'll have to buy some.「買わなければならない」と言っていることから，冷蔵庫には牛乳は none「全くない」状態であることがわかる。

(20)— 解答 ①

訳 水の魚に対する関係は，土地の人間に対する関係と同じである。それは彼らが生きていく場所である。

解説 これは定型表現の1つである。A is to B what C is to D. で「A の B に対する関係は，C の D に対する関係と同じである」。従って what が適切。

一次試験・筆記 2 問題編 p.22～25

A 全文訳 運搬に関わる問題

　空の旅がますます容易になったことで，プロの音楽家は今日，演奏のために世界中を飛び回っている。しかし，彼らは楽器の運搬にしばしば苦労をしている。多くの音楽家は自分の楽器を飛行機内に持ち込もうとするが，スペースがないとしばしば言われてしまう。それどころか，航空会社の職員は音楽家たちに，楽器は飛行機の貨物エリアに載せなければならないと言う。しかし，時に楽器はそこで損傷を受けることになる。

　最近，状況は変わり始めてきた。例えば2014年12月，米国運輸省は，楽器をほかの機内持ち込み荷物と同様に扱うことという規則を作った。これは音楽家にとって良い知らせであるが，航空会社には問題を引き起こすかもしれない。1つの楽器に，座席の上の収納場所の多くのスペースが必要になる可能性があるため，ほかの乗客の荷物が収まらず，彼らを怒らせてしまうかもしれない。さらに楽器の形によっては，それが全く収納スペースに入らず，航空会社の職員は楽器を機内に安全に収納するためのほかの方法を探さなければならないことになる。

しかし，大きな楽器を演奏する音楽家にとって，楽器を飛行機に持ち込む唯一の方法は，1席余分に購入することである。チェロ演奏家，クリスティーナ・ウォレスは，航空会社に楽器を手渡すより，料金を払って自分の隣席で運びたいと考えている。オランダの音楽家，ラヴィニア・メイエルは，さらに大きな楽器—標準サイズのハープ—を演奏している。彼女が韓国のコンサートで演奏するために招かれたとき，最終的にはハープのために料金を払って，ビジネスクラスで運んだ。それは高くつくが，多くの音楽家は，楽器が安全だとわかっていられることは，その値段に見合うものだと考えている。

(21)—解答 **4** ‥‥‥‥‥‥‥‥‥‥‥‥‥‥‥‥‥‥‥‥‥‥‥‥

> **解説** 空所の前では「楽器のスペースはない」，空所の後では「楽器は貨物エリアに載せなければならない」とある。この2つの内容を結びつけるのに最も適切な語句は，instead「それどころか，その代わりに」。by chance「偶然に」，at least「少なくとも」，meanwhile「一方」

(22)—解答 **2**

> **解説** 空所の文の前半では while から始まり，「これは音楽家にとっては良い知らせであるが」と述べていることから，この後に続く空所では，それとは対照的に航空会社にとってネガティブな内容が続くと予想される。ゆえに，cause problems for airlines「航空会社には問題を引き起こす」が正解。

(23)—解答 **1** ‥‥‥‥‥‥‥‥‥‥‥‥‥‥‥‥‥‥‥‥‥‥‥‥

> **解説** この段落では，音楽家たちが楽器のための座席に料金を払い，楽器の安全を確保しようとしている事実が述べられている。空所を含む文はこの段落を締めくくる内容となるので，is worth the price「その値段に見合う」が正解となる。

B **全文訳** **クジラが戻ってきた**

ニューヨーク市は劇場と博物館で有名であるが，近年，ほかのものでも有名になりつつある—それはザトウクジラである。海を眺めているときにこの生き物の1頭を見かけたことのある人が，ニューヨークには増えてきている。2010年に，漁師たちが最初にこの海域にクジラがいることに気づき，それ以来目撃例がだんだんと増えてきている。これは驚くべきことである。というのも，西海岸ではザトウクジラはしばしば目撃されているのに，東海岸周辺ではそれほど目撃されていないからだ。

しかし，ザトウクジラはこの海域でかつてはとてもよく見られた。そして，1650年代になり，ヨーロッパ人がニューヨーク一帯に最初に移住してきたとき，彼らは燃料としてクジラの脂を使うために，クジラを獲り始めた。1840年代には，灯油のようなほかの種類の燃料がクジラの脂に取って替わった。それにもかかわらず，クジラ肉の人気は衰えず，20世紀になるまでには，大西洋にはおよそ700頭のザトウクジラしかいなくなった。さらに，ニューヨークとその周辺の海水は，有害な化学物質を含むようになった。クジラの獲り過ぎと水質汚染の2つが原因で，約100年前にその海域からザ

10

トウクジラは姿を消したと科学者は考えている。

　しかし，それ以来多くの変化があった。例えば1972年に，海，湖，そして河川の汚染を減らすために，合衆国政府は水質浄化法と呼ばれる法律を制定した。水がきれいになるにつれて，徐々に多くの種類の魚や海洋生物が戻ってきて，クジラのための食料源を提供した。このおかげで，ついにクジラはニューヨーク市周辺の海域に戻ってくることができたようだ。

(24) — 解答 **3**

解説　空所後では，2010年以来クジラの目撃例が増えてきていることが述べられている。このことから，seen one of these creatures「この生き物の1頭を見かけたことがある」が入る。

(25) — 解答 **3**

解説　空所の直後の文で，too much hunting「クジラの獲り過ぎ」と water pollution「水質汚染」が，クジラがこの海域から姿を消した原因であると述べられている。段落前半で「クジラの獲り過ぎ」の事実が述べられているので，この空所では contain harmful chemicals「有害な化学物質を含む」が正解となる。

(26) — 解答 **2**

解説　空所前では，クジラがこの海域に戻ってくることを促したと考えられる要因が述べられている。空所後では，クジラが今戻ってきているという結果が述べられている。この2つの原因と結果を結びつけるために適切なものは，Thanks to this「このおかげで」である。

一次試験・筆記 **3** | 問題編 p.26〜32

A **全文訳**

発信人：ジュディ・シブリング <j.sebring@kidland.com >
宛先：ティミー・フレッチャー <timmy23@pmail.com>
日付：10月6日
件名：保育サービス

フレッチャー様

　キッドランド・チャイルドケアにご連絡をいただき，ありがとうございます。昨日，お電話でお約束しましたように，ご子息の保育サービスについてお問い合わせのあった情報をお知らせするために，本日メールをお送りしております。申し上げましたように，当デイケアセンターでは，2歳から5歳のお子さまをお預かりしております。センターの営業時間は月曜日から金曜日の午前6時から午後6時までとなっております。

　保護者の皆さまは，3日プラン，4日プラン，または5日プランをお選びいただけます。また，半日保育と1日保育のどちらかをお選びいただけます。1日保育の料金は，

1日当たり50ドルで，半日保育は30ドルです。半日保育には2つの時間帯があります。午前の時間帯は，午前6時から正午まで，午後の時間帯は正午から午後6時までとなっております。1日保育をお選びいただきました保護者の皆さまには，お子さまのお弁当を毎日センターにお持ちいただきます。

　当センターでは，質の高い保育を1人1人のお子さまに提供しております。私たちは，読み方や数え方といった基本的な技能を教えております。また，それぞれの年齢に合わせた知育玩具もご用意しておりますし，毎日子どもたちのためにたくさんの活動を行っております。ウェブサイトでこれらについてより詳しい情報を入手することができます。ご子息と一緒に当センターにお越しになりたい場合は，お知らせください。日時を設定いたします。近々お目にかかれることを楽しみにしております！

敬具

ジュディ・シブリング

キッドランド・チャイルドケア

(27)— 解答 ①

質問の訳 なぜジュディ・シブリングはフレッチャー氏にメールを書いているのか。

選択肢の訳 1 フレッチャー氏がキッドランド・チャイルドケアによって提供されているサービスについて彼女に問い合わせたから。

2 昨日フレッチャー氏が電話をしたとき，彼女は彼と話をすることができなかったから。

3 フレッチャー氏の息子はキッドランド・チャイルドケアに通い始めたから。

4 彼女はフレッチャー氏の息子についてさらなる情報を必要としているから。

解説 第1段落第2文に to give you the information you asked for about our childcare services とあり，ジュディがフレッチャー氏から問い合わせのあった内容について答えるためにメールを書いているとわかる。

(28)— 解答 ①

質問の訳 キッドランド・チャイルドケアの半日保育に子どもを送っている保護者は

選択肢の訳 1 午前と午後の時間帯から選ぶことができる。

2 毎週5日間，センターに子どもを連れて来なければならない。

3 毎日30ドルの割引を受けることができる。

4 子どものお弁当を用意しなければならない。

解説 第2段落第4文に For the half day, there are two sessions ... とあり，半日保育では，2つの時間帯（午前，午後）のどちらかを選ぶことができることがわかる。

(29)— 解答 ②

質問の訳 ジュディ・シブリングはフレッチャー氏に何をすることを申し出ているか。

選択肢の訳 1 彼の息子に無料で読み書きを教えること。

2 彼がセンターに来て見学する日程を設定すること。

3 デイケアセンターが提供している活動のリストを彼に送ること。

4 家で使える知育玩具を推薦すること。

> 解説 第3段落第5文に，ご子息と一緒にセンターの様子を見たい場合にはI can set up a date and time「私は日時を設定できる」と述べられている。set up a date and time が，選択肢では schedule a visit と言い換えられている。

B 全文訳 異なる世代の助け合い

　多くの現代社会が直面している1つの問題は，異なる世代間でのコミュニケーション不足である。今日，多くの若者が教育や仕事のためにあちこちを転々とする。その結果，若者たちはほかの都市あるいはほかの国に移り住むときでも，自分の両親を残していくことが多く，今や，お年寄りの多くはもはや子どもとは同居せず，むしろ老人ホームに入居している。これは，異なる世代があまり一緒に時を過ごさなくなり，お互いの考え方を耳にする機会が少なくなっていることを意味する。

　数年前，オランダにあるヒューマニタスと呼ばれる老人ホームが，この問題を克服するための興味深い方法を考案した。そのアイデアは，オノ・セルバッハという若者がヒューマニタスに連絡をし，自分の使える部屋があるかどうかを問い合わせたときに始まった。セルバッハは学生であったが，自分の住んでいる学生寮はうるさくて汚いと思っていた。ヒューマニタスの責任者ヘヤ・サイパスはセルバッハに会い，1つのアイデアを思いついた。彼女は，6人の大学生を無料で老人ホームに住まわせることにした。

　学生たちは住む場所と引き換えに，老人ホームの入居者のために1か月に約30時間，ボランティア活動をすることに同意した。学生たちはお年寄りたちと多くのことをやり始めた。時に彼らは入居者とおしゃべりをしたり一緒にゲームをしたりした。また，彼らはお年寄りのために簡単な食事を作ったこともあった。さらに，お年寄りのために買い物に行ったり，コンピューターの使い方のような役に立つスキルを教えたりもした。老人ホームの入居者が病気になり，部屋を出ることができなくなると，学生たちは順番にお年寄りの傍らに座り，彼らに話かけた。

　この取り組みは大成功を収め，今やほかの国の多くの老人ホームが学生に同様のプランを提供している。このようにして，学生は住居にかかる費用を節約することができ，お年寄りは生活の中で手助けをしてもらえる。この取り組みの1つの重要な効果は，このプログラムが若者とお年寄りとの相互理解の助けとなったことだった。そしてもう1つは，お年寄りが孤独を感じないようにさせたことだ。多くの研究によれば，孤独は健康問題を悪化させる可能性があるので，この取り組みはお年寄りが健康を維持していくことにも役立つのである。

(30)— 解答 ③

> 質問の訳 多くの現代社会が持っている1つの問題とは何か。

> 選択肢の訳 **1** 年配の世代は現代都市の高い物価に対する経済的余裕がない。

2 若い世代は教育を受けたり仕事を探したりすることに興味がない。

3 若者とお年寄りは意見を交わす機会があまりない。

4 お年寄りは，若者が老人ホームを訪れるのに十分な時間を割いていないと思っている。

> **解説** 第1段落第1文に多くの現代社会が直面している1つの問題は，a lack of communication between different generations「異なる世代間でのコミュニケーション不足」であると述べられている。同様のことが第4文でも言われている。

(31)—解答 **2**

> **質問の訳** ヒューマニタスの責任者であるヘヤ・サイパスは

> **選択肢の訳** **1** 老人ホームの部屋がとてもうるさくて汚いことを心配していた。
> **2** 何人かの学生に老人ホーム内の無料の部屋を提供することに決めた。
> **3** 彼女が持つ部屋に住むことに関心がある人々を探すのに苦労していた。
> **4** 若い学生のために住居をもっと安くする方法を探したかった。

> **解説** 第2段落最終文に She decided to allow six college students to live in the retirement home for free. と述べられていることから，正解は2。選択肢では，decided to provide some students with free rooms in the retirement home と言い換えられている。

(32)—解答 **1**

> **質問の訳** ヒューマニタスに住んでいる学生は何をしたか。

> **選択肢の訳** **1** 入居者と時を過ごし，彼らの日常生活に必要なことに関して手助けをした。
> **2** 入居者から多くの新しいコンピューターの技術を学び，学校の課題のためにそれらを使った。
> **3** より多くの入居者をその施設に集めるためのシステムを設計した。
> **4** 病気になった入居者のために診療を行った。

> **解説** 第3段落第1文で学生たちが「住む場所と引き換えに，老人ホームの入居者のために1か月に約30時間，ボランティア活動をすることに同意した」とあり，その後その具体例が述べられている。このことから，答えは1に絞られる。

(33)—解答 **4**

> **質問の訳** ヒューマニタスのプログラムの1つの利点は何か。

> **選択肢の訳** **1** それはお年寄りに老人ホームから出ていく機会を与えている。
> **2** それはお年寄りが住居にかかる費用を節約することを可能にしている。
> **3** 若者が医療従事者になるための訓練を無料で受けている。
> **4** 若者がお年寄りの孤独を和らげる手助けをすることができる。

> **解説** 第4段落第4文に Another has been to stop elderly people from feeling lonely. とあり，若者がお年寄りの孤独を緩和していることが

14

わかる。選択肢では，help reduce the loneliness of elderly people
と言い換えられている。

C 全文訳 スマート・ステッカー

　医者はしばしば，長期間にわたって患者の体内の変化を監視する必要がある。例えば，患者が心臓に問題を抱えているとき，鼓動のスピードを記録することは大切である。従来，医者は患者の体に電子機器を取り付け，これらを使って情報を記録してきた。これらの機器は，日常的に着用していなければならず，重量も非常に重く，たくさんの電気コードを必要としている。結果として，それらの機器は，患者が自由に動き回ったり眠ったりすることを難しくする可能性がある。しかし今，それらは徐々に，新しい種類の「電子ステッカー」と呼ばれる測定装置に取って替わられようとしている。

　こうした機器の1つが，アーバナ・シャンペーンにあるイリノイ大学の教授，ジョン・ロジャーズによって開発された。その機器は薄いシリコンの層に取り付けられた，たくさんの非常に小さな電子部品から成り立っている。これは，患者の皮膚に貼り付けられるとても薄いステッカーに加工された。この小さな電子ステッカーは患者の心拍数，体温，筋肉の動き，そして脳の活動といった情報を記録することができる。

　新しい電子ステッカーは患者を煩わすことがないので，新生児のようなたくさん眠る必要がある患者にとって便利だ。さらに，そのステッカーにはほかにたくさんの潜在的な利用方法があると研究者たちは言っている。例えば，ロジャーズは人の喉にその電子ステッカーの1枚を貼った。その人があるいくつかの単語を言うと，ステッカーは喉の中の筋肉の動きを記録した。この単語が再び発話されると，ステッカーはそのパターンを認識し，コンピューターに信号を送った。このようにして，その人はある単語を使い，コンピューターゲームの中にある物の動きを制御することができた。

　電子ステッカーにできそうなもう1つの使い方を利用すると，人がほかの人と内密に意思疎通することを可能にすることだろう。ロジャーズによれば，合衆国政府は，特別捜査官が使用する秘密のコミュニケーション手段を開発することに興味を示している。おそらく，時がたつにつれて，ほかの利用方法を人々は考えつくだろう。そうであってもなくても，その新しい電子ステッカーは間違いなく，人体をコンピューターやほかの形態のテクノロジーに直接結びつけることへの大きな前進の一歩である。

(34) ―解答 **2**

質問の訳 心臓障害の患者が抱える1つの問題は何か。

選択肢の訳　**1** 彼らが必要とする機器の価格が高過ぎる。
　　　　　　　2 彼らの体を監視するために使われる機器は，彼らにとって不便だ。
　　　　　　　3 彼らは長期間待つことなしに治療を受けることができない。
　　　　　　　4 彼らには医者が必要とする全ての情報を記録するための時間がない。

解説　第1段落第5文に，As a result, they can make it difficult for patients to move around freely or to sleep. とあり，患者の体を監視する機器が不便だということがわかる。

(35)—解答 **2**

質問の訳 ジョン・ロジャーズは何を開発したか。

選択肢の訳 **1** 電子機器をより効率化するためにそれに取り付けられるステッカー。
2 患者の医療情報を記録するために使うことのできるステッカー。
3 シリコンから作られ，筋肉を動かすことのできる機器。
4 科学者がシリコンをより強くするために使う機器。

解説 第2段落第1文から，電子ステッカーがジョン・ロジャーズによって開発されたこと，また，第2段落第4文から，そのステッカーが患者の体の情報を記録できることがわかる。

(36)—解答 **1**

質問の訳 ロジャーズが研究の中で見つけることができたのは

選択肢の訳 **1** 人が言っていることを認識する機器を使って，コンピューターゲームの中のものを動かす方法である。
2 発声時に喉を使うことに問題を抱える人々へ治療を行う方法である。
3 危険な病気を発症しそうな新生児を守る方法である。
4 筋肉の量を増やそうとしている人々を助ける方法である。

解説 第3段落第3文〜6文に，ロジャーズの行った実験が書かれている。その中に，喉の筋肉の動きから人の発話内容を読み取り，コンピューターゲームの中のものを動かすことができたことが語られている。よって答えは，**1**に絞られる。

(37)—解答 **1**

質問の訳 合衆国政府はなぜ「電子ステッカー」に興味を持っているのか。

選択肢の訳 **1** 人が内密に話をするための方法として使える可能性があるから。
2 人が政府とコミュニケーションをとることを促すために使われるだろうから。
3 ほかの国からのスパイの会話を監視するために使える可能性があるから。
4 誤って他人と情報が共有されてしまうことを防げるかもしれないから。

解説 第4段落第1文の後半に，想定される「電子ステッカー」の利用方法として，to allow people to communicate secretly with other people「ほかの人との内密な意思疎通を可能にすること」と述べられているので，正解は**1**。

(38)—解答 **4**

質問の訳 次に述べられていることで正しいものはどれか。

選択肢の訳 **1** 特別捜査官たちは，ほかの捜査官に自分たちが誰かを示すために特別なカードをよく使う。
2 医者はときどき，患者が眠るのを補助するために電気コードを使う。
3 ロジャーズはステッカーを肌に貼り付かせるある種のシリコンを開

発した。
4 電子ステッカーは，長時間の睡眠を必要とする患者を監視するために使える。

> **解説** 第3段落の第1文に，The new electronic stickers are useful for patients who need to sleep a lot とあり，電子ステッカーが長時間の睡眠を必要とする患者に有効であることがわかる。

一次試験・筆記 **4** | 問題編 p.32

> **トピックの訳** 現在，大企業に就職したくないと考える若者もいます。このような人々の数は将来増えるとあなたは思いますか。

> **ポイントの訳** 収入　機会　ストレス

> **解答例** The number of young people who do not want to work at large companies will increase in the future. First, working at a big company can be very stressful. For example, workers are often transferred to other cities. I think most young people want to choose where they live. Second, there are fewer career opportunities at large companies. It is much easier to get a promotion in a smaller workplace. In summary, I think more young people will not want to start working for large companies.

> **解答例の訳** 大きな会社で働きたくないと考える若者の数は将来増えるでしょう。まず，大きな会社で働くのはとてもストレスになる可能性があります。例えば，大企業の労働者はほかの都市にしばしば転勤になります。ほとんどの若者は住む場所を自分で選びたいと私は思います。次に，大企業では出世のチャンスがより少なくなります。小さな職場の方が，昇進することがずっと容易です。要約すると，大企業に就職したくないと考える若者はますます増えると私は思います。

> **解説** まず冒頭で，今回のトピックである「大企業に就職したくないと考える若者が増えるかどうか」について自分の意見を明確にすることが重要である。次に，自分の意見を支持する理由を2つ，具体的に説明していく。その際に，解答例にあるように，First, Second といった「標識」となるつなぎ言葉を使うと論旨が明確になる。これ以外にも，to begin with「まず」，first of all「最初に」，in addition「加えて」，moreover「さらに」などの表現も有効である。それぞれの理由に具体例などが付記されるとさらによい。解答例は，ストレスの原因として，大きな会社では転勤が多くなるという具体例を述べ，理由の説得力を増している。最後

17

に，解答例にあるように In summary「要約すると」を使い，もう一度冒頭で述べた自分の意見を結論として繰り返して述べている。ほかにも in conclusion「結論として」，therefore「それゆえに」，for these reasons「これらの理由から」などの語句も併せて知っておくと，表現にバリエーションが増えてよい。

一次試験・リスニング 問題編 p.33～35

No.1 —解答 ④

放送英文
☆：It feels like winter. This weather is really cold for April.
★：Yeah. I heard the temperature might drop below zero tonight.
☆：Really? I hope not. I've just put some new plants in my garden. If it gets too cold, they'll freeze and die.
★：Well, let's hope it doesn't get that cold.
Question: What is the woman worried about?

全文訳
☆：冬みたいね。4月にしては本当に寒い天候ね。
★：そうだね。今夜は気温が氷点下になるかもしれないって。
☆：本当？　そうでないといいのだけど。花壇に新しい植物を植えたばかりなの。寒くなり過ぎたら，凍って枯れてしまうわ。
★：そうだね，そんなに寒くならないことを願おう。
Q：女性は何を心配しているのか。

選択肢の訳
1　雪がたくさん降るかもしれない。
2　花壇に植物を植えるには遅過ぎるかもしれない。
3　男性のガーデンパーティーは中止になるかもしれない。
4　彼女の植物が凍ってしまうかもしれない。

解説　女性の2番目の発言の4文目に，If it gets too cold, they'll freeze and die. とあり，植物が凍って枯れてしまうことを女性が心配していることがわかる。

No.2 —解答 ①

放送英文
☆：Excuse me. How much is this scarf? It doesn't have a price tag.
★：May I see it? Hmm. This doesn't look like any of the scarves we sell. Perhaps another customer dropped it.
☆：Oh. That's too bad. It would have looked really nice with my new coat.
★：I'm sorry about that. Would you like to see the scarves we sell?
Question: What do we learn about the scarf?

全文訳
☆：すみません，このスカーフはおいくらですか。これには値札が付いていま

18

せん。

★： 見てもよろしいですか。ふーむ，これは当店が販売しているスカーフの
どれでもないようです。おそらく，ほかのお客さまが落とされたので
しょう。

☆： あら。それはとても残念ね。私の新しいコートにとてもよく似合ったで
しょうに。

★： それは残念ですね。当店が販売しているスカーフをご覧になりますか。
Q：スカーフについて何がわかるか。

選択肢の訳　**1**　それは売り物ではない。
2　それは彼女のコートには合わない。
3　面白い模様がついている。
4　それは女性のものと似ている。

解説　男性の最初の発言に This doesn't look like any of the scarves we
sell. とあり，そのスカーフがこの店の売り物ではないことがわかる。選
択肢では，It is not for sale. と言い換えられている。

No.3 －解答 ③

放送英文　☆： Hello. I'd like to sign my six-year-old daughter up for guitar
lessons.

★： Wonderful. We have several teachers who are very good at
teaching children. Has she ever played the guitar before?

☆： No, and she doesn't have a guitar yet, either. Should I buy one for
her right away?

★： Yes, you'll need to get a guitar. There's a good music shop on
10th Avenue you might want to try.

Question: What does the woman need to do soon?

全文訳　☆： こんにちは。6歳の娘のギター教室への参加申し込みをしたいのですが。

★： 素晴らしい。当教室には，子どもに教えるのがとても得意な先生が数名お
ります。お子さまは今までに，ギターを弾いたことがありますか。

☆： いいえ，まだギターも持っていません。すぐに彼女のためにギターを買っ
た方がいいかしら。

★： はい，ギターを購入する必要があります。10番街にお薦めのよい楽器店
があります。
Q：女性はすぐに何をする必要があるか。

選択肢の訳　**1**　違うギター教室を見つける。
2　ギターの弾き方を習う。
3　娘のためにギターを買う。
4　娘にギターの弾き方を教える。

解説　男性の2番目の発言に Yes, you'll need to get a guitar. とあり，女性

が娘のためにギターを買う必要があることがわかる。

No.4 – 解答 ④

放送英文 ★： Next weekend is Grandma's birthday party, right? What should we get for her, Mom?

☆： I think you should paint a picture for her, Barry. You're so good at painting.

★： Yeah. I could paint a scene from our family's summer picnic at the beach. Could you buy a nice picture frame?

☆： Sure. I'll stop by the art store this weekend.

Question: What is the mother discussing with her son?

全文訳 ★： 次の週末はおばあちゃんの誕生日パーティーだよね。お母さん，僕たちはどんなプレゼントを用意したらいいかな。

☆： バリー，あなたはおばあちゃんのために絵を描いたらどうかしら。あなたは絵がとても得意よね。

★： そうだね，家族で行ったビーチでの夏のピクニックのことを描こうかな。素敵な額縁を買ってもらえる？

☆： いいわよ。今週末，画材屋さんに立ち寄るわ。

Q：母親は息子と何について話し合っているのか。

選択肢の訳 1　祖母とピクニックに出かけること。
2　祖母のためにカメラを買うこと。
3　祖母とビーチに行くこと。
4　祖母のために贈り物を作ること。

解説 女性の最初の発言に you should paint a picture for her とあり，その提案に対して男の子は同意している。このことから，男の子は祖母に絵を描いて贈ろうとしていることがわかる。選択肢では，paint a picture が making a gift と言い換えられている。

No.5 – 解答 ②

放送英文 ☆： Dad, can we go to the mountains this weekend? I want to collect some leaves for a school art project.

★： Why do you need to go to the mountains for that?

☆： Most of my classmates are going to get some around town, but I want to find different ones.

★： You're right—there are more kinds of trees in the mountains. OK, let's go on Saturday.

Question: Why does the girl want to go to the mountains?

全文訳 ☆： お父さん，今週末，山に行ける？　学校の美術の課題で葉っぱを集めたいの。

★： なぜそのために山に行く必要があるんだい？

20

☆： 私のクラスメートのほとんどは，町のあちこちで集めるつもりだけど，私は違う種類の葉っぱを見つけたいの。

★： それはいいね。山にはもっと多くの種類の木があるからね。よし，土曜日に出かけよう。

Q： 女の子はなぜ山に行きたいのか。

選択肢の訳 **1** クラスメートに会うため。
2 美術の課題のために葉を手に入れるため。
3 木を植えるため。
4 学校のために写真を撮るため。

解説 女の子は最初の発言で父親を山に誘い，第 2 文で I want to collect some leaves for a school art project. と言っているので，彼女が美術の課題のために山で葉を集めたいと思っていることがわかる。

No.**6**－解答 ③

放送英文 ☆： Hello.

★： Hi, Allison. Do you have time now to talk about our Halloween party?

☆： Sure, Dylan. I'm planning to make cookies that are shaped like pumpkins.

★： Excellent! I made a list of games to play. Oh, and I think we should have a costume contest.

☆： Yeah! I'll call everyone tonight and tell them to wear their most interesting Halloween costume.

Question: What are the boy and girl talking about?

全文訳 ☆： もしもし。

★： やあ，アリソン。ハロウィンパーティーについて，今話す時間ある？

☆： もちろんよ，ディラン。私はかぼちゃのような形のクッキーを作る予定よ。

★： 素晴らしい！ 僕は遊ぶゲームのリストを作ったよ。あ，そうだ，仮装コンテストをしたらいいと僕は思っているんだけど。

☆： いいわね！ 今夜みんなに電話をして，いちばん面白いハロウィンの衣装を着るように伝えるわ。

Q： 男の子と女の子は何について話をしているのか。

選択肢の訳 **1** ハロウィンの衣装を作ること。
2 来客用のクッキーを買うこと。
3 パーティーの計画。
4 パーティーの招待客のリスト。

解説 男の子が最初の発言で Do you have time now to talk about our Halloween party? と尋ね，女の子は同意している。その後も 2 人はパーティーで何をやるかを具体的に話し合っているので，答えは **3**。

21

No.7 –解答 ③

放送英文 ★： Welcome to Kurt's Computers.

☆： Hi. I'm a travel writer, and I need a new laptop computer for work. I want one that's easy to carry but strong enough for rough trips.

★： OK, ma'am. The Tuff5000 should be perfect for you. It's not the fastest laptop we have, and it doesn't have the most memory, but it's lightweight and strong enough to be used outdoors.

☆： It sounds perfect. I'll take it.

Question: Why does the woman choose to buy the Tuff5000?

全文訳 ★： カーツ・コンピューターへようこそ。

☆： こんにちは。私は旅行作家で，仕事用の新しいノートパソコンが必要なの。持ち運びが簡単で，過酷な旅行でも十分な強さを備えたものが欲しいんだけど。

★： わかりました，お客さま。Tuff5000 がきっとぴったりでしょう。当店で最も処理スピードが速いコンピューターではないですし，最大のメモリーを持っているわけでもありませんが，軽くて，屋外での使用に耐える強さを持っています。

☆： それはぴったりのようね。それをいただくわ。

Q：女性はなぜ Tuff5000 を買うことに決めたのか。

選択肢の訳　**1**　それはとても使い易いから。

2　それは最大容量のメモリーを持っているから。

3　それは旅行に持っていくのに適しているから。

4　それはお店で最も速いノートパソコンだから。

解説　女性の最初の発言から，彼女が求めているパソコンは持ち運びしやすく頑丈なものであることがわかる。そのリクエストを受けて，店員が軽くて屋外で使っても十分な強さを持っている Tuff5000 を薦めているので，答えは **3** に絞られる。

No.8 –解答 ②

放送英文 ★： Honey, I'm trying to make your favorite salad dressing, but I ran out of lemons. Is there anything I could use instead?

☆： Well, limes might work, and there's a bag of them in the cupboard. Why don't you try those?

★： Good idea. I hope they work.

☆： I hope so, too.

Question: What is the man's problem?

全文訳 ★： ねえ，君のお気に入りのサラダドレッシングを作ろうとしているんだけど，レモンを切らしちゃったんだ。代わりに使えるものが何かあるかな。

22

☆： そうね，ライムならいけるかも。戸棚の中にひと袋あるから，それを使ってみたら？

★： いい考えだね。代わりになるといいな。

☆： 私もそう願うわ。

Q：男性の問題は何か。

選択肢の訳 **1** 彼はカバンにサラダドレッシングをこぼした。

2 彼は十分な数のレモンを持っていない。

3 彼は買ったレモンを店に忘れた。

4 彼はサラダドレッシングの作り方を知らない。

解説 男性の最初の発言に I ran out of lemons. とあり，今レモンを切らしていることがわかる。放送文の ran out of lemons が選択肢では does not have enough lemons に言い換えられている。

No.9 –解答 ①

放送英文 ☆： Jim, the university has raised its parking fees again, so I'm going to start taking the train instead of driving to campus.

★： You could save even more money by riding your bike, Danielle.

☆： Why didn't I think of that? Then I won't have to buy a train pass!

★： Yeah. And it'll be good exercise, too.

Question: Why won't Danielle drive to campus anymore?

全文訳 ☆： ジム，大学が駐車料金をまた値上げしたから，私は大学に車で行く代わりに，電車を使い始めることにしたわ。

★： ダニエル，自転車に乗ればもっとたくさんお金を節約できるよ。

☆： なぜそのことを思いつかなかったのかしら。それなら，電車の定期券を買う必要がないわ！

★： そうだよ。それにいい運動にもなるしね。

Q：なぜダニエルはもう車で大学に行かないのか。

選択肢の訳 **1** 駐車料金が高過ぎるから。

2 彼女はもっと運動する必要があるから。

3 彼女は自転車でもっと早くそこに到着できるから。

4 電車の方がより便利だから。

解説 女性は最初に the university has raised its parking fees「大学が駐車料金を値上げした」を述べ，「大学に車で行く代わりに，電車を使い始める」と続けているので，**1** が正解。

No.10 解答 ②

放送英文 ☆： Good afternoon. Maple Supermarket.

★： Hi. My grandmother has recently moved to the area, and she's not able to get her own groceries. Does your store have a delivery service?

☆ : Yes, we do. Orders can be made by phone or on our website.

★ : Really? That's great. I'll take a look at your website this afternoon. Thanks.

Question: What does the man ask about the store?

全文訳 ☆ : こんにちは。メープル・スーパーマーケットです。

★ : こんにちは。私の祖母が最近この地域に引っ越したんですけど，彼女は自分の食料雑貨を買いに行くことができません。そちらのお店には，配達のサービスはありますか。

☆ : はい，ございます。ご注文は電話か当店のウェブサイトで行えます。

★ : 本当ですか。それはいいですね。今日の午後，そちらのウェブサイトを見てみます。ありがとう。

Q : 男性はお店に関して何を問い合わせているか。

選択肢の訳 **1** どんな割引をしているのか。

2 食料雑貨の配達をするかどうか。

3 ウェブサイトのアドレス。

4 お店はどこにあるか。

解説 男性の最初の発言の第3文に Does your store have a delivery service? とあり，男性は，配達サービスがあるかどうかを問い合わせていることがわかる。

No.11 解答 ④

放送英文 ☆ : Bob, have you seen my sales report? I had it at the meeting yesterday, but now I can't find it. It's not on my desk or in the meeting room.

★ : Maybe someone else took it by mistake.

☆ : Yeah, maybe. I'll ask around to see if anyone has it.

★ : Good idea. I hope you find it.

Question: How will the woman try to find her sales report?

全文訳 ☆ : ボブ，私の売上報告書を見なかった？　昨日のミーティングでは持っていたんだけど，今，見あたらないの。私の机の上にも会議室にもないの。

★ : たぶん，誰かが間違って持って行ってしまったんだね。

☆ : たぶんそうね。誰か持っていないか，聞いて回ってみるわ。

★ : それがいい。見つかるといいね。

Q : 女性はどのように彼女の売上報告書を見つけようとするか。

選択肢の訳 **1** 新しいものを出力することによって。

2 ボブの机から持って行くことによって。

3 会議室で探すことによって。

4 同僚に尋ねることによって。

解説 女性の2番目の発言に I'll ask around to see if anyone has it. とあ

24

り，誰か持っていないか聞いて回ってみようと女性が考えていることがわかる。

No.12 解答 ①

放送英文
☆： Thank you for taking my dog out for a walk, Timmy.
★： You're welcome, Mrs. Flanders. I love dogs. I wish my parents would move into an apartment big enough for a dog.
☆： Well, my dog doesn't like most people, but it really likes you.
★： Yeah, I get along well with dogs. They seem to know I like them.
Question: What do we learn about the woman's dog?

全文訳
☆：ティミー，犬を散歩に連れて行ってくれてありがとう。
★：どういたしまして，フランダースさん。僕は犬が大好きなんです。両親が，犬を飼えるぐらい大きなアパートに引っ越してくれるといいんですけど。
☆：あのね，うちの犬はほとんどの人が好きじゃないんだけれど，あなたのことは本当に好きよ。
★：ええ，僕は犬と相性がいいんですよ。僕が犬好きだって，彼らもわかるみたいです。
Q：女性の犬について何がわかるか。

選択肢の訳
1 それはいつもは人が好きではない。
2 それはアパートでは寂しくなる。
3 それは散歩に出かけるのが大好きである。
4 それはあまりたくさん食べない。

解説 女性の2番目の発言に my dog doesn't like most people とあり，女性の犬はあまり人が好きではないことがわかる。

No.13 解答 ④

放送英文
☆： Mr. Gilbert, why does it rain so much here in Jamestown?
★： Well, it's because of Jamestown's location. In this area, warm winds from the sea meet cold air coming down from the mountains.
☆： But, how does that make rain?
★： Well, when the warm wind meets the cold air, it makes clouds. The rain comes from these clouds.
Question: What does the girl want to know?

全文訳
☆：ギルバート先生，ここジェイムズタウンでは，なぜこんなにたくさん雨が降るのですか。
★：ええと，それはジェイムズタウンの立地のせいだね。この地域では，海からの暖かい風が，山から吹き下ろしてくる冷たい空気とぶつかるんだ。
☆：でも，どうしてそれが雨を降らせるんですか。

★： つまり，暖かい風が冷たい空気とぶつかると，雲が生じるんだ。雨はこの雲から降るんだよ。

Q：女の子は何を知りたいのか。

選択肢の訳 1 何が原因で，暖かい空気が海から上がってくるのか。
2 いつまた雨が降り始めるのか。
3 海はどのようにして暖かい風を作るのか。
4 ジェイムズタウンではなぜ多くの雨が降るのか。

解説 女の子は冒頭で ... why does it rain so much here in Jamestown? と聞いており，女の子はジェイムズタウンで雨が多い理由を知りたがっていることがわかる。

No.14 解答 ③

放送英文 ★： Excuse me. Have you heard of the Fiesta Drink Company? We're asking people here on the street to taste our new Double Banana drink.

☆： Sure. I'd like to try it. I've had your Double Strawberry drink before, and it was pretty good.

★： Thank you. Here you are.

☆： Hmm. Very tasty. I think I'd like to buy some sometime.

Question: What does the man ask the woman to do?

全文訳 ★： すみません。フィエスタ飲料会社の名前を聞いたことがありますか。今，この通りで，新しく出たダブルバナナ・ドリンクの試飲をお願いしているところなんです。

☆： もちろん。試してみたいわ。前に，そちらの会社のダブルストロベリー・ドリンクを飲んだことがあって，とてもおいしかったわ。

★： ありがとうございます。それでは，どうぞ。

☆： ふーむ。とてもおいしいわ。いつか買ってみたいわね。

Q：男性は女性に何をするように頼んでいるのか。

選択肢の訳 1 飲み物の広告を見る。
2 彼が飲み物を配るのを手伝う。
3 彼の会社の新しい飲み物を試す。
4 飲み物の風味を提案する。

解説 男性の最初の発言の第3文に，We're asking people here on the street to taste our new Double Banana drink. とあり，男性が女性に新しい飲み物の試飲をお願いしていることがわかる。

No.15 解答 ②

放送英文 ★： Carol, my cell-phone battery is dead. Can I borrow your phone?

☆： Sorry, Bill. I left it at the office. Can't you wait until we finish lunch?

★： I just remembered that I have to call a customer to change our appointment this afternoon.

☆： In that case, you'd better get back to the office as quickly as you can.

Question: What does the woman suggest the man do?

全文訳 ★： キャロル，僕の携帯電話のバッテリーが切れてしまったよ。君の電話を借りてもいいかな。

☆： ごめんなさい，ビル。オフィスに置いてきちゃったわ。昼食を終えるまで待てない？

★： お客さんに電話をして，今日の午後の約束を変更しなければならないのを，今思い出したんだ。

☆： それなら，できるだけ早くオフィスに戻った方がいいわね。

Ｑ：女性は男性に何をすることを提案しているか。

選択肢の訳 **1** 新しい携帯電話を買う。

2 オフィスに急いで戻る。

3 お客さんをランチに招待する。

4 ランチの約束を変更する。

解説 女性の2番目の発言に，you'd better get back to the office as quickly as you can とあり，女性が男性に，できるだけ早くオフィスに戻った方がよいと提案していることがわかる。

| 一次試験・リスニング | 第**2**部 | 問題編 p.35～37 | 🔊 | ▶MP3 ▶アプリ ▶CD 1 **17**～**32** |

No.**16** 解答 **4**

放送英文 Liz is a high school student. She works part time at a restaurant, but she has decided to quit. She plans to go to college in the future to become a nurse, so she will volunteer at a hospital instead. Liz will not get any money, but she will have a chance to meet many nurses and to learn about what they do.

Question: Why did Liz decide to quit her part-time job?

全文訳 リズは高校生である。レストランでアルバイトをしているが，辞めることにした。彼女は，将来大学に行って看護師になる予定なので，代わりに病院でボランティアをすることにしている。リズはお金はもらえないだろうが，多くの看護師と出会い，彼らの仕事を学ぶ機会を得ることになるだろう。

Ｑ：リズはなぜアルバイトを辞めることにしたのか。

選択肢の訳 **1** 彼女には自由時間がないから。

2 彼女は十分なお金を稼いでいないから。

3 彼女は学校の成績を良くする必要があるから。

4 彼女は看護についてもっと学びたいから。

解説 第 3 文で「将来大学に行って看護師になる予定なので，代わりに病院でボランティアをすることにしている」と述べられている。つまり彼女は「看護についてもっと学びたい」のである。

No.17 解答 ②

放送英文 The Smiths live in a small apartment, but recently they have been thinking about buying a house. One night, Mrs. Smith saw an interesting article in the newspaper about some old historic homes. They needed repairs, but they were beautiful and near the city. These homes were being sold cheaply to anyone who wanted to live in them. The Smiths decided to apply for one and fix it up.

Question: What did the Smiths learn about the historic homes?

全文訳 スミス一家は小さなアパートに住んでいるが，このところ家を買うことをずっと考えている。ある夜，スミス夫人は，古い歴史的な家のいくつかについての興味深い記事を新聞で見かけた。それらは修理が必要だったが，美しく，町に近かった。これらの家は，そこに住みたい人には誰にでも安く売りに出されていた。スミス一家はそれに応募し，修理することにした。

Q：歴史的な家々についてスミス一家は何を知ったか。

選択肢の訳 **1** それらにはたくさんのお金がかかる。

2 それらは修理される必要がある。

3 それらは町から遠く離れている。

4 それらはすべて売却済みであった。

解説 第 3 文に They needed repairs とあり，その歴史的な家々には修理が必要であることがわかる。正解の選択肢では動詞の repair を使い，受け身形で They needed to be repaired. と言い換えている。

No.18 解答 ④

放送英文 Isabella Bird was an English explorer and writer who was born in 1831. When she was a child, she was often sick. Her doctor suggested that traveling might help her feel better. Therefore, her father began to take her on trips. She soon started writing about her travels, and many of her stories were published in newspapers and magazines.

Question: Why did Isabella Bird start to travel?

全文訳 イザベラ・バードは 1831 年に生まれた，イングランドの探検家であり

作家であった。彼女は子どものころ，病気がちであった。医者は，旅行をすることで彼女の健康状態が良くなるかもしれないと提案した。だから彼女の父親は，彼女を旅行に連れ出し始めた。彼女はまもなく旅行について書き始め，彼女の物語の多くは新聞や雑誌に掲載された。

Q：なぜイザベラ・バードは旅行を始めたのか。

選択肢の訳　**1**　彼女は新聞社で働いていたから。
　　　　　　2　彼女は作家になりたかったから。
　　　　　　3　彼女の父親が探検家だったから。
　　　　　　4　彼女の医者がそれを提案したから。

解説　第3文に Her doctor suggested that traveling might help her feel better. とあり，医者が旅行を勧めたことがわかる。それを受けて父親が彼女を旅行に連れて行くようになったのである。

No.19 解答 ②

放送英文　Welcome to the Museum of Science, where fun and learning meet. With five floors of exhibits, it is easy to get lost. Make sure to pick up a guide map at the front entrance, so you can find what you are looking for. There is also a schedule of special events for children. Please join us for these fun activities. Our volunteers are ready to answer any questions you may have.

Question: Why does the speaker suggest getting a guide map?

全文訳　楽しさと学びが出合う科学博物館にようこそ。展示室は5つのフロアから成っていますから，迷いやすいです。正面入り口でガイドマップを忘れずにもらえば，探しているものを見つけることができます。子どもたちのための特別なイベントも予定しています。これらの楽しいアクティビティにご参加ください。当館のボランティアが皆さまのご質問にお答えいたします。

Q：話し手はなぜガイドマップをもらうことを勧めているのか。

選択肢の訳　**1**　近くの科学のクラスを探すため。
　　　　　　2　展示物をより簡単に見つけるため。
　　　　　　3　来館者がほかの博物館を見つけるのに役立つため。
　　　　　　4　その博物館でボランティアになるため。

解説　第3文後半に so you can find what you are looking for とあり，ガイドマップが探しているものを見つける手助けになることがわかる。正解の選択肢では To make it easier to find exhibits. と言い換えられている。

No.20 解答 ①

放送英文　Sophie often takes her two young children to a park near her house. Recently, she has noticed that the trash cans are often full, and sometimes there is even trash on the ground. Sophie has decided to e-mail the mayor about the problem. She has asked her friends to send e-mails, too. They will request that the city empty the trash cans more often.

Question: What has Sophie asked her friends to do?

全文訳　ソフィーは2人の小さな子どもを家の近くの公園によく連れて行く。最近，ゴミ箱がよくいっぱいになっていることに彼女は気づいた。地面にゴミが落ちていることさえある。ソフィーはこの問題について市長にEメールを送ることにした。彼女は友だちにもEメールを送るように頼んだ。彼らは，市がもっと頻繁にゴミ箱を空にするよう要求するつもりだ。
Q：ソフィーは友だちに何をするよう頼んだのか。

選択肢の訳　1　市長にEメールを送る。
2　公園のゴミを拾う。
3　彼女の子どもを公園に連れて行く。
4　市長に会いに行く。

解説　第4文に She has asked her friends to send e-mails, too. とあり，ソフィーが友だちにEメールを市長に送るよう頼んだことがわかる。

No.21 解答

放送英文　These days, many people are interested in solar energy—energy that comes from the sun. They hope that new technology, such as solar panels, will replace oil and coal. However, the idea of getting energy from the sun is not new at all. Over 500 years ago, Leonardo da Vinci had an idea to use sunlight and mirrors to get energy and heat water.

Question: What does the speaker say about Leonardo da Vinci?

全文訳　近ごろ，多くの人が太陽から得られるエネルギー，つまりソーラーエネルギーに興味を持っている。ソーラーパネルのような新しい技術が，石油や石炭に取って替わることを彼らは望んでいる。しかし，太陽からエネルギーを得るという考えは，新しいものでは全くない。500年以上前，レオナルド・ダ・ヴィンチは，太陽光と鏡を使ってエネルギーを得て水を温めるというアイデアを持っていた。
Q：話し手は，レオナルド・ダ・ヴィンチについて何と言っているか。

選択肢の訳　1　彼は太陽光を使うアイデアを持っていた。
2　彼は最初のソーラーパネルを交換した。
3　彼はたくさんの石油と石炭を買った。
4　彼は新しいタイプの鏡を販売した。

解説　第4文に Leonardo da Vinci had an idea to use sunlight ... とあり，ダ・ヴィンチが太陽光を使うアイデアをすでに持っていたことがわかる。

No.22 解答 ③

放送英文 Last week, Yuta got a bad grade on the report that he wrote for history class. He loves history, but he did not spend enough time working on his report. He started writing it in the library on Thursday afternoon even though he had to give it to his teacher early the next morning. His teacher was not happy and told Yuta to spend more time working on his assignments.

Question: Why did Yuta get a bad grade on his report?

全文訳 先週ユウタは，歴史の授業のために書いたレポートで悪い点を取った。彼は歴史が大好きだが，レポートに取り組むために十分な時間をかけなかった。金曜の朝早く，先生にレポートを提出しなければならなかったが，彼は木曜日の午後，図書室でレポートを書き始めた。彼の先生は満足せず，課題に取り組むためにもっと時間をかけるようにユウタに言った。

Q：ユウタはなぜレポートで悪い成績を取ったのか。

選択肢の訳 **1** 図書館が閉まっていたから。

2 そのテーマは彼には簡単ではなかったから。

3 彼が始めるのが遅過ぎたから。

4 彼は歴史が好きではなかったから。

解説 第3文で「金曜の朝早くレポートを提出しなければならなかったが，木曜日の午後書き始めた」と述べられている。これを「始めるのが遅過ぎた」と表現した**3**が正解。

No.23 解答 ②

放送英文 The albatross is one of the largest flying birds in the world. Albatrosses spend most of their lives far from land, flying over the ocean. They are able to fly for long distances and often travel thousands of kilometers to find food. In fact, an albatross can live for many weeks without returning to land. They usually only return to lay eggs.

Question: What is one thing we learn about albatrosses?

全文訳 アホウドリは，世界で最も大きな飛鳥の1種である。アホウドリはほとんどの時間を陸から離れ，海の上を飛びながら過ごす。それらは長距離を飛ぶことができ，しばしば食べ物を求めて何千キロも旅をする。実際，アホウドリは陸に戻ることなしに，何週間も生きることができる。彼らはたいてい，卵を産むために戻るだけである。

Q：アホウドリについてわかる1つのことは何か。

選択肢の訳 **1** それらは体のサイズが小さい。

2 それらはめったに陸に降りることがない。

3 それらは陸で卵を産むことができない。
4 それらは長距離を飛ぶことができない。

(解説) 第2文と第4文から、アホウドリはほとんど陸地にいないことがわかる。それを「めったに陸に降りることがない」と言い換えた **2** が正解となる。

No.24 解答

(放送英文) Phillip enjoys hiking with his friends on the weekends. However, he moved to a new city for work recently, and he does not know much about the local hiking areas. Last week, there was an advertisement for a hiking group in a local newspaper. Phillip has decided to join the group. He hopes that the group members can tell him more about hiking trails near the city.

Question: Why will Phillip join the hiking group?

(全文訳) フィリップは週末に友だちとハイキングを楽しんでいる。しかし、彼は最近、仕事の関係で新しい町に引っ越したので、その地域のハイキングをする区域についてあまり多くを知らない。先週、地元の新聞にハイキンググループの広告が掲載された。フィリップはそのグループに加入することにした。彼は、グループのメンバーが町の近くのハイキングコースについて、もっと彼に教えてくれることを望んでいる。

Q：なぜフィリップはハイキンググループに加入するのか。

(選択肢の訳) 1 彼の旧友とハイキングをするため。
2 地域のハイキングをする区域について学ぶため。
3 地域の歴史について知るため。
4 彼の友だちともっとたくさん運動するため。

(解説) 最終文に He hopes that the group members can tell him more about hiking trails near the city. とあり、ハイキンググループの人たちが彼にハイキングコースをもっと紹介してくれることを彼が望んでいることがわかる。

No.25 解答

(放送英文) Thank you for attending Merril College's Career Fair. Companies are visiting our college from all over the country today to find new employees. There are many companies from other cities, so you might want to consider moving somewhere else for a job you like. If you need more information about moving far away from home, visit the student support center on the third floor.

Question: What does the speaker suggest the students do?

(全文訳) メリル大学の就職説明会に参加いただきまして、ありがとうございます。新入社員を獲得するために、今日、全国から多くの企業が私たちの大学

を訪れています。ほかの町からもたくさんの企業が来ておりますから，自分が気に入った仕事のためにほかの町へ移り住むことも考えてはいかがでしょう。自宅から遠くへ引っ越すことについてさらなる情報が必要な方は，3階にある学生支援センターにお立ち寄りください。

Q：話し手は学生に何をすることを提案しているか。

選択肢の訳
1　彼らのカバンを支援センターへ移動させる。
2　大学周辺の企業を訪れる。
3　新しい町で働くことを考える。
4　全国の就職説明会に出席する。

解説　第3文後半で「気に入った仕事のためにほかの町へ移り住むことも考えてはいかがでしょう」と述べられている。これを「新しい町で働くことを考える」と言い換えている**3**が正解となる。

No.26 解答

放送英文　Melinda often uses her computer to shop online. For a long time, she used the same password for all the websites she visited. One day, however, she heard that it was better to use a different password for each site in case one of the passwords gets stolen. To be safe, Melinda changed all of her passwords, and she wrote them down, so she would not forget them.

Question: Why does Melinda now use different passwords?

全文訳　メリンダはネットで買い物をするためにしばしばコンピューターを使う。長い間，彼女は自分が訪れた全てのウェブサイトで同じパスワードを使っていた。しかしある日，パスワードの1つが盗まれてしまった場合に備えて，それぞれのサイトで違うパスワードを使った方がよいという話を聞いた。念のため，メリンダは彼女の全てのパスワードを変更し，忘れないようにそれらを書き留めた。

Q：なぜメリンダは今，異なるパスワードを使っているのか。

選択肢の訳
1　彼女はその方が安全であると聞いたから。
2　彼女のパスワードが盗まれたから。
3　彼女は新しいコンピューターを買ったから。
4　彼女の古いパスワードは短過ぎたから。

解説　第3文に she heard that it was better to use a different password for each site とあり，違うパスワードを使った方がよいという話を彼女が聞いたことがわかる。だから今，彼女は危険回避のために異なるパスワードを使っているのである。

No.27 解答

放送英文　The shortest war in history was fought between the United Kingdom and the country of Zanzibar in 1896. At that time, the

United Kingdom was one of the strongest nations on Earth, and Zanzibar was much smaller and less powerful. On the morning of August 27th, the British navy attacked Zanzibar. The war ended 38 minutes later when Zanzibar gave up fighting.

Question: What did the United Kingdom do in 1896?

全文訳 歴史上最も短い戦争は，イギリスとザンジバルという国の間で1896年に戦われた。当時，イギリスは地球上で最も強い国の1つであったが，ザンジバルはずっと小さく，力が弱かった。8月27日の朝，イギリス海軍はザンジバルを攻撃した。38分後にザンジバルが戦うことを諦めると，その戦争は終結した。

Q：1896年にイギリスは何をしたのか。

選択肢の訳
1 それはより強い軍隊に屈した。
2 それはザンジバルという国を作った。
3 それはとても短い戦争を戦った。
4 それは新しい兵器を開発した。

解説 第1文に The shortest war in history was ... in 1896. とあり，歴史上最も短い戦争を1896年にイギリスが戦ったことがわかる。

No.28 解答

放送英文 Last year, Timothy moved to Japan to become an English teacher. At first, he could not speak Japanese at all, so it was difficult to make friends. He thought about going to a language school, but it was expensive. Luckily, he found a café that had language-exchange evenings. There, he could teach English and learn Japanese at the same time. Now, his Japanese is improving, and he has made new friends.

Question: How did Timothy start learning Japanese?

全文訳 昨年，ティモシーは英語の先生になるために日本へ移り住んだ。最初，彼は日本語を全く話せなかったため，友だちを作ることが難しかった。語学学校へ行くことを彼は考えたが，費用が高かった。幸運にも彼は，自分の言語を教え合う夕べを催しているカフェを見つけた。彼はそこで英語を教え，同時に日本語を習うことができた。今や，彼の日本語は上達しつつあり，新しい友だちができている。

Q：ティモシーはどのようにして日本語を習い始めたのか。

選択肢の訳
1 カフェで時間を過ごすことによって。
2 ほかの先生に話しかけることによって。
3 語学学校に行くことによって。
4 日本についての本を読むことによって。

解説 第4文と第5文で「自分の言語を教え合う夕べを催しているカフェで，

英語を教え，同時に日本語を習うことができた」と述べられている。これを「カフェで時間を過ごすことによって」と表現した **1** が正解。

No.29 解答 ④

放送英文 Megumi works for a sales company in Tokyo, and she often travels for work. On Friday, she will go to Osaka and give a presentation to a client in the afternoon. In the evening, she will meet her friend for dinner at a local restaurant. She will stay overnight at her friend's apartment and take the train home the next morning.

Question: What will Megumi do on Friday evening?

全文訳 メグミは東京の販売会社に勤めており，しばしば出張する。金曜日に彼女は大阪へ行き，その午後，クライアントに対してプレゼンテーションを行う予定である。その晩には，彼女は当地のレストランで友だちと夕食をとるつもりだ。彼女は友だちのアパートにひと晩泊まり，翌日の朝，家に帰る電車に乗る予定になっている。

Q：メグミは金曜日の晩に何をする予定か。

選択肢の訳 1　プレゼンテーションを行う。
2　家に帰る電車に乗る。
3　大阪ツアーに出かける。
4　友だちと夕食をとる。

解説 第2文にメグミの金曜日の予定が述べられ，続く第3文に In the evening, she will meet her friend for dinner とあるので，金曜日の晩に彼女は友だちと夕食を食べる予定であることがわかる。

No.30 解答 ④

放送英文 Welcome to this year's Video Game Expo. Over the next three days, companies will be sharing information about exciting new games that will come out this year. Also, for the first time, we are broadcasting the conference live on our website, so people watching around the world can get up-to-date information as the games are announced.

Question: What can people do on the website this year?

全文訳 今年のビデオゲーム・エキスポへようこそ。これからの3日間，今年発売されるエキサイティングな新しいゲームについての情報を各社がお伝えする予定です。また，このイベントの様子を初めてウェブサイトで生中継していますので，世界中のこの放送を見ている人たちは，ゲームが発表されると同時に，最新の情報を得ることができます。

Q：今年，ウェブサイト上で人々は何をすることができるか。

選択肢の訳 1　3つの新しいゲームをする。

35

2 ビデオのためのアイデアを共有する。

3 自分たちのビデオゲームを売る。

4 イベントを生中継で見る。

解説 第3文で「このイベントの様子を初めてウェブサイトで生中継している」と述べられており，この内容を「イベントを生中継で見る」と表現している **4** が正解となる。

| 二次試験・面接 | 問題カード **A** 日程 | 問題編 p.38〜39 | 🔊 ▶MP3 ▶アプリ ▶CD 1 **33**〜**37** |

全文訳 **新しいライフスタイル**

　　最近，毎日の生活費を支払うことが難しいと考える若者が多くいる。この状況は大都市で特によく見られ，そこではアパートの賃貸料が高くなっている。ルームメイトとこの費用を分担する若者もおり，そうすることで，彼らは都市に住む金銭的な余裕を持てている。それはまた，彼らが新しい友だちを作るよい機会となっている。

質問の訳 No. 1　文章によれば，ある若者はどのようにして，都市に住む金銭的な余裕を持つことができていますか。

No. 2　では，絵を見てその状況を説明してください。20秒間，準備する時間があります。話はカードにある文で始めてください。

〈20秒後〉始めてください。

では，〜さん（受験者の氏名），カードを裏返して置いてください。

No. 3　今日の若者は年配者に対して十分敬意を払っていないと言う人がいます。あなたはそれについてどう思いますか。

No. 4　最近，多くの人が海外で休暇を過ごしています。海外で休暇を取ることは日本で休暇を取るよりもよいとあなたは思いますか。

Yes. →なぜですか。　　　　　　No. →なぜですか。

No.1 ··

解答例 By sharing the cost of renting an apartment with their roommates.

解答例の訳 「ルームメイトとアパートの賃貸料を分担することによって」

解説 第3文に Some young people share this cost with their roommates, and by doing so they can afford to live in cities. とある。this cost については，その直前の文で，the cost of renting an apartment とあるので，これに置き換えて，by sharing で答えを始めるとよい。

No.2 ··

解答例 One day, Mr. and Mrs. Oda moved into a new house outside the city. Mr. Oda said to his wife, "We finally have a garden." The

36

next day at a shop, Mrs. Oda was trying on a hat. Mr. Oda was thinking of buying some plants. A month later, Mr. Oda was watering the flowers in their garden. Mrs. Oda was thinking of taking a picture of them.

解答例の訳 「ある日，オダ夫妻は都市郊外の新しい家に引っ越しました。オダさんは妻に『とうとう庭を持てたね』と言いました。次の日，お店で，オダさんの妻は帽子の試着をしていました。オダさんは植物を買うことを考えていました。1か月後，オダさんは花壇の花に水をあげていました。オダさんの妻は花の写真を撮ることを考えていました」

解説 1コマ目はまず指示された文で説明を始め，その後にオダさんのセリフを添える。2コマ目はオダさんの妻の行動を説明し，続いて吹き出しの中のオダさんの考えを描写する。3コマ目は，オダさんが庭で花に水をあげている動作を説明し，次に吹き出しの中のオダさんの妻の考えを描写する。特に，2コマ目と3コマ目では，具体的な動作と吹き出しの中の考えをそれぞれ過去進行形で描写することが大切である。

No.3

解答例 I agree. Most young people don't pay attention to elderly people. Some young people even say rude things to them.

解答例の訳 「私もそう思います。ほとんどの若者は年配者に配慮していません。彼らに失礼なことを言う若者さえいます」

解答例 I disagree. Young people often give elderly people their seats on trains. Some young people even help elderly people carry their groceries.

解答例の訳 「私はそうは思いません。若者はしばしば電車で年配者に席を譲ります。年配者が食料雑貨品を運ぶのを手伝う若者さえいます」

解説 まず冒頭で agree か disagree か，自分の意見をはっきりと伝えることが重要である。その後，agree であれば，年配者に対する若者の失礼な態度の例を挙げる。disagree であれば，若者が年配者に見せる親切な行為の具体例などを説明する。いずれの場合も自分の意見をサポートする具体例を添えると効果的である。

No.4

解答例 （Yes. と答えた場合）

People can learn about other cultures by going abroad. Also, many travelers enjoy trying new foods.

解答例の訳 「外国に行くことで，人々はほかの文化について知ることができます。また，多くの旅行者は目新しい食べ物を食べるのを楽しみます」

解答例 （No. と答えた場合）

There are a lot of nice places to visit in Japan. Also, Japan has different kinds of traditional festivals to see.

解答例の訳 「日本には訪れるべきたくさんの良い場所があります。また，日本には見るべきさまざまな種類の伝統的なお祭りがあります」

解説 Yes の場合は，海外の文化や習慣の多様性などを学べるという利点を強調するとよいであろう。No の場合は，日本の自然や文化の良さに焦点を当てると効果的である。いずれの場合も，自分の意見を Yes か No かはっきりとさせ，具体的な理由を述べることが重要である。

二次試験・面接 | **問題カード** **B** **日程** | 問題編 p.40～41 | ▶MP3 ▶アプリ ▶CD 1 38～41

全文訳 **未来のための技術**

　　最近，コンピューターの技術は多くの職場でますます重要になってきている。このために，コンピュータープログラムを書く技術を持つ人々に対する需要がある。今，生徒にそのような技術を教える高校もあり，そうすることで，高校は生徒がコンピューター技術をよりよく理解する手助けをしている。このことは，今後の人生で生徒たちの役に立つだろうと専門家は言っている。

質問の訳 No. 1　文章によれば，いくつかの高校では，生徒たちがコンピューターの技術をよりよく理解するためにどのような手助けをしていますか。

No. 2　では，絵を見てその状況を説明してください。20 秒間，準備する時間があります。話はカードにある文で始めてください。
〈20 秒後〉始めてください。

では，～さん（受験者の氏名），カードを裏返して置いてください。

No. 3　コンピューターゲームは子どもたちに悪影響を及ぼすと言う人がいます。それについてあなたはどう思いますか。

No. 4　現代の生活はとてもストレスが多いとしばしば言われます。人は以前よりも今の方が多くのストレスを感じているとあなたは思いますか。

Yes. →なぜですか。　　　　　　No. →なぜですか。

No.1

解答例 By teaching their students skills in writing computer programs.

解答例の訳 「生徒たちにコンピュータープログラムを書く技術を教えることによって」

解説 第 3 文に some high schools teach their students such skills, and by doing so they help them understand computer technology better とある。such skills はその直前の文で，skills in writing computer programs と説明されているので，これに置き換えて答える

とよい。

No.2

解答例 <u>One day, Mr. and Mrs. Sato were talking in their living room.</u>
Mrs. Sato said to her husband, "I broke our tablet computer."
That weekend at a shop, Mrs. Sato was asking a salesclerk about
a tablet computer in a catalog. Mr. Sato was choosing
headphones. A week later, Mrs. Sato was listening to music
with the tablet computer. Mr. Sato was thinking of bringing her
a drink.

解答例の訳 「<u>ある日，サトウ夫妻は居間で話をしていました。</u>サトウさんは夫に，
『タブレット型コンピューターを壊してしまったの』と言いました。そ
の週末，お店で，サトウさんは店員にカタログに載っているタブレット
型コンピューターについて尋ねていました。サトウさんの夫は，ヘッド
ホンを選んでいました。1週間後，サトウさんはタブレット型コンピュー
ターで音楽を聞いていました。サトウさんの夫は彼女に飲み物を持って
行ってあげようと考えていました」

解説 1コマ目は指定された文で始め，その後にサトウさんのセリフを続ける。
2コマ目は，夫と妻の行動をそれぞれ過去進行形で描写する。このコマ
のように考えていることを表す吹き出しがない場合は，2人の行動を少
なくとも1文ずつで説明をする。そして3コマ目のように吹き出しがあ
る場合は，人物の動作と吹き出しの中の考えをそれぞれ描写する必要が
ある。ここでは，サトウさんが音楽を聞いていることと，サトウさんの
夫が妻に飲み物を出そうと考えていることをそれぞれ説明する。

No.3

解答例 I agree. Many computer games are very violent. Some children
copy the things they see in these games.

解答例の訳 「私もそう思います。多くのコンピューターゲームはとても暴力的です。
これらのゲームで見たことをまねする子どももいます」

解答例 I disagree. Computer games are a good way for children to
relax. They can enjoy playing them with their friends.

解答例の訳 「私はそうは思いません。コンピューターゲームは子どもにとってリラッ
クスする良い手段です。子どもたちは友だちと一緒にコンピューター
ゲームを楽しむことができます」

解説 agreeの場合は，コンピューターゲームの暴力的な側面や，やり始める
とゲーム依存症のようになってしまうなどのデメリットを強調すると効
果的である。disagreeの場合は，解答例のようにコンピューターゲー
ムの持つポジティブな側面に焦点を当てると説得力が増す。

39

No.4

解答例 （Yes. と答えた場合）

People these days are very busy with their jobs. They don't get enough time to spend with their families.

解答例の訳 「最近の人々は仕事でとても忙しいです。家族と一緒に過ごす十分な時間がとれません」

解答例 （No. と答えた場合）

People today are trying to balance work and private life. They know it's not healthy to work too much.

解答例の訳 「今日の人々は仕事と私生活のバランスを取ろうとしています。仕事のし過ぎは健康に良くないとわかっています」

解説 どちらもあり得る，というようなあいまいな答えではなく，Yes か No かをまずはっきりさせ，その後，自分の意見をサポートする理由を2文程度で述べるとよい。Yes の場合は，現代の仕事量の多さを強調すると効果的である。No の場合は，「働き方改革」のような，労働時間を減らして私生活を充実させようとする動きがあることを念頭に説明するとよいであろう。

2019-1

一次試験
筆記解答・解説　　　p.42〜54

一次試験
リスニング解答・解説　　p.54〜71

二次試験
面接解答・解説　　　p.72〜76

解 答 一 覧

一次試験・筆記

1

(1)	1	(8)	4	(15)	4
(2)	2	(9)	1	(16)	4
(3)	3	(10)	2	(17)	4
(4)	2	(11)	3	(18)	4
(5)	1	(12)	1	(19)	2
(6)	3	(13)	3	(20)	1
(7)	2	(14)	1		

2 A

(21)	4
(22)	3
(23)	4

2 B

(24)	1
(25)	3
(26)	1

3 A

(27)	4
(28)	2
(29)	4

3 B

(30)	3
(31)	1
(32)	2
(33)	1

3 C

(34)	3	(36)	1	(38)	1
(35)	2	(37)	3		

4　　解答例は本文参照

一次試験・リスニング

第1部

No. 1	3	No. 6	4	No.11	3
No. 2	2	No. 7	3	No.12	2
No. 3	2	No. 8	1	No.13	3
No. 4	2	No. 9	1	No.14	4
No. 5	1	No.10	4	No.15	4

第2部

No.16	3	No.21	3	No.26	4
No.17	1	No.22	1	No.27	1
No.18	4	No.23	3	No.28	4
No.19	1	No.24	3	No.29	2
No.20	2	No.25	1	No.30	1

一次試験・筆記 **1** 問題編 p.44〜46

(1) —解答 **①**

訳 ブレンダは息子が友だちとバスケットボールをするので公園へ行かせた。その間に彼女は家族のために夕食の準備をした。息子が帰宅したとき，彼らは一緒に夕食を食べた。

解説 「息子を公園へ行かせた」という内容と「夕食の準備をした」という内容から，meanwhile「その間に」を選ぶと前後がうまくつながる。overall「全体としては」，certainly「確かに」，similarly「同様に」

(2) —解答 **②**

訳 ホルト教授は彼の学生が第1次世界大戦に関して無知であることに驚いた。彼らはほとんど何も知らなかったので，彼はその話題についてもっと時間をかけることにした。

解説 第2文の they knew so little から，彼らが第1次世界大戦に関してほとんど ignorance「無知」であることがわかる。journey「旅行」，opposite「反対」，currency「通貨」

(3) —解答 **③**

訳 そのセールスマンは，彼の重要な取引先を訪問する頻度を増やすことにした。かつては月に一度，重要な取引先を訪問するだけだったが，今は毎週行くようにしている。

解説 第2文の内容から，彼が重要な取引先を訪問する frequency「頻度」を増やしたことがわかる。pronunciation「発音」，invention「発明」，rehearsal「リハーサル」

(4) —解答 **②**

訳 ジョアンナが発表で使いたかった写真はあまりに小さ過ぎた。聴衆に見えるよう，彼女はそれを拡大することにした。

解説 第1文の「使いたい写真が小さ過ぎた」という内容から，enlarge「〜を拡大する」を選ぶ。reverse「〜を逆にする」，consume「〜を消費する」，witness「〜を目撃する」

(5) —解答 **①**

訳 アンディーの家は彼のオフィスから遠い。毎朝，彼が通勤するのに1時間以上かかる。

解説 第1文で家とオフィスの距離が話題になっていることから，commute「通勤する」が適切。commute to work で「通勤する」。appeal「懇願する」，behave「振る舞う」，qualify「資格を持つ」

(6) —解答 **③**

訳 A：エバンス先生，歴史のレポートはどれくらいの長さでなければなり

42

ませんか。

B：少なくとも 5 ページですが，長くし過ぎないように。**最大で** 10 ページです。

解説 空所の前の文の「少なくとも 5 ページ」と but don't make it too long から，次にくる語は maximum「最大」であると予想できる。market「市場」，incident「出来事」，instrument「道具」

(7)── 解答 ②

訳 そのサッカーのコーチは試合中にカッとなり，審判団に向かって**怒鳴り**始めた。審判団は彼に，もし彼が声を小さくしなければ退場しなければならないと言った。

解説 第 1 文前半に lost his temper「カッとなった」とあるので，その状況から，yell (at)「～に向かって怒鳴る」が適切。grasp (at)「～をつかもうとする」，sneeze「くしゃみをする」，wipe「～を拭く」

(8)── 解答 ④

訳 政府は，ガソリンを大量に使用する車に対して新しい税金**を課す**計画を立てている。政府は人々に，燃料消費が少ない車を買うことを奨励したいと思っている。

解説 空所後の a new tax「新しい税金」につながる動詞は impose「～を課す」しかない。impose a tax で「税金を課す」。twist「～をねじる」，civilize「～を文明化する」，murder「～を殺す」

(9)── 解答 ①

訳 A：ポーラが君の家に引っ越したと聞いたよ。本当？

B：ええ，でも**一時的な**ものにすぎないの。彼女の新しいアパートは数週間後に入居可能になるわ。

解説 空所後の文で，ポーラの新しいアパートの準備が数週間で整うと述べられていることから，彼女がいるのは temporary「一時的な」ことがわかる。brilliant「優れた」，entire「全体の」，portable「携帯用の」

(10)── 解答 ②

訳 新しい医療法が何日も**議会**で議論されたが，結局，政治家たちは合意に達することができなかった。

解説 law「法律」，debate「～を議論する」，politician「政治家」といった単語から，空所に入る語は parliament「議会」だと判断できる。orchestra「管弦楽団」，foundation「創立」，nursery「託児所」

(11)── 解答 ③

訳 カラがペット犬のマックスを犬のコンテストに最初に出場させたとき，彼が優勝するとは思っていなかった。マックスが**1 位になった**とき，彼女は驚いた。

解説 優勝するとは思っていなかったので驚いたという状況から，(come in

first) place「1 位になる」という熟語が適切。

(12)—解答 **1** ･･････････････････････････････････････

訳 Ａ：この写真集ではとても良い仕事をしたね。全ての写真を選ぶのに**と
てもたくさんの**時間がかかったに違いないね。

Ｂ：ええ，そうよ。2 週間にわたって毎晩，その仕事に取り組んだの。

解説 Ｂは 2 週間毎晩その仕事をしたと言っているので，非常の多くの時間が
かかったことがわかる。従って，(a great) deal (of)「大量の，膨大な
量の」が正解となる。

(13)—解答 **3** ･･････････････････････････････････････

訳 スマート・ソリューションズはコンピューターのソフトウエアを開発す
る会社である。どんなビジネスもスピードアップ**することができる**ソフ
トウエアを開発したので，同社は世界中で人気になりつつある。

解説 空所後の speeding up any business は，このソフトウエアの能力を説
明しているので，capable of「〜することができる，〜する能力がある」
が正解となる。bitter about「〜について苦々しく思っている」，sorry
for「〜をすまないと思う」，free from「〜を免れている」

(14)—解答 **1** ･･････････････････････････････････････

訳 Ａ：トム，新しい部長とはもう**顔見知りになった**？

Ｂ：まだなんだ，サラ。彼女についての良い評判は聞いているけれど，
まだ会う機会がないんだ。

解説 Ｂの応答から，Ａは「部長ともう話をしてお互いに知り合いになったか
どうか」を尋ねていると判断できる。(become) acquainted (with)
「〜と顔見知りになる」

(15)—解答 **4** ･･････････････････････････････････････

訳 サイモンは休暇中に，食べ過ぎ**で具合が悪くなった**。けれど，数時間安
静にしていると，彼の体調は良くなった。

解説 空所後の第 2 文で彼の体調が良くなったという記述があるので，その前
の文の空所には (become sick) from「〜で具合が悪くなる」が入ると
判断できる。

(16)—解答 **4** ･･････････････････････････････････････

訳 Ａ：カーター，新しいプロジェクトに関する私の説明は**わかりやすかっ
た**？

Ｂ：はい，わかりやすかったです。私が抱いていた疑問に全て答えてく
れました。

解説 Ｂの「全ての疑問に答えてくれた」という発言から，Ａの説明は make
sense「わかりやすい」ものであったことがわかる。stand still「じっ
と立っている」，take care「気をつける」，pay attention「注意を払う」

44

(17)—解答 ④

訳 熱心に全ての仕事に取り組んだ後，スティーブンは，自分が昇給を得る資格があると感じた。彼の上司が給料は同じままだと言ったとき，彼は失望した。

解説 空所後の第2文の反応から，スティーブンは昇給を得ることを期待していたことがわかるので，(be) entitled to「～を得る資格がある」が答えとなる。be related to「～に関係している」，be stuck in「～に巻き込まれる」，be absorbed in「～に夢中になっている」

(18)—解答 ④

訳 P-テック社が設計したスマートフォンに問題が見つかった後，同社はレシートを持っている人だけに返金をすることにした。レシートを持っていない人々は不満であった。

解説 空所の前文では，レシートを持っている人々について言及しているので，空所の文では，did not have や unhappy から，レシートを持っていない人々について説明していると考えられる。those who「～する人々」

(19)—解答 ②

訳 A：私が夜遅く帰宅すると，父はいつも怒るの。
B：あのさ，君に子どもがいるとしたらどう思う？　彼はただ君のことが心配なんだよ。

解説 仮定法過去を用いた表現。空所後では would を使って how would you feel? と尋ねているので，この前には前提条件を表す Suppose that「もし～だとしたら」が入ると考えられる。

(20)—解答 ①

訳 去年，ルーシーは定期的に走り始めた。今や，彼女はかつてかかっていた半分の時間で5キロを走ることができる。

解説 ルーシーは定期的に走り始めたことにより，走るスピードが速くなったと考えられるので，in half the time「半分の時間で」が適切。

一次試験・筆記 **2** 問題編 p.48～51

A 全文訳 琥珀の神秘

琥珀は美しく輝く黄色い石で，古代より宝飾品を作るために使われてきた。それは，樹木からとれる樹脂と呼ばれる物質でできており，何百万年以上もかけて硬くなったものである。19世紀に，人々は琥珀を詳しく調べ始めた。そうしているときに，琥珀はしばしば化石を含んでいることを人々は発見した—化石とは古代の植物や動物の遺骸である。しかし，硬くて，たいていは岩の中から見つかる通常の化石と違い，琥珀は柔らかい物質も保存することができる。

45

何百万年も前，木の葉，昆虫，小動物などは，時に樹脂の中に閉じ込められることがあった。樹脂が硬くなった後，内側に閉じ込められたものは，化石としてそのままの状態で保存されたのであろう。これらの物体を調査することにより，科学者たちは，今は絶滅した昆虫や，カエル，トカゲなどの血液や DNA を詳しく調べることができる。さらに，羽毛や体毛といった細かい部分が，琥珀の中の化石には保存されている。これは，実際の動物の色や形が化石の中で観察できるということを意味している。

　2015 年に，中国人科学者リダ・シンは，琥珀の中に 9,900 万年前の小さな恐竜の尾を見つけた。骨格のような細部が完璧な状態で保存されていた。これに加えて，シンは，その尾に羽毛がついていることに気づいた。この動物には尾の先端に暗褐色の羽があり，その下にはより軽い羽毛があった。これらの形と大きさから，この恐竜は飛べなかったとシンは考えている。そうではなく，その羽は，保温と装飾のためであった。古代の生物についてのこうした情報が見つかったのはこれが初めてであり，このことは琥珀がいかに重要なものであるかを証明している。

(21)— 解答 ④

解説 空所後の文で，人々は「そうしているときに」琥珀が化石を含んでいることを発見したと述べられている。空所には，発見するためにすることが入ると予測できるので，study amber closely「琥珀を詳細に調べる」が入る。

(22)— 解答 ③

解説 空所を含む文は，前の文の内容に，琥珀に関する新しい情報をさらに付け足している。従って，Moreover「さらに」を入れると，前後の文がスムーズにつながる。

(23)— 解答 ④

解説 空所の次の文は Instead「そうではなく」で始まり，その羽が保温と装飾用だったと述べている。「羽は普通は飛ぶためのものだが，そうではなく…」という流れになるので could not fly「飛ぶことができなかった」が適切。

B 全文訳 スラムを変える

　「スラム」とは，電気や水道水といった基本的なサービスがしばしば欠如している，質の悪い住宅が集まる街の一画を意味する言葉である。発展途上国では，スラムは多くの貧しい人々が仕事を求めて都市に移動してくるときに形成される。国連によれば，世界の人々のおよそ 7 人に 1 人がスラムに住んでいる。市の職員はたいてい，スラムはやっかいな問題だと考えており，その解決策はこれまでずっとスラムを撤去することであった。今，国連は異なる取り組みをするように各都市に求めている。つまり，国連は都市に対し，スラムを取り壊すよりもむしろそれらを改善し，都市の一部にすることを望んでいる。

　土地所有権は，国連が解決することを推奨している主要な問題の 1 つである。スラム

に住む多くの人々は実際には，彼らが住んでいる土地と家を所有していない。たとえ彼らの家族がその家を建て，長年そこに住んでいても，彼らはそれが彼らのものであることを証明する文書を持っていないのが普通だ。それゆえに，誰かが彼らの家を奪おうとしても，法律は彼らを守ることができない。スラムに住む人々が土地と家を所有していることを証明する文書を都市が彼らに与えることによって彼らを支援すべきだと，国連は提言している。

　さらに，地方自治体がスラムをより上手に管理することに取り組むべきだと国連は述べている。スラムがもっと整理されると，人々はそこで事業を始め，それがより多くの仕事やお金に結び付く。インドのムンバイにあるダラビ・スラムでは，地域住民によって所有されている小規模な企業は毎年，地域経済におよそ 10 億ドルをもたらしている。このことは，都市はスラムを撤去する必要はないということを示唆している。それどころか，スラムは都市にとって有益なものになりうるのだ。

(24)— 解答 **1**

> **解説** 空所を含む文の前文では，市の職員はたいていスラムの撤去を解決策として考えると述べられているが，空所後の文では，国連は彼らに，撤去ではなくスラムを改善するよう提言しているとある。従って，take a different approach「異なる取り組みをする」が適切。

(25)— 解答 **3**

> **解説** 空所の前文では，スラムの人々が土地所有権を証明する文書を持っていない事実が述べられ，空所後では，それが引き起こす結果が語られている。従って，原因と結果を結びつける Therefore「それゆえに」を入れると前後の文がうまくつながる。

(26)— 解答 **1**

> **解説** 空所の前文ではスラムの撤去は必要ないと述べられ，Instead「それどころか」，slums can ～「スラムは～になりうる／～ができる」と続いている。空所には前向きな事柄を示す be a good thing for cities「都市にとって有益なものになる」が入る。

一次試験・筆記 3 | 問題編 p.52～58

A **全文訳**

発信人：ピート・メリック <pete.merrick@greenzine.org>
宛先：ウェンディ・ヘンスリー <w-hensley2@imail.com>
日付：5 月 31 日
件名：ボランティアの執筆

ヘンスリー様,

私たちの雑誌『グリーンジーン』への執筆にご興味をお持ちいただき，ありがとうございます。ご存じのように，『グリーンジーン』は環境についての記事を発表するオンラインの雑誌です。非営利の雑誌のため，私たちは全ての読み物を毎月無料で読者に提供しています。このため，私たちは支払いの必要なライターを雇う代わりに，ボランティアの方々に全ての記事の執筆を依頼しています。

　Ｅメールの中であなたは，環境に興味があり，執筆経験を得たいので私たちのために執筆したいと書かれていました。ボランティアのライターになることは，あなたのような大学生にとって書く技術を磨く良い方法です！　地球を救いたいという情熱を持っている若いライターを得て，私たちはうれしく思います。私たちはあなたに弊誌の執筆をする機会を提供したいと思っており，できれば次号に記事を書いていただけないかと考えています。

　今，私たちは，環境により良いとされている新しい「環境に優しい」製品の批評を書く方を探しています。このＥメールに，申込用紙と一緒にこれらの製品のリストを添付しました。書こうと思うものを１つ選び，申込書を送ってください。その後，無料サンプルをお送りします。記事を書いたら６月25日までに私宛にＥメールで送ってください。私がそれを拝見します。

よろしくお願いします。

ピート・メリック

『グリーンジーン』編集長

(27)―解答 ④

質問の訳 『グリーンジーン』について正しいものはどれか。

選択肢の訳 1　同誌のライターは毎月，無償で環境をきれいにする手伝いをする。
2　同誌の読者は，ネット上にない記事を読むにはお金を払う。
3　同誌は月に一度，郵便で読者に送られる。
4　同誌はライターにお金を一切支払わない。

解説 第１段落最終文に，ボランティアに全ての記事の執筆を依頼していることが述べられている。つまり，ライターは全てボランティアで，『グリーンジーン』は，ライターにお金を支払っていないことがわかる。

(28)―解答 ②

質問の訳 ヘンスリーさんはなぜ『グリーンジーン』のために原稿を書きたいのか。

選択肢の訳 1　彼女は大学の授業のために記事を書く必要があるから。
2　彼女は実践的な書く技術を獲得したいから。
3　彼女はその雑誌の無償提供版を手に入れたいから。
4　彼女は先月その雑誌で興味深い記事を見たから。

解説 第２段落第１文の後半に，ヘンスリーさんは執筆する経験を得たいことが述べられている。つまり，執筆経験を通して書く技術を獲得したいということであり，答えは **2** に絞られる。

(29)—解答 ④

質問の訳 ピート・メトリックがヘンリーさんに頼んでいることは

選択肢の訳
1 6月25日までにオンラインのライターになるための申込用紙に記入すること。
2 環境に良い製品のリストを作ること。
3 彼の雑誌の論評を書き，それをほかの人に薦めること。
4 『グリーンジーン』の次号のために書く製品を選ぶこと。

解説 第3段落第3文に Please choose one to write about ... とあり，添付されたリストから書こうと思う製品を1つ選んでほしいと述べられている。従って答えは**4**。

B 全文訳 発泡金属

　私たちが健康に対する脅威を考えるとき，たいてい危険な病気を思い浮かべる。しかし，世界中で主要な死因の1つは交通事故である。実際，交通事故は，15歳から29歳までの人々の主たる死因である。さらに，毎年120万人がそのような事故で亡くなるだけでなく，2千万から5千万人もの人が負傷している。富裕な国々は最近，交通事故の数を減らしているが，発展途上国ではその数は急速に増加しつつある。

　この問題に対処する1つの方法は，事故の際に車内の人々をより良く守ることができる自動車を作ることである。研究者たちは長年，これを行うために発泡金属を使うことに関心を示してきた。発泡金属とは，通例，鋼鉄やアルミニウムに空気やそのほかのガスの気泡を挿入した金属を指す。通常，発泡金属は75%から90%が空気である。このため，普通の金属と比べると発泡金属はとても軽くなる。発泡金属は長い間製造されてきたが，それらのほとんどがとても弱かった。そのため，乗り物に使うことは難しかったのである。

　アメリカにあるノースカロライナ州立大学の科学者，アフサネ・ラビエイは新しい発泡金属を開発した。ラビエイはそれを開発するのに5年を費やした。彼女によれば，初期の発泡金属の問題点は，気泡の大きさがまちまちなことだった。しかし，新しい発泡金属は気泡のサイズが均一である。このことが，はるかに強い発泡金属の実現につながった。

　ラビエイによって行われたテストは，この新しい素材はほかの発泡金属よりも5～6倍の強度があることや，衝突で生じるダメージを大いに軽減することも示している。これはつまり，それが自動車を作るために使われるならば，運転手や乗客を守るという点で普通の金属より非常に効果的だということになる。新しい発泡金属は，建物を地震から守ることに役立つだけでなく，船や飛行機などにも使うことができるとラビエイは考えている。

---

(30)—解答 ③

質問の訳 交通事故は

選択肢の訳
1 より多くの人々が危険な病気になることにつながる。

19年度第1回　筆記

2 富裕な国の全ての年代の人々の主要な死因である。

3 発展途上国でますます問題になりつつある。

4 たいてい15歳から29歳の運転手によって引き起こされる。

解説 第1段落最終文の後半にある they（＝traffic accidents）are increasing rapidly in developing countries から，発展途上国では交通事故が増加しつつあることがわかる。

(31)—解答 **①**

質問の訳 ほとんどのタイプの発泡金属に関わる1つの問題とは何か。

選択肢の訳 **1** それらは自動車の安全性を改善するのに十分なほど強くない。

2 それらは軽過ぎて自動車には使えないアルミニウムで作られている。

3 それらを作るために使われている鋼鉄は，十分な気泡で満たされていない。

4 それらの内部にある空気は，放出されると環境にダメージを与える。

解説 第2段落第6文の後半に most of them have been very weak とあり，発泡金属のほとんどが弱かったことがわかる。さらに，最終文では This has made it difficult to use them in vehicles.「そのため，乗り物に使うことは難しかったのである」と述べられている。

(32)—解答 **②**

質問の訳 アフサネ・ラビエイは何を開発したのか。

選択肢の訳 **1** 発泡金属から不要な気泡を取り除くための方法。

2 1つ1つの気泡が同じ大きさの発泡金属の種類。

3 より良い発泡金属を作るために使える，より強いタイプの金属。

4 発泡金属を作るために使われる金属を生成する，より速い方法。

解説 第3段落ではラビエイが開発した発泡金属の特徴が述べられている。第4文に the bubbles are regular in size とあり，正解は **2**。選択肢では each of the bubbles is the same size と言い換えられている。

(33)—解答 **①**

質問の訳 ラビエイの新しい素材の，1つの想定される利点は何か。

選択肢の訳 **1** それは自動車の衝突が原因の損傷やけがを減らすことができる。

2 それは非常に多くの地震を防ぐために使うことができる。

3 それは，企業が5〜6倍安い車を作ることを可能にするかもしれない。

4 船や飛行機の事故数を減らすかもしれない。

解説 第4段落第1文の後半に greatly decreases the damage that occurs in a crash とあり，ラビエイの新素材が自動車の衝突で起きるダメージを軽減することが示唆されている。本文中の動詞 decrease が選択肢では reduce と書き換えられている。

50

C 全文訳 全市民を数える

　最近の数十年で，インドは非常に急速な経済成長を経験してきた。しかし，同国は全体として非常に豊かになったけれども，世界のどの国よりも多くの貧しい人々を抱えている。インドにどれだけ多くの貧しい人々がいるかを正確に言うことは難しいが，多くの専門家たちは，人口のおよそ3分の1が貧困にあえいでいるということに同意している。インド政府には，これらの人々を助けるために立てられた多くの計画があるが，多くの人々は彼らが必要としている経済的援助をいまだに受け取っていない。この1つの理由は，地方公務員が時にこの金を横領しているためであると中央政府は考えている。

　この問題を解決するために，中央政府は，新しい技術を使って貧しい人々を助けることを目的とする取り組みを2010年に始めた。この取り組みは「インド固有識別番号庁(UIDAI)」として知られている。これは，巨大な政府のデータベースの中にインド人1人1人の個人情報を記録するプロジェクトである。政府は，個人の名前，生年月日，住所，指紋を記録する。そして，個人はそれぞれ番号を1つ与えられる。2018年までに人口の93%がこの方法で登録された。

　UIDAIにより，個人が地方公務員を通してではなく，中央政府と直接やり取りができるようになると期待されている。例えば，政府はある一定の収入に満たない人々にお金を与える。このお金は今，地方自治体を通してではなく，直接個人の銀行口座に払い込まれる。このシステムによって，人々は自分の身元を証明することもできるので，教育，運転免許証，そのほかの政府のサービスを得ることができる。

　しかし，全ての人が，この新システムが成功していると考えているわけではない。貧しい人々を助けたいと考えているほかの発展途上国に1つのモデルを提供していると主張する政府の役人がいる一方で，問題を指摘する人々もいる。例えば，個人の詳細な情報を記録しているときにミスが生じれば，それを正すのは極めて難しく，人々が政府のサービスを利用することはできなくなるだろう。さらに，個人の身元をチェックするために作られた機械の中には，うまく機能しないものもある。しかし，インド政府はやがてこれらの問題を解決し，UIDAIは成功するだろうと確信している。

(34)— 解答 ③

質問の訳 最近，インドでは

選択肢の訳
1　人口の3分の1が，簡単には治療できない病気に苦しんでいる。
2　専門家たちは増えつつある裕福な人々について懸念している。
3　経済的な発展にもかかわらず，貧困の中で暮らしている人々の数は依然として多い。
4　地方公務員は彼らのエリアに暮らす貧しい人々を助けるためにお金を横領し始めた。

解説 第1段落第1文でインドは急速に経済発展を遂げたとある一方，第3文後半に around a third of the population suffers from poverty とあり，インドでは依然，貧困に苦しんでいる人が多いことがわかる。

51

(35)— 解答 **2** ･･･

質問の訳　インド固有識別番号庁（UIDAI）の目的は何か。

選択肢の訳　**1**　それはデータベースを作ろうとしている企業をサポートする。

　　　2　それはインドの国民全てに関する基本的なデータを集める。

　　　3　それは貧しい人々が新しいタイプの技術を使用できるよう支援する。

　　　4　それは罪を犯したことがある人々の指紋を集める。

解説　第2段落第3文では，UIDAIは全ての人の身元などの情報を登録するプロジェクトであること，第4文では，それが名前，生年月日，住所，指紋といった個人の基本的なデータであることが述べられている。

(36)— 解答 **1** ･･･

質問の訳　UIDAIの取り組みの利点の1つは何か。

選択肢の訳　**1**　貧しいインドの人々が中央政府から直接お金を受け取ることができる。

　　　2　地方自治体は彼らの地域でお金がどのように使われるのか決定することができる。

　　　3　貧しいインドの人々が地元で新しい仕事を簡単に見つけられるようにする。

　　　4　子どもの教育に必要な授業料を人々が支払うことを支援する。

解説　第3段落第1文に，UIDAIによって個人が直接，中央政府とやり取りができるようになることを期待されていると述べられている。さらに第3文では，政府から支給されるお金が直接個人の銀行口座に振り込まれることがわかる。従って，答えは**1**に絞られる。

(37)— 解答 **3** ･･･

質問の訳　UIDAIについて人々が抱いている懸念の1つは

選択肢の訳　**1**　そのプロジェクトのために使われる高品質の機械を購入するために，非常に多くのお金が費やされたことである。

　　　2　その新しいシステムが，その取り組みのために当初想定されたモデルとは非常に異なる働きをしていることである。

　　　3　間違った情報が誤って記録されたら，難しい問題を引き起こす可能性があることである。

　　　4　発展途上国で同様の取り組みを始めることは，あまりに困難だろうということである。

解説　第4段落第3文で，もし入力の際にミスが生じれば，それを正すのは難しく，政府のサービスを人々が利用できなくなる可能性が指摘されている。

(38)— 解答 **1** ･･･

質問の訳　次に述べられていることで正しいものはどれか。

選択肢の訳　**1**　UIDAIは，人々が政府のサービスを利用するために彼らの身元を証

52

明する際に役立つ。

2 ほかの発展途上国よりもインドの貧しい人々の数は少ない。

3 インドの人口のおよそ 93%は彼らの生年月日を知らない。

4 政府は，UIDAI が期待していたほど成功しないのではと心配している。

解説 第3段落最終文で，そのシステムによって人々は自分の身元を証明することが可能になり，その結果，政府のサービスを利用することができるようになると説明されている。

一次試験・筆記 **4** 問題編 p.58

トピックの訳 現代の人々はインターネットを使う時間をもっと減らすべきであると主張する人もいます。あなたはこの意見に同意しますか。

ポイントの訳 コミュニケーション　教育　健康

解答例 I agree that people today should spend less time using the Internet. I have two reasons to support this opinion. To begin with, a lot of people who use the Internet too much do not spend enough time communicating with others. As a result, I think that many people's face-to-face communication skills are becoming weaker. Second, using the Internet for a long time is not healthy. People need to take the time to get sunshine and fresh air outside. In conclusion, I think that people should use the Internet less often.

解答例の訳 私は，現代の人々はインターネットを使う時間をもっと減らすべきであるという意見に同意します。この意見を支持する理由は2つあります。まず，インターネットを使い過ぎている多くの人々は，ほかの人とコミュニケーションするために時間を十分に使っていません。その結果，多くの人々の，直接会ってコミュニケーションする技術は弱くなりつつあると思います。次に，長時間インターネットを使うことは健康的ではありません。屋外で日光を浴び，新鮮な空気を吸う時間をとる必要があります。結論として，人々はインターネットを使う頻度を減らすべきであると私は思います。

解説 解答例のように，冒頭で I agree または I don't agree を使って自分の意見をはっきりと述べることが重要である。この文を主題文（トピックセンテンス）という。次にこのトピックセンテンスを支持する理由が2つあることを明示し，その後，具体的にその理由を説明していく。その際，解答例のように，to begin with「まず」や second「次に」といっ

た「標識」となるつなぎ言葉を使うと論旨がわかりやすくなる。これ以外にも，first of all「最初に」，in addition「加えて」，moreover「さらに」などの表現も有効である。それぞれの理由は具体例を添えて2文程度で書くとよい。そして最後に，冒頭で示した自分の意見を締めくくりとしてもう一度述べる。その際，解答例にあるように in conclusion「結論として」というつなぎ言葉を使うとよい。ほかにも to sum up「要約すると」，therefore「それゆえに」，for these reasons「これらの理由から」などの語句も知っておくとよい。

一次試験・リスニング　第1部　問題編 p.59〜61

No.1 -解答 ③

(放送英文) ★： Excuse me, I think I've been given the wrong seat.
☆： Let me see. Well, your ticket says 33A.
★： But this is a window seat. When I checked in, I asked for an aisle seat.
☆： Oh, I'm so sorry, sir. I'll check with some of the other passengers to see if someone will change seats with you.
Question: Where is this conversation taking place?

(全文訳) ★： すみません，間違った座席をもらったと思うんですけれど。
☆： 拝見します。えーと，お客様のチケットには 33A と書いてありますね。
★： でも，これは窓側の座席ですよね。私がチェックインしたとき，通路側の座席をお願いしました。
☆： 大変申し訳ございません。どなたかお客様と座席をかわってくれるかどうか，ほかのお客様に聞いてみます。
Q：この会話はどこで行われているか。

(選択肢の訳) 1　ホテル。
2　レストラン。
3　飛行機の中。
4　旅行代理店。

(解説) 男性の2番目の発言に a window seat「窓側の座席」，checked in「チェックインした」，an aisle seat「通路側の座席」などの語句がある。これらに共通して当てはまる場所は飛行機の中しかない。

No.2 -解答 ②

(放送英文) ★： Isabel, have you thought about joining the swim team next fall?
☆： Not really. Why do you ask?
★： Well, I'm the captain, and I'm looking for new members.

54

☆ : I'd like to help you out, John, but I don't even know how to swim!
Question: Why does John want Isabel to join the swim team?

全文訳 ★ : イザベル，この秋に水泳部に入ることを考えたことはある？

☆ : あんまり。何で？

★ : うん，僕はキャプテンで，新しいメンバーを探しているんだよ。

☆ : ジョン，あなたを助けてあげたいけれど，私は泳ぎ方すら知らないのよ！
Q：なぜジョンはイザベルに水泳チームに入ってほしいのか。

選択肢の訳 **1** 彼は部を辞めるつもりだから。
2 彼はもっと多くの部員を必要としているから。
3 彼女は泳ぎ方をよく知っているから。
4 彼女は水泳に興味があるから。

解説 男性の2番目の発言に I'm looking for new members とあり，キャプテンである男性が新しい部員を探していることがわかる。

No.3 －解答 ②

放送英文 ☆ : Good morning, sir. Welcome to Powder Mountain Ski Resort.

★ : Hello. I'd like a one-day ski pass for the mountain today.

☆ : OK, sir. I have to warn you, though. It's nice and sunny now, but we're expecting a storm early this afternoon. We may have to stop the ski lifts because of the wind. It might be better to get a half-day pass.

★ : Hmm. Maybe you're right. I'll take a half-day pass, then.
Question: Why does the man decide to get a half-day pass?

全文訳 ☆ : おはようございます，お客様。パウダー・マウンテン・スキーリゾートへようこそ。

★ : こんにちは。今日，山で滑るための1日スキー券が欲しいです。

☆ : わかりました，お客様。ですが，ご注意申し上げなければなりません。今のところ晴れて天気が良いのですが，午後の早い時間に嵐が見込まれています。風のためにスキーのリフトを止めなければならないかもしれませんので，半日券を購入された方がよいかもしれません。

★ : ふーむ。たぶんあなたの言う通りですね。では，半日券にしておきます。
Q：なぜ男性は半日券を買うことにしたのか。

選択肢の訳 **1** 1日券は高過ぎるから。
2 天候が変わることが予想されているから。
3 スキーのリフトのいくつかは動いていないから。
4 山には雪があまり多くないから。

解説 女性の2番目の発言の第3文に we're expecting a storm early this afternoon とあり，午後に天候が変わり，嵐になるかもしれないことがわかる。このことから答えは **2** に絞られる。

19年度第1回 リスニング

55

No.4 −解答 ②

放送英文 ☆： Hi, George. Did you hear that the company hired a new employee today?

★： Yeah, I did. He's going to be joining our sales team. He starts next Monday.

☆： That's good, because our team could use the extra help. You know, why don't we take him out for lunch next week?

★： That sounds like a great idea. That would be a nice way to welcome him to the company.

Question: What do the man and woman agree to do?

全文訳 ☆： ねえ，ジョージ。会社が今日，新しい人を雇ったのを聞いた？

★： ああ，聞いたよ。僕たちの販売チームに加わるんだ。彼は次の月曜から仕事を始めるよ。

☆： よかった。そうなれば，私たちのチームはもう1人分の力を使えるものね。ねえ，彼を来週ランチに誘わない？

★： いい考えだね。彼を会社に迎え入れる良い方法になるだろうね。

Q：男性と女性は何をすることに同意しているか。

選択肢の訳 **1** 販売チームにもう1人のメンバーを探す。

2 新しい同僚を食事に誘い出す。

3 別の従業員の仕事を助ける。

4 スケジュールを立てるためにアシスタントを雇う。

解説 女性は2番目の発言で，You know, why don't we take him out for lunch next week? と，新しい同僚をランチに連れて行くことを提案しており，男性も a great idea と同意している。

No.5 −解答 ①

放送英文 ☆： Look at that bird, honey—over there, in that big tree!

★： I see it. Oh, wow, that's a Silver Eagle! It's a very, very rare bird. I've never seen one, except for in books. I read that they've disappeared from most areas.

☆： Well, it's a very pretty bird. Quick, take a picture!

★： OK. Let's hope it doesn't fly away.

Question: What does the man say about the bird?

全文訳 ☆： あなた，あの鳥を見て。あそこ，あの大きな木のところ！

★： 見えるよ。おお，わあ，あれはシルバーイーグルだ！ とっても希少な鳥だよ。本以外では見たことがないよ。ほとんどの地域から姿を消したと本で読んだよ。

☆： ねえ，とてもきれいな鳥。急いで，写真を撮って！

★： 了解。飛んで行ってしまわないことを祈ろう。

Q：男性は鳥について何と言っているのか。
選択肢の訳
1 その鳥はあまり日常的には見られない。
2 その鳥は木の中には生息しない。
3 その鳥は速く飛ぶことはできない。
4 その鳥はあまり大きくない。

解説　男性は最初の発言で，It's a very, very rare bird. I've never seen one, except for in books. と言っており，この鳥を見ることが非常にまれであることがわかる。よって正解は **1**。

No.6 - 解答 ④

放送英文
☆：How was your Spanish exam, Bart?
★：It went pretty well. I'm going out to celebrate with my classmates.
☆：Lucky you! I'm a bit nervous about my Italian exam tomorrow morning, so I'm planning to study tonight.
★：I hope you do well, Julie. Good luck!
Question: What will Julie do tonight?

全文訳
☆：バート，スペイン語の試験はどうだった？
★：とてもうまくいったよ。クラスメートとお祝いをしに出かけるつもりさ。
☆：いいなあ！　私は明日の朝のイタリア語の試験が少し心配だから，今晩は勉強するつもり。
★：ジュリー，うまくいくことを願っているよ。頑張ってね！
Q：今晩，ジュリーは何をするか。

選択肢の訳
1 スペイン語の試験を受ける。
2 バートと一緒にイタリア語の勉強をする。
3 友だちと出かける。
4 イタリア語の試験の準備をする。

解説　女性は 2 番目の発言で，I'm planning to study tonight と言っており，彼女は今晩，明日のイタリア語の試験に向けて勉強しようとしていることがわかる。

No.7 - 解答 ③

放送英文
★：I hate going to the mall on Saturdays. There are never any parking spots. We should have stayed home and watched the football game.
☆：Relax, honey. Keep driving around and we'll find a place to park. Look—a car's pulling out just ahead of us.
★：Finally. I thought we'd have to drive around looking all morning.
☆：See, I told you we'd find a spot. You just need to be more patient.
Question: What was the couple trying to find?

全文訳
★：土曜日にショッピングモールに行くのは嫌いだな。駐車場は絶対空いてな

いし。家にいてフットボールの試合を見ているべきだったね。

☆： 落ち着いて，あなた。車でぐるぐる回っていれば，駐車スペースが見つかるわよ。見て。すぐ目の前の車が出ようとしているわ。

★： やれやれ。午前中いっぱい駐車スペースを探して車を走らせていなければならないかと思ったよ。

☆： ね，きっと駐車スペースを見つけられるって言ったでしょ。あなたはもっと我慢強くならないとね。

Q：2 人は何を見つけようとしていたのか。

選択肢の訳　1　新しいショッピングモール。
　　　　　　2　家族用の素敵な車。
　　　　　　3　駐車する場所。
　　　　　　4　フットボールの試合の良い座席。

解説　女性の最初の発言にある Keep driving around and we'll find a place to park. などの表現から，彼らが駐車スペースを探していることがわかる。

No.8 －解答 ①

放送英文 ☆： I really like this painting. Can you tell me a little bit about it?

★： Of course. The artist painted it while he was living in France in the 1920s.

☆： Do you know where I can see other works by the same artist?

★： Actually, we're going to have a special exhibition of his paintings at the gallery next month.

Question: What does the man say about the painting?

全文訳 ☆： 私はこの絵がとても好きだわ。それについてもう少し教えてくれますか。

★： もちろんです。その画家は，1920 年代にフランスに住んでいたときにそれを描いたのです。

☆： 同じ画家のほかの作品をどこで見られるかご存じですか。

★： 実は，私たちは来月，彼の絵画の特別展示を当館で行う予定です。

Q：男性はその絵画について何と言っているか。

選択肢の訳　1　それはフランスで描かれた。
　　　　　　2　それは来月海外に送られる。
　　　　　　3　それは来月の展示のために描かれた。
　　　　　　4　それは 1920 年代に美術館によって購入された。

解説　男性は最初の発言で The artist painted it while he was living in France in the 1920s.「その画家は，1920 年代にフランスに住んでいたときにそれを描いた」と言っているので，**1** が正解。

No.9 －解答 ①

放送英文 ☆： This is Mountain Sports. May I help you?

58

★： Yes, do you sell ski suits?

☆： Yes, we have a large choice of men's and women's skiwear. And right now, we're having a big sale on all equipment and clothing for winter sports.

★： Oh, that's great. My wife needs a new jacket, too. We'll come by later today.

Question: What will the man probably do later today?

全文訳 ☆： こちらはマウンテン・スポーツです。ご用件を承ります。

★： はい，そちらはスキーウェアを売っていますか。

☆： はい，男性用と女性用のスキーウェアを幅広く取りそろえております。ただ今，ウィンタースポーツの全ての用具と衣類が特売中です。

★： あっ，それはいいですね。私の妻も新しいジャケットが必要なんです。今日この後，そちらに立ち寄ります。

Q：男性はおそらく，今日この後何をするか。

選択肢の訳 **1** スキーウェアを買う。

2 妻とスキーに行く。

3 彼自身のためのジャケットを買う。

4 新しいウィンタースポーツに挑戦する。

解説 男性は最初の発言でスキーウェアを売っているかどうかを確認している。また，2番目の発言では，My wife needs a new jacket, too. We'll come by later today. と言っていることから，スキーウェアを買いに行くと予想される。

No.10 解答 ④

放送英文 ★： Excuse me. I need to get to a coffee shop called Fresh Roast.

☆： Oh, yes. It's above the flower shop over there.

★： Right. Someone else told me that it was there, but I didn't see any stairs anywhere.

☆： Yeah. They're not easy to find. Let me show you.

Question: Why couldn't the man get to the coffee shop?

全文訳 ★： すみません，フレッシュ・ローストというコーヒーショップに行かないといけないのですが。

☆： あ，はい。あそこの花屋さんの上ですよ。

★： ええ。ほかの方にそこだと教えてもらったのですが，どこにも階段が見当たらなくて。

☆： そうですね。見つけるのが簡単じゃないですよね。ご案内しましょう。

Q：男性はなぜコーヒーショップにたどり着けなかったのか。

選択肢の訳 **1** 彼は間違った通りにいるから。

2 彼は間違った建物に立ち寄ったから。

3 彼は店の名前を知らなかったから。

4 彼は階段を見つけられなかったから。

解説 男性の 2 番目の発言に I didn't see any stairs anywhere とあり，男性が階段を見つけられなくて困っていることから，正解は **4**。

No.11 解答 ③

放送英文 ☆： Hello.

★： Hi, Mom, it's me. Did you make me a sandwich to bring to school? I don't see it in my bag.

☆： Yeah. I put it in your backpack—the one you take to the gym.

★： But I didn't bring my backpack to school today.

☆： Oh no. I thought you said you were going to the gym after school today. Sorry, I must have misunderstood you.

Question: What is the boy's problem?

全文訳 ☆： もしもし。

★： お母さん，僕だよ。学校に持って行くサンドイッチを僕に作ってくれた？かばんの中に見当たらないんだ。

☆： ええ，あなたのバックパックに入れたわよ。ジムに持って行くものに。

★： でも，今日僕はバックパックを学校には持って来なかったよ。

☆： いけない。今日放課後にジムに行くとあなたが言っていたと思ったの。ごめんね。私が誤解しちゃったに違いないわ。

Q：男の子の問題は何か。

選択肢の訳 **1** ジムでけがをした。

2 今夜遅くまで勉強をしなければならない。

3 今日，彼はお弁当を持っていない。

4 彼のバックパックを見つけられない。

解説 母親は 2 番目の発言で，サンドイッチはバックパックに入れたと言っているが，それを受けて息子は I didn't bring my backpack to school today と言っている。このことから，答えは **3** に絞られる。

No.12 解答 ②

放送英文 ☆： Donald, I'm having a party this weekend at my house. Do you want to come over?

★： Sure, that sounds like fun. Should I bring any food?

☆： No, my husband is a chef at a restaurant downtown, so he'll do all the cooking. You can bring some drinks if you'd like.

★： Great. I'll bring a couple of bottles of wine. I'm really looking forward to trying your husband's cooking.

Question: What does the woman say about her husband?

全文訳 ☆： ドナルド，今週末に家でパーティーをやるのよ。来ない？

★： もちろん行くさ，楽しそうだね。何か食べる物を持って行った方がいいかな。

☆： いいえ，夫が繁華街にあるレストランのシェフだから，彼が料理は全部してくれるわ。もしよければ，何か飲む物を持って来て。

★： いいね。僕はワインを2，3本持って行くよ。君のご主人の料理を食べるのを楽しみにしているよ。

Q：女性は夫について何と言っているか。

選択肢の訳　**1**　彼はパーティーのために料理を注文した。

2　彼はレストランで働いている。

3　彼はワインを飲まない。

4　彼は料理することを楽しまない。

解説　女性の2番目の発言に，my husband is a chef at a restaurant downtown とあり，女性の夫はレストランのシェフであることがわかる。正解の選択肢ではそれを，He works at a restaurant. と言い換えている。

No.13 解答 ③

放送英文　★： Alison, can you go to the store for me? I need some tomatoes.

☆： Sure, Dad. I'll go when this TV show's over.

★： Could you go now, please? I want to start making dinner soon.

☆： All right. Let me just start the video recorder to tape the end of the show.

Question: What will Alison do next?

全文訳　★： アリソン，私のために店に行ってくれないかな。トマトが必要なんだ。

☆： いいわよ，お父さん。このテレビ番組が終わったら行くわ。

★： 今行ってくれないかな。すぐに夕食を作り始めたいんだ。

☆： わかったわ。ちょっとビデオレコーダーを起動して番組の最後を録画させてね。

Q：アリソンは次に何をするか。

選択肢の訳　**1**　彼女の父が夕食を作るのを手伝う。

2　彼女の父と一緒に店に行く。

3　テレビ番組の最後を録画し始める。

4　その番組の最後を見る。

解説　アリソンは2番目の発言で Let me just start the video recorder to tape the end of the show. と言っており，彼女は次に，テレビ番組の最後の部分を録画し始めることがわかる。

No.14 解答 ④

放送英文　☆： What do you think about Ms. Lopez, the new Spanish teacher?

★： She seems really strict, and she gives a lot of homework, but I

61

think she's going to help us improve our Spanish.

☆： Yeah. I almost didn't pass the first test. I'm going to have to study harder.

★： Me, too. She expects a lot from us. I guess it will help when we go to Spain next year, though.

Question: What is one thing we learn about Ms. Lopez?

全文訳 ☆： 新しいスペイン語の先生のロペス先生についてどう思う？

★： 彼女は本当に厳しそうだし，たくさん宿題を出すけど，僕たちのスペイン語力を伸ばす手助けをしてくれると思うよ。

☆： ええ，私はあやうく最初のテストが不合格になるところだったわ。もっと勉強をしなければならないわ。

★： 僕もさ。彼女は僕たちにすごく期待しているよね。僕たちが来年スペインに行くときに役に立つと思うけれど。

Q：ロペス先生についてわかることの1つは何か。

選択肢の訳 **1** 彼女は生徒にほとんどテストを課さない。

2 彼女はより良い先生になった。

3 彼女はスペインに帰る予定だ。

4 彼女は生徒に一生懸命勉強させる。

解説 男性の最初の発言に she gives a lot of homework，2番目の発言に She expects a lot from us. とあり，ロペス先生が生徒に一生懸命勉強させようとしていることがわかる。

No.15 解答 ④ ••

放送英文 ☆： Do you have any plans for the summer vacation, Brad?

★： Not really. I'll probably just spend the summer with my family. What about you, Cathy?

☆： I'm going to Germany to visit a friend. She's studying there for a year.

★： Really? That sounds like fun.

Question: What will Cathy do during the summer vacation?

全文訳 ☆： ブラッド，夏休みの計画は何かあるの？

★： 特にはないよ。たぶん家族と夏を過ごすだけだろうな。キャシー，君はどうなの？

☆： 友だちを訪ねてドイツに行くつもりよ。彼女は1年間そこで勉強しているの。

★： 本当？ 楽しそうだね。

Q：キャシーは夏休みに何をするつもりか。

選択肢の訳 **1** ブラッドと旅行に出かける。

2 大学でドイツ語を勉強する。

62

3 家族と家で過ごす。
4 ドイツにいる友だちを訪ねる。

解説　キャシーは2番目の発言で，I'm going to Germany to visit a friend. と言っており，ドイツにいる友だちを訪ねるつもりであることがわかる。

No.16 解答 3

放送英文　The starfish flower is a plant that produces big flowers that are shaped like stars. Starfish flowers require little care and grow well in people's homes. However, when the plants bloom, some people put them outside because of their smell. Even though their flowers look pretty, they tend to produce a bad smell.
Question: What is one thing we learn about starfish flowers?

全文訳　スターフィッシュ・フラワーは，星のような形の大きな花を咲かせる植物である。スターフィッシュ・フラワーはほとんど世話を必要とせず，家の中でよく育つ。しかし，その植物が花を咲かせるとき，そのにおいのためにそれらを屋外に置く人もいる。その花はかわいく見えるが，ひどいにおいを発する傾向がある。
Q：スターフィッシュ・フラワーについてわかることの1つは何か。

選択肢の訳
1 それらは屋内に置かなければならない。
2 それらは海の中で見つけられる。
3 それらは良いにおいがしない。
4 それらはかわいい花を咲かせない。

解説　最終文に they tend to produce a bad smell とあり，この花はひどいにおいを発することがわかる。それを They do not smell nice. と表現した 3 が正解。

No.17 解答 1

放送英文　When Samantha was young, her family moved many times because of her father's job. By the time she finished high school, she had lived in seven different cities. Samantha had not liked having to make new friends. When she started college last year, however, she found that she could make friends easily. She realized that this was because she had moved a lot when she was younger.
Question: Why does Samantha think she was able to make

friends easily in college?

全文訳 サマンサが小さいころ，父親の仕事のために家族は引っ越しを何回もした。彼女が高校を終えるまでに，異なる7つの街に住んだ。サマンサは新しい友だちを作らなければならないことが嫌だった。しかし，去年彼女が大学に入ると，友だちを簡単に作れることがわかった。これは彼女が小さいころにたくさん引っ越しをしたためであると彼女は気づいた。

Q：大学でサマンサが友だちを簡単に作れると思ったのはなぜか。

選択肢の訳 1 彼女の家族が何度も引っ越しをしたから。
2 彼女の家族は近くに住んでいたから。
3 彼女は良い成績を取ったから。
4 彼女はたくさんの都市について学んでいたから。

解説 最終文に She realized that this was because she had moved a lot when she was younger. とあり，小さいときに何度も引っ越しをしたことが友だちを簡単に作れる理由であると彼女が思っているのがわかる。

No.18 解答 ④

放送英文 Vicky lives in Los Angeles. In her spare time, she looks for free things to do in the city. She goes to places that do not require money, like museums, parks, and beaches. In the evenings, she writes in her blog about the places she visits. Recently, her blog has become popular with tourists who want to save money.

Question: What does Vicky write about in her blog?

全文訳 ビッキーはロサンゼルスに住んでいる。彼女は余暇に，その街で無料でできることを探す。博物館，公園，ビーチといったお金を必要としない場所に彼女は行くのだ。その晩には，彼女はブログに彼女が訪れた場所について書く。最近，彼女のブログはお金を節約したい旅行客に人気となっている。

Q：ビッキーは彼女のブログに何を書いているか。

選択肢の訳 1 ロサンゼルスの歴史。
2 彼女が訪れたことのある国々。
3 あまりおいしくない食べ物。
4 お金のかからない訪れるべき場所。

解説 第2文と第3文から，ビッキーが，ロサンゼルスでお金のかからない場所を訪れていること，そして第4文で，それについてブログを書いていることがわかる。

No.19 解答 ①

放送英文 Thank you for coming to my retirement party! I've been a writer here at *Funsports Magazine* for 35 years. I'm sad to say goodbye, but I'm also happy to have some time to travel. For my first trip, I'll visit my daughter in France. She's a chef, and I'm excited to eat at her restaurant. Then, I'm planning to take a cruise that will stop at various countries in Asia.

Question: What will the speaker do after he retires?

全文訳 私の退職パーティーにお越しいただき，ありがとうございます！ 私はこの『ファンスポーツ・マガジン』で35年間ライターをしておりました。さよならを言うのは寂しいですが，旅行をする時間が取れてうれしくもあります。最初の旅行で，私はフランスにいる娘を訪れるつもりです。彼女はシェフで，彼女のレストランで食事をすることを心待ちにしております。その後，アジアのさまざまな国を訪れるクルーズに参加する予定です。

Q：話し手は退職した後に何をする予定か。

選択肢の訳 1 さまざまな場所へ旅行する。

2 フランスにレストランを開く。

3 雑誌のために原稿を書き始める。

4 アジアにいる娘と一緒に暮らす。

解説 第4文で最初にフランスを訪れること，第6文ではその後，アジアを巡るクルーズに参加することなどが述べられている。これを「さまざま場所へ旅行する」と表現した1が正解。

No.20 解答 ②

放送英文 There is a soup called Italian wedding soup that is made with green vegetables and meat. The soup sometimes has pasta in it, too. Many people think this soup is served at Italian weddings, but the name actually refers to the "marriage" of the ingredients in the soup. Vegetables and meat taste good when cooked together, so they make a good couple.

Question: What is one thing we learn about Italian wedding soup?

全文訳 緑色野菜と肉で作られる，イタリアン・ウェディング・スープと呼ばれるスープがある。そのスープにはパスタが入ることもある。このスープはイタリアの結婚式で出されると多くの人は考えているが，その名前は実際には，そのスープに使われている材料の「マリッジ（融合）」を表している。野菜と肉は一緒に煮込むと良い味になり，それゆえ素敵なカップルになる。

Q：イタリアン・ウェディング・スープについてわかることの1つは何か。

選択肢の訳 1 それは結婚式のために作られた。

19年度第1回　リスニング

65

2　その中には野菜と肉が入っている。
3　多くの人はそれをワインと一緒に出す。
4　多くの人はそれをパスタソースとして使う。

解説　冒頭の文に a soup called Italian wedding soup that is made with green vegetables and meat とあり，このスープが野菜と肉から作られていることがわかる。それを「野菜と肉が入っている」と表現した **2** が正解。

No.21 解答

放送英文　Last year, Satoko studied abroad in Australia. She loves badminton, but her college in Australia did not have a badminton club. She decided to start her own club, and many students became members. The club even had a game against another school. Satoko is back in Japan now, but she has heard that her school in Australia will continue the badminton club.
Question: What did Satoko do last year?

全文訳　昨年，サトコはオーストラリアに留学した。彼女はバドミントンが大好きだが，オーストラリアの彼女の大学にはバドミントン部がなかった。彼女は自前のクラブを始めようと決心し，多くの学生が部員になった。そのクラブはほかの学校との試合までおこなった。サトコは今日本に戻っているが，オーストラリアの彼女の学校はそのバドミントン部を続けていくと彼女は聞いている。
Q：昨年サトコは何をしたか。

選択肢の訳
1　彼女はバドミントンの大会で優勝した。
2　彼女は新しいスポーツを習得した。
3　彼女は大学の新しいクラブを始めた。
4　彼女は日本への旅行を計画した。

解説　第3文に She decided to start her own club, and many students became members. とあり，彼女が自分で大学に新しいクラブを作り，多くの人が部員になったことがわかる。

No.22 解答

放送英文　Joseph is a first-year college student. He takes notes in his classes, but one of his professors speaks very fast. He has to write his notes quickly, and sometimes he has trouble reading his own handwriting later. Next week, he will start taking his laptop computer to class and use it to take notes. That way, he will be able to read his notes more easily when he studies for tests.
Question: What is Joseph's problem?

全文訳　ジョセフは大学1年生である。彼は授業でノートを取るが，教授の1人はとても早口だ。彼はノートを素早く書かなければならず，そのため時々，自分の書いた字を後で読むのに苦労する。来週，彼はノートパソコンを授業に持って行き，ノートを取るのにそれを使うつもりである。そうすることで，彼はテスト勉強をするときにもっと楽に，自分のノートを読めるだろう。

Q：ジョセフの問題は何か。

選択肢の訳　1　彼は彼のノートの一部を読めない。
2　彼は教授の言うことが聞こえない。
3　彼のノートパソコンは壊れている。
4　彼のテストの得点がだんだん悪くなっている。

解説　第2文と第3文に，教授の1人が早口でノートを素早く取らなければならず，後で自分のノートを見返しても判読することが難しい，ということが述べられている。

No.23 解答

放送英文　Superman is a popular American superhero, but some people argue that he is a Canadian superhero, too. The Superman character was created by two people, an artist and a writer. Both of them were living in the United States when they created Superman, but the artist who drew him was born in Canada. That is why some people consider Superman to be a Canadian superhero.

Question: Why do some people think Superman is a Canadian superhero?

全文訳　スーパーマンはアメリカで人気のあるスーパーヒーローであるが，彼はカナダのスーパーヒーローでもあると主張する人もいる。スーパーマンのキャラクターは，作画家と作家の2人の人物によって生み出された。両人とも，スーパーマンを作ったときにはアメリカ合衆国に住んでいたが，スーパーマンを描いた作画家はカナダ生まれであった。そんなわけで，スーパーマンはカナダのスーパーヒーローだと考える人々がいる。

Q：スーパーマンがカナダのスーパーヒーローだと考える人々がいるのはなぜか。

選択肢の訳　1　最初のスーパーマンの漫画はカナダで描かれたから。
2　スーパーマンの映画はカナダで撮られたから。
3　スーパーマンを描いた作画家はカナダで生まれたから。
4　スーパーマンを作った作家はカナダに引っ越したから。

解説　第3文後半から，スーパーマンを描いた作画家がカナダ生まれであること，第4文からは，それゆえにスーパーマンはカナダのスーパーヒー

ローだと考える人々がいることがわかる。

No.24 解答

放送英文 Randy and Miranda got married last year, and they want to buy a house. Their salaries are high, but they have a lot of trouble saving money. They often waste money on things they do not need, such as weekend ski trips and dinners at expensive restaurants. In order to save money, they have decided to reduce how much they spend each month.
Question: What is Randy and Miranda's problem?

全文訳 ランディとミランダは昨年結婚したが、彼らは家を買いたいと思っている。彼らの給料は高いが、お金を節約するのに大変苦労している。彼らはしばしば、週末のスキー旅行や高級レストランでの夕食といった必要のないものにお金を浪費している。お金を節約するために、彼らは毎月使うお金を減らす決心をした。
Q：ランディとミランダの問題は何か。

選択肢の訳
1 彼らは気に入った家を見つけられなかった。
2 彼らは給料があまり良くない。
3 彼らはずっと、たくさんのお金を使っている。
4 彼らは高額な結婚式をした。

解説 第3文に They often waste money on things they do not need とあり、彼らが必要のないものにたくさんお金を使う習慣があることがわかる。それを They have been spending a lot of money. と表現した **3** が正解。

No.25 解答

放送英文 Norio is studying American history at a college in Osaka. As part of his program, he needs to spend one year studying in the United States. He has decided to go to a college in Boston because there are many libraries and museums where he can do research. During his year abroad, he also wants to visit famous historical places around Boston.
Question: Why did Norio choose to study in Boston?

全文訳 ノリオは大阪の大学でアメリカ史を勉強している。その課程の一環として、彼はアメリカ合衆国で1年間勉強する必要がある。彼は、調べものができるたくさんの図書館と博物館があるので、ボストンにある大学に行く決心をした。外国での1年の間、彼はボストン周辺の歴史的に有名な場所を訪れたいとも思っている。
Q：ノリオはなぜボストンで学ぶことを選んだのか。

選択肢の訳 1 調べものができるたくさんの場所があるから。

2 そこにたくさんの有名な作家が住んでいるから。

3 彼はそこの博物館に仕事を見つけたから。

4 彼はかつてそこで 1 年間を過ごしたことがあったから。

解説 第 3 文に because there are many libraries and museums where he can do research とあり，ボストンには調べものができる図書館や博物館などがたくさんあることが理由だとわかる。

No.26 解答 ④

放送英文 Attention, shoppers. Today is the last day of our Smart Shopper Club campaign. Memberships usually cost $20, but right now they're free. By becoming a member, you can receive a 5 percent discount on any purchase in our store. Just show your membership card to the cashier when you purchase your items. Don't miss this chance to save.

Question: How can shoppers receive a discount at the store?

全文訳 お買い物中の皆様にお伝えいたします。本日は，スマート・ショッパー・クラブのキャンペーン最終日でございます。会員になるには通常 20 ドルかかりますが，ただいま無料となっております。会員になると，当店でお買い上げいただくどの商品も 5%引きとなります。商品お買い上げの際に会員カードをレジ係にご提示ください。この節約のチャンスをどうぞお見逃しなく。

Q：このお店で買い物客はどのようにしたら割引を受けられるのか。

選択肢の訳 1 新しい会員を紹介することによって。

2 1 つ以上の商品を購入することによって。

3 20 ドル以上を使うことによって。

4 スマート・ショッパー・クラブに加入することによって。

解説 第 4 文に，By becoming a member, you can receive a 5 percent discount on any purchase in our store. とあり，スマート・ショッパー・クラブのメンバーになることで割引が受けられることがわかる。

No.27 解答 ①

放送英文 Trevor is from Australia, but he has been living in Japan for the past 10 years. Every Mother's Day, Trevor calls his mother in Sydney, but this year, he decided to do something extra. He ordered flowers on an Australian website and asked for them to be delivered on Mother's Day. On the morning of Mother's Day, Trevor's mother received the flowers and was very happy.

Question: What did Trevor do for Mother's Day this year?

全文訳 トレバーはオーストラリア出身だが，この 10 年間ずっと日本に住んでいる。毎年の母の日に，トレバーはシドニーにいる母親に電話をするが，

今年は何か特別なことをすることにした。彼はオーストラリアのウェブサイトで花を注文し，母の日に配達するよう依頼した。母の日の朝，トレバーの母は花を受け取り，とても幸せだった。

Q：今年の母の日にトレバーは何をしたのか。

選択肢の訳
1　彼は母親宛に花を配達してもらった。
2　彼は日本から母親に手紙を書いた。
3　彼は母親を訪ねるためにオーストラリアへ飛行機で行った。
4　彼は母親のためにウェブサイトを作った。

解説　第3文から母親宛に花を配達してもらったことがわかる。放送文の asked for them to be delivered が，選択肢では使役動詞の have を使い，had flowers delivered と言い換えられている。

No.28 解答

放送英文　Mystery novels have been a popular form of entertainment for readers for over 100 years. However, old mystery novels have also become very useful for people who are studying history. This is because many mystery novels describe small details, such as the way people dress or what they eat. In fact, these books often teach us more about how people lived in the past than old newspapers do.

Question: What is one thing we learn about old mystery novels?

全文訳　推理小説は100年以上にわたって読者に人気のある娯楽の形態である。しかし，年月を経た推理小説はまた，歴史を研究している人々にとってとても役立つようにもなった。それは，多くの推理小説が人々の服装や食べ物といったちょっとしたことの詳細を描写しているからである。実際，これらの書籍はしばしば，人々が過去にどのように暮らしていたかについて，古い新聞よりも多くのことを教えてくれる。

Q：年月を経た推理小説についてわかることの1つは何か。

選択肢の訳
1　多くはより古い話に基づいている。
2　多くは新聞に掲載されていた。
3　それらは人気がなくなりつつある。
4　それらは私たちが歴史について学ぶことを助けてくれる。

解説　第3文と第4文に，推理小説には服装や食べ物といったささいな事柄の詳細が描写されているので，過去の人々の暮らしを教えてくれると述べられている。正解の選択肢ではそれを They can help us learn about history. と表現している。

No.29 解答

放送英文　Sarah is a professional photographer. During the week, she takes pictures of families and children at a photo studio. On Saturdays and Sundays, she is usually busy taking photos at weddings. Next weekend, however, Sarah will take a vacation. She is planning to travel to the mountains and take photos of the beautiful scenery.

Question: What will Sarah do next weekend?

全文訳 サラはプロの写真家である。彼女は平日に，写真スタジオで家族や子どもの写真を撮る。土曜日と日曜日は，たいてい結婚式での写真撮影で忙しい。しかし次の週末，サラは休暇を取る予定だ。彼女は山岳地に旅をし，美しい景色の写真を撮ろうと計画している。

Q：サラは次の週末何をするつもりか。

選択肢の訳
1 子どもたちに写真の撮り方を教える。
2 山岳地に旅行する。
3 結婚式で写真を撮る。
4 美しい景色の写真を売る。

解説 第4文と第5文に，サラは来週休暇を取って山岳地に旅行に行く予定であることが述べられているので，答えは **2** に絞られる。

No.30 解答

放送英文 Attention, passengers. We will soon begin our lunch service. Please return your seats to their original positions and remove any devices on the table. There is a menu in the seat pocket in front of you. Today, there is a choice between beef or grilled salmon, and we will serve ice cream for dessert. Thank you.

Question: What is one thing that passengers are asked to do?

全文訳 ご搭乗の皆様にお伝えいたします。まもなく昼食のサービスを開始いたします。お座席を元の位置にお戻しになり，テーブルの上の機器はどれもお片付けください。正面の座席のポケットにメニューがございます。本日は，ビーフかグリルしたサーモンからお選びいただけます。デザートにアイスクリームをお出しいたします。よろしくお願いいたします。

Q：乗客が依頼されていることの1つは何か。

選択肢の訳
1 座席を元の位置に戻す。
2 シートベルトがしっかり締まっていることを確認する。
3 デザートを選ぶ。
4 座席のポケットを空にする。

解説 第3文で，座席を元の位置に戻すよう依頼されていることがわかる。放送文の return your seats が，選択肢では put their seats back と言い換えられている。デザートは1種類しかなく，選べないので **3** は誤り。

| 二次試験・面接 | 問題カード **A** 日程 | 問題編 p.64〜65 | 🔊 | ▶MP3 ▶アプリ ▶CD 1 **74**〜**78** |

全文訳 **子どもたちの安全を守る**

　缶切りのような，ほとんどの家庭用品は大人用にデザインされている。これらの製品を子どもたちが使うことは難しく危険である。この問題に対処するために，子どもにとって安全にデザインされている商品を製造している会社もある。そのような商品を買う親たちが増えており，そうすることで親たちは子どもの安全を確保している。さらなる改善がおそらくほかの製品にもなされることだろう。

質問の訳 No. 1　文章によれば，より多くの親たちはどのように子どもたちの安全を確保していますか。

No. 2　では，絵を見てその状況を説明してください。20秒間，準備する時間があります。話はカードにある文で始めてください。
　　　　〈20秒後〉始めてください。
　　　では，〜さん（受験生の氏名），カードを裏返して置いてください。

No. 3　親たちは早い段階から，子どもたちに勉強をさせるべきであると言う人がいます。あなたはそれについてどう思いますか。

No. 4　最近，外国映画に出演する日本の俳優がいます。このような俳優の数は今後増えていくと思いますか。
　　　　Yes. →なぜですか。　　　　　　　No. →なぜですか。

No.1

解答例 By purchasing goods that are designed to be safe for children.

解答例の訳 「子どもにとって安全であるようにデザインされている商品を購入することによって」

解説 第4文に More parents purchase such goods, and by doing so they keep their children safe. とあり，そのような商品を購入することで子どもの安全を確保する親が増えていることがわかる。そのような商品（such goods）とは，その直前の文章で goods that are designed to be safe for children と説明されているので，such goods をその説明部分と入れ替えて，by purchasing で始めて答えるとよい。

No.2

解答例 One day, Ken was talking to his mother about celebrating his father's birthday. Ken said to his mother, "Let's make a birthday cake." That weekend, Ken's mother was taking a cake out of the oven. Ken was thinking of putting strawberries on it. Later that day, Ken was pouring juice into glasses. Ken's mother hoped Ken's father would like the cake.

解答例の訳 「ある日，ケンは父親の誕生日祝いについて母親と話をしていました。ケンは母親に『誕生日ケーキを作ろう』と言いました。その週末，ケンの母親はオーブンからケーキを取り出していました。ケンはイチゴをケーキの上に置くことを考えていました。その日の後になって，ケンはジュースをグラスに注いでいました。ケンの母親は，父親がそのケーキを気に入ってくれるといいなと考えていました」

解説 1コマ目は，指示された文で説明を始め，その後にケンのせりふを使った文を続ける。2コマ目はまず母親の行動を過去進行形で描写し，次に吹き出しの中に描かれているケンの考えを説明する。3コマ目はまずケンがジュースを注いでいること（ケンの動作）を説明し，次に吹き出しに描かれている母親の考えを描写する。1つの絵に対して，動作を説明する文と考えを描写する文をそれぞれ入れることが重要である。

No.3

解答例 I agree. Young children can remember information easily. For example, they can learn foreign languages very quickly.

解答例の訳 「私もそう思います。幼い子どもたちは簡単に情報を覚えることができます。例えば，外国語をとても速く学習することができます」

解答例 I disagree. It's more important for children to play outside with others. They'll learn many things from this experience.

解答例の訳 「私はそうは思いません。子どもたちにとって屋外でほかの人たちと遊ぶことの方がより重要です。彼らはこの経験から多くのことを学ぶでしょう」

解説 ここでは，I agree（同意する）か I don't agree（同意しない）か，自分の意見をはっきりとさせ，それぞれの立場の理由とその具体例などを1文ずつ付け加えるとよい。

No.4

解答例 （Yes. と答えた場合）

I think more foreign directors will want Japanese actors in their films. These actors will play important roles in foreign films.

解答例の訳 「日本の俳優に自分の映画に出てもらいたいと考える外国の監督がますます増えると思います。こうした俳優は外国映画で重要な役割を果たすでしょう」

解答例 （No. と答えた場合）

It's not easy to speak foreign languages fluently. Most Japanese actors don't have time to study a foreign language.

解答例の訳 「外国語を流ちょうに話すことは簡単ではありません。ほとんどの日本の俳優には外国語を勉強する時間がありません」

解説 自分の立場をはっきりとさせ，そう思う理由をそれぞれ2文程度付け加

19年度第1回 面接

える。Yes の場合は，実際に海外で活躍している俳優を思い浮かべながら，その活躍の可能性を述べるとよい。No の場合は，言語面に焦点を当て，流ちょうな外国語を操るのは難しいことなどを述べると効果的であろう。

二次試験・面接　　問題カード B 日程　問題編 p.66〜67　

全文訳　紙くずの削減

　多くの職場において，紙の文書がしばしば会議で使われる。これは大量の紙くずを発生させる。今では，コンピュータープログラマーたちは，人々が文書を共有しやすくするソフトウエアを開発している。多くの企業は，そのようなソフトウエアを導入しつつあり，このようにして，紙の使用量を削減しようとしている。デジタル技術は，企業が効率をますます上げることに一役買っている。

質問の訳
No. 1　文章によれば，多くの企業はどのようにして紙の使用量を削減しようとしていますか。

No. 2　では，絵を見てその状況を説明してください。20 秒間，準備する時間があります。話はカードにある文で始めてください。
〈20 秒後〉始めてください。

では，～さん（受験生の氏名），カードを裏返して置いてください。

No. 3　インターネットのために，人々はあまりにも多くの時間を 1 人で過ごしていると言う人もいます。あなたはそのことについてどう思いますか。

No. 4　現在，多くの中学校が，生徒たちに店やレストランのような場所で働く経験をする機会を与えています。これは良い考えだと思いますか。
　　　 Yes. →なぜですか。　　　No. →なぜですか。

No.1

解答例　By introducing software that makes it easier for people to share documents.

解答例の訳　「人々が文書を共有しやすくするソフトウエアを導入することによって」

解説　第 4 文に Many companies are introducing such software, and in this way they are reducing their use of paper. とある。such software については，その直前の文で software that makes it easier for people to share documents と説明されているので，これに置き換え，by introducing で始めて答えるとよい。

74

No.2

解答例 <u>One day, Mr. and Mrs. Kojima were cleaning their home.</u> Mr. Kojima said to his wife, "We have too many old books." The next weekend at a flea market, Mr. Kojima was writing prices on some paper. Mrs. Kojima was putting books into boxes. Later that day, Mrs. Kojima was pleased that they sold all of their books. Mr. Kojima was thinking of having dinner with his wife.

解答例の訳 「ある日,コジマ夫妻は家の掃除をしていました。コジマさんは妻に,『うちには古本があり過ぎるね』と言いました。次の週末,フリーマーケットで,コジマさんは値段を紙に書いていました。コジマさんの妻は本を箱の中に入れていました。その日の後になって,コジマさんの妻は自分たちの本が全て売れてとても喜んでいました。コジマさんは,妻とディナーを食べることを考えていました」

解説 1コマ目は,指示された文の後に,夫のせりふを使った文を続ける。2コマ目は,夫と妻の行動をそれぞれ過去進行形で描写する。3コマ目は本が全て売れたことに妻が喜んでいる様子を述べ,次に吹き出しの中に描かれている夫の考えを説明する。2コマ目のように吹き出しがない場合は,各人物の行動を1文ずつ述べ,3コマ目のように吹き出しがある場合は,動作を説明する文と考えを描写する文を1つずつ入れるとよい。

No.3

解答例 I agree. Many people play online games by themselves. They don't get enough face-to-face communication.

解答例の訳 「私もそう思います。多くの人が1人でオンラインゲームをしています。彼らは面と向かってのコミュニケーションが十分に得られません」

解答例 I disagree. The Internet gives people more chances to talk with others. For example, they can talk to people all over the world.

解答例の訳 「私はそうは思いません。インターネットはほかの人と話をするより多くの機会を人々に与えています。例えば,世界中の人々と話をすることができます」

解説 インターネット関連の話題はよく出されるトピックである。インターネットに限らず,コンピューター,スマートフォンといったデジタル機器やそれらを使った技術・サービスの利点,欠点については,日ごろから自分の意見を英語でまとめておくとよい。

No.4

解答例 (Yes. と答えた場合)

It's important for students to learn about work. This work experience will be very helpful for their future.

解答例の訳 「生徒たちが仕事について学ぶことは重要です。この職業経験は彼らの将来にとても役に立つでしょう」

解答例 （No. と答えた場合）

The staff at these places are usually very busy. It's hard for them to take the time to teach students about working.

解答例の訳 「こうした職場のスタッフはたいていとても忙しいです。彼らが仕事について生徒たちに教えるための時間をとることは難しいです」

解説 自分の立場（Yes/No）をはっきりとさせたうえで，なぜそう思うのか，その理由を 2 文程度で説明するとよい。Yes の場合は，職場経験の将来への影響について述べるとよいだろう。No の場合は，職場の人々の忙しさなど，受け入れる職場の立場で解答を考えることができる。

2018-3

一次試験
筆記解答・解説　　　p.78〜90

一次試験
リスニング解答・解説　p.90〜108

二次試験
面接解答・解説　　　p.109〜112

解 答 一 覧

一次試験・筆記

1

(1)	1	(8)	3	(15)	4
(2)	3	(9)	3	(16)	3
(3)	2	(10)	1	(17)	2
(4)	1	(11)	4	(18)	2
(5)	4	(12)	4	(19)	1
(6)	3	(13)	2	(20)	1
(7)	4	(14)	1		

2 A

(21)	4	**2 B**	(24)	2
(22)	3		(25)	2
(23)	1		(26)	4

3 A

(27)	2	**3 B**	(30)	3
(28)	4		(31)	4
(29)	1		(32)	3
			(33)	2

3 C

(34)	1	(36)	2	(38)	1
(35)	1	(37)	2		

4　　解答例は本文参照

一次試験・リスニング

第1部

No. 1	3	No. 6	1	No.11	3
No. 2	1	No. 7	3	No.12	2
No. 3	3	No. 8	1	No.13	3
No. 4	2	No. 9	3	No.14	4
No. 5	4	No.10	2	No.15	2

第2部

No.16	3	No.21	4	No.26	3
No.17	4	No.22	3	No.27	2
No.18	1	No.23	3	No.28	2
No.19	1	No.24	2	No.29	2
No.20	1	No.25	1	No.30	4

| 一次試験・筆記 | **1** | 問題編 p.70〜72 |

(1) ─解答 **1** ∙∙

訳 スコットは来月のマラソンに参加すると決めた。彼はレースに備えて熱心にトレーニングしている。

解説 練習に励んでいるという第2文の内容から，スコットはマラソンにparticipate「参加する」ことにしたと判断できる。participate は前置詞 in を伴う。spread「広がる」，delay「遅れる」，whisper「ささやく」

(2) ─解答 **3** ∙∙

訳 A：すみませんが，ここに駐車するのは違反です。車が消防署の入り口をふさいでいます。

B：わかりました，おまわりさん。すぐに動かします。

解説 B の officer から，A は警官だとわかる。illegal「違法な」駐車を警官に注意された女性が，車を移動させることに同意している場面。common「普通の」，private「私的な」，complex「複雑な」

(3) ─解答 **2** ∙∙

訳 トムはカナダでの休暇に出かける前に，海外で病気になっても彼の健康保険が利くことを確認した。

解説 海外で病気になった場合にカバーしてくれるものを考えると，health insurance「健康保険」が適切。cover は，保険が「（人）に補償する」という意味。affection「愛情」，violence「暴力」，mineral「鉱物」

(4) ─解答 **1** ∙∙

訳 アンディとサマンサは来年結婚するつもりなので，家を買うために今お金を貯めているところだ。

解説 空所後が「来年結婚する」なので，「予定だ」といった意味の語が入ると推測できる。intend to *do* で「〜するつもりである」という意味になる。matter「重要である」，regret「後悔する」，preserve「〜を保護する」

(5) ─解答 **4** ∙∙

訳 人が職業は何かと尋ねると，ローリはたいてい会社員だと答える。仕事が正確には何なのかを説明するより，その方が楽だからだ。

解説 office worker だと答えるのだから，occupation「職業」を尋ねられていることになる。occupation は第2文の job の堅い語。signature「署名」，disaster「天災」，emotion「感情」

(6) ─解答 **3** ∙∙

訳 ウィルソン先生は受け持ちの生徒たちの英語の作文を読んで，間違いについてコメントを書いた。それから生徒たちに作文を返し，宿題として誤りを訂正するよう求めた。

78

解説 間違いを指摘した作文を生徒に返した先生が，宿題として誤りをどうするよう求めたのかを考えると，correct「～を訂正する」が適切。第2文の errors は第1文の mistakes の言い換え。decline「～を丁重に断る」，postpone「～を延期する」，elect「～を選出する」

(7) ― 解答 ④

訳 最初にインターネットが作られたとき，その重要性を理解する人はほとんどいなかった。しかし数年後，インターネットが人々の生活を完全に変えるであろうことが明らかになった。

解説 「人々の生活を完全に変える」のだから，インターネットは生活に欠かせない significance「重要性」を持つようになったことになる。confusion「混乱」，allowance「手当」，pronunciation「発音」

(8) ― 解答 ③

訳 子どもたちの行儀が悪かったので，ローレンス夫妻はレストランでの食事を楽しむことができなかった。子どもたちは，叫んだり食べ物を投げつけ合ったりしていた。

解説 第2文の子どもたちの行動を考えると，食事を楽しめなかったのは子どもたちが行儀悪く (were) behaving「振る舞っていた」からだとわかる。march「行進する」，observe「観察する」，approve「賛成する」

(9) ― 解答 ③

訳 Ａ：ママ，おやつを買うのに2ドルちょうだい。
Ｂ：丁寧に頼めばお金はちゃんとあげるわよ，ダレン。最初に「お願い」と言ったらどうかな？

解説 母親は please と言うことを求めているのだから，politely「丁寧に」頼みなさいと言っていることになる。You could ... は「～したらどうなのか」と遠回しに相手を非難する言い方。safely「安全に」，widely「広範囲に」，accidentally「偶然に」

(10)― 解答 ①

訳 学校の研究課題でクラスが最高点を取れば賞品をもらえると聞くと，生徒たちはさらに熱意を持って取り組み始めた。

解説 賞品をもらえると聞いた後の生徒たちの反応なので，enthusiasm「熱意」が増したと考えるのが自然。coincidence「偶然の一致」，origin「起源」，warning「警告」

(11)― 解答 ④

訳 満員の競技場の写真はピントが合っていなかったので，人の顔をはっきり見るのは難しかった。

解説 顔がはっきり見えない写真は out of focus「ピントが合っていない」。その反対の「ピントが合った」は in focus。in the moment「その瞬間に」，at its best「最良の状態で」，to the point「適切な」

18年度第3回　筆記

79

(12)— 解答 **4** ··

訳 ジュリーは，大好きな小説の1つの登場人物にちなんで，子猫をオリバーと名づけた。人はよく，どうしてその名前を選んだのかと彼女に尋ねた。

解説 オリバーという名前は，小説の登場人物から取ったのだろうと推測できる。〈name *A B* after ～〉で，「～にちなんでAをBと名づける」という意味。Bのない〈name *A* after ～〉の形もある。

(13)— 解答 **2** ··

訳 Ａ：このパソコンを使ってもよろしいですか。
Ｂ：私の考えでは構いませんが，上司に聞いた方がいいですよ。

解説 as far as I am concerned は，「私の意見では，私に関する限り」という意味。as far as を用いたフレーズには，ほかに as far as I know「私の知る限り」，as far as possible「できる限り」などがある。

(14)— 解答 **1** ··

訳 アリスはいつも他人に対して思いやりがとてもある。人の気持ちを傷つけるかもしれないことは言わないよう，いつも注意している。

解説 第2文の内容から，アリスは他人に対して considerate (of)「(～に) 思いやりがある」と判断できる。confident of「～を確信して」，known to「～に知られて」，engaged to「～と婚約して」

(15)— 解答 **4** ··

訳 数学の授業は昼休みの直前なので，ギャビンはなかなか授業に集中することができない。彼は何を食べようかと考えていることが多い。

解説 昼休みの直前で昼食のことが頭から離れないのだから，数学の授業に pay attention「集中する，注意を払う」のは難しい。shake hands「握手する」，take cover「隠れる」，make believe「～のふりをする」

(16)— 解答 **3** ··

訳 リサはプロのピアニストになると決めているので，毎日何時間も練習している。

解説 毎日何時間も練習するのは，ピアニストになると determined「(固く) 決心している」から。admit「～を認める」，reveal「～を明らかにする」，frighten「～を突然おびえさせる」

(17)— 解答 **2** ··

訳 Ａ：今日歯医者に行くの？
Ｂ：うん，歯を抜いてもらわなきゃならないんだ。口の痛みが治まるよう，さっさと終わらせたいよ。

解説 I can't wait to *do* は「～するのが待ち切れない，少しでも早く～したい」という意味。get it の it は，歯を抜いてもらうことを指す。「(嫌なこと) をさっさと片づける」という意味の get ～ over with が正解。

80

(18)—解答 **2** ••

> **訳** タカコは体育の授業中にみんなの前で滑って転び，泣いた。何があった
> かを母親に話したとき，彼女はまた泣くことになってしまった。

> **解説** end up *doing* は「（意に反して，思いがけなく）～することになる」と
> いう意味。タカコは転んだときのことを思い出し，泣くつもりはなかっ
> たのにまた泣いてしまった，ということになる。

(19)—解答 **1** ••

> **訳** ガブリエラは毎週宝くじを1枚買っている。今週の宝くじでは，当選者
> は誰でも500万ドルを受け取る。今回は自分がそうなるよう彼女は願っ
> ている。

> **解説** 〈空所＋wins〉が主語で「500万ドルを受け取る」のだから，主語は
> 「人」の意味になると判断できる。それに該当するのは whoever「（～
> する人は）誰でも」である。

(20)—解答 **1** ••

> **訳** デイビッドは以前は食事の量がとても多かったが，今は減量のために食
> 事制限をしている。1日当たりたった1,800カロリーしか食べないよう
> にしている。

> **解説** 以前は大食いで今は食事制限中ということは，1,800カロリーという数
> 字は前と比べて no more than「わずか～，たった～」だと考えられる。
> 数量の少なさを強調する no more than に対し，no less than は「～も
> の」と多さを強調する言い方なので，文意に合わない。

一次試験・筆記 **2** 問題編 p.74～77

A **全文訳** 良い仕事

　近ごろは，成功している企業を訪ねるとき，しゃれたモダンなオフィスにお目にかか
るだろうと予想する。そうした企業は，広告と，世間に与える良いイメージづくりにし
ばしば大金を費やす。彼らの目的は，顧客を感心させることであり，新たな従業員を引
きつけることでもある。実際，仕事を探している人たちは，成功している有名企業に応
募する可能性の方がずっと高い。

　しかし，人々が働きたい企業を選ぶ際にそれとは別のことを考慮するのが，最近のイ
ギリスのトレンドである。人事部で働くラッセル・ゴーバンは，25年間求職者を面接
してきた。この数年間で変化が見られるとゴーバンは言う。彼の話では，成功している
企業で高給をもらうより，気さくで協力的な同僚のいる快適な環境の方を選ぶ若者が最
近は多くなっている。基本的に彼らは，最も幸福な労働体験と最大の満足感を与えてく
れる企業を探しているのである。

　ロンドンの果汁飲料会社イノセント・ドリンクスは，そのような楽しく打ち解けたイ

メージをつくろうとしている会社の１つである。例えば，この会社は従業員が同僚と雑談したり冗談を言ったりできる肩の凝らない労働環境を整えたので，そこで働くのは楽しいと従業員たちは言う。さらに，この楽しい環境は，製品のラベルのかわいい絵やくだけた英語で書かれた面白いウェブサイトといったより良いアイデアにつながると経営者たちは言う。顧客もこの会社のカジュアルなスタイルに引きつけられている。これほど多くの恩恵があるのだから，さらに多くの企業がこのトレンドにならうことになりそうだ。

(21)— 解答 **4** ●

解説　空所後の In fact, ... は，前の記述を補足する文。この文の，求職中の人は成功している有名会社に応募するという内容に関連するのは，attract new employees「新たな従業員を引きつける」である。

(22)— 解答 **3** ●

解説　第２段落第１文の other things は，就職の際の企業選びにおける「有名」「成功している」以外の基準，という意味。空所後ではその具体例として，快適な環境，幸福な労働体験と満足感が挙げられている。つまり，基準について seen a change「変化が見られる」ことになる。

(23)— 解答 **1** ●

解説　くつろいだ労働環境で従業員が楽しく働いている，という空所前の内容と，そうした環境が良いアイデアを生む，という空所後の内容は，共に会社にとってのメリットである。従って，What is more「さらに」で接続するのが適切。

B **全文訳** **空の神秘**

　晴れた夏の夜に空を見上げると，運が良ければ，特殊な種類の雲が暗闇で光を放つのが見えるかもしれない。この雲は，夜光雲（NLC）という不思議な珍しい現象である。NLC は，私たちが毎日目にしている雲とは違う。ほとんどの雲は地表の近くの，普通は地表から 10 km 以内で発生する。それとは対照的に，NLC は 80 km ほど離れたところの，中間圏という空の階層で形成される。NLC はまた色鮮やかで，通例明るい青だが，赤や黄や白のこともある。

　通常の雲と同じく，NLC は微小な氷の結晶でできていると科学者は考えている。しかし，中間圏は通常，雲が発生するには乾燥し過ぎている。氷の結晶ができて雲を形作るためには水がなければならず，その水が付着するちりがなければならない。NLC は，風が水を，中間圏よりも低い大気層から中間圏へと押し上げる夏にしか発生することができない。

　NLC が出現したのはつい近年のことである。実際，最初の NLC が記録されたのは，インドネシアのクラカタウ島で火山が噴火した２年後の，1885 年のことだった。この火山が膨大な量のちりを中間圏に放出し，それによって NLC の発生が可能になったと科学者は考えている。これは，その噴火の後で NLC が見られた理由を説明できるかも

しれないが，今日生じる NLC の説明にはならない。今では，NLC は地球温暖化と関連があると考える科学者もいる。1つには，二酸化炭素などの気体が増加し始めた近代まで，NLC が出現し始めることはなかった。もう1つの理由は，気温が上昇するにつれ，NLC はたびたび発生するようになり，範囲も広くなっているからである。

(24)— 解答 **2** ••

解説 空所前はほとんどの雲について，空所後は NLC について，それぞれが形成される地表からの距離が述べられている。10 km と 80 km という数字には明らかな違いがあるので，In contrast「対照的に」が適切。

(25)— 解答 **2** ••

解説 空所後の内容は，氷の結晶ができて雲になるために必要な水が中間圏にあるのは夏だけというもの。つまり，通常は水がなく，too dry for clouds to form「雲が発生するには乾燥し過ぎて」いることになる。空所前の it は形式主語で，文は It is ... for *A* to *do*. の形。

(26)— 解答 **4** ••

解説 空所後の For one thing と For another は理由を挙げる言い方。二酸化炭素の増加，気温の上昇という内容から，NLC は related to global warming「地球温暖化と関連がある」と判断するのが妥当である。

一次試験・筆記 **3** 問題編 p.78～84

A 全文訳

発信人：メイズ・オンライン書店 <info@mazebooks.com>
宛先：マイケル・スミス <msmith22@gomail.com>
日付：1月27日
件名：最近のご購入
スミス様，

　このたびはレイチェル・ウッドローの『一番古い日』をご注文いただき，ありがとうございます。私どもメイズ・オンライン書店は，お客様に少々お時間を取っていただき，この書籍の書評をオンラインで書いていただきたいと思っております。お礼に，当書店のウェブサイトでの次回の書籍のご注文から，2ドル割り引かせていただきます。お客様のメイズのアカウントにログインして「最近の購入」をご覧いただき，ご購入された書籍の右の「レビュー」リンクをクリックしていただくだけです。

　当書店のサービスではなく，書籍の内容の書評をお願いしていることをご承知おきください。配送あるいはお支払いについて問題がございましたら，当書店のお客様サービスセンター customer-service@mazebooks.com にメールをお送りください。お客様が書評を書き終わり次第，クーポンコードをメールでお送りします。クーポンは，電子書籍を含む書籍の購入にご使用いただけます。ですが，当書店のサイトにあるそのほ

かの商品の購入にはご使用いただけません。

　また，来月から，メイズは今月の書籍サービスの価格を月々わずか 10 ドルに値下げします。毎月，お客様のお好きな書籍に基づいてお薦めするさまざまな 5 冊の書籍から，1 冊をお選びいただけます。これは，読んだことのない著者に初めて触れていただく素晴らしい方法です。興味がおありでしたら，本日ユーザー登録をしていただくと，初回月には次のコードをお使いいただいて 10% 割引を受けられます：READ12
敬具
メイズ・オンライン書店チーム

(27)— 解答 2

質問の訳 メイズ・オンライン書店がスミスさんにメールを送ったのは，
選択肢の訳 1 『一番古い日』の注文を確定させるためである。
2 買った書籍の書評を書くよう依頼するためである。
3 スミスさんがアカウントにログインするのに助けが必要だからである。
4 スミスさんが最近購入したものに不満だったからである。
解説 第 1 段落第 2 文にメールの目的が書かれている。write a review of the book online というのがその依頼内容。本文の名詞 review を動詞として使い，本文の依頼表現 would like you to ... を ask him ... とした **2** が正解。

(28)— 解答 4

質問の訳 注文した書籍が配送中に破損したら，スミスさんはどうすればいいか。
選択肢の訳 1 この店のウェブサイトにあるほかの商品と交換する。
2 その本の書評でそのことについて書く。
3 メイズに伝えてクーポンコードをもらう。
4 お客様サービスセンターにメールを送る。
解説 第 2 段落第 2 文の If you had a problem with delivery を，質問は「配送中に破損したら」と具体的な事例で言い換えている。その場合は同文後半で，send a message to our customer service center と指示されているので，**4** が正解。

(29)— 解答 1

質問の訳 メイズの今月の書籍サービスについて正しいことは何か。
選択肢の訳 1 来月安くなる。
2 顧客は毎月書籍を 5 冊受け取る。
3 メイズは今月の書籍を無作為に選ぶ。
4 スミスさんは丸 1 年にわたり 10% 割引を受けられる。
解説 第 3 段落第 1 文の from next month, Maze will be lowering the price of ... を言い換えた **1** が正解。このサービスでは，客は 5 冊のうち 1 冊を選び，書籍は客の好みに基づいて選ばれ，割引は最初の月だけなので，ほかの選択肢は誤り。

B 全文訳 新しいタイプのチョコレート

　チョコレートは世界で最も人気のある食品の１つで，ますます多くのチョコレートが毎年消費されている。チョコレートには人々の健康に良い作用もあることが，最近の研究で明らかになっている。しかし，脂肪や砂糖のように，害になることのある成分もチョコレートには含まれている。つまり，チョコレートをたくさん食べるのは体に良くないのである。ところが最近，英国のウォーリック大学の科学者チームが，味に影響を与えずにチョコレートの脂肪を置き換える方法を考え出した。

　従来のチョコレートに脂肪がとてもたくさんが入っている理由は，全ての成分を結合させておくためにその脂肪が必要だからである。通常チョコレートは，ココアパウダー，ココアバター，乳脂肪，砂糖，水でできている。これらの成分は分離しやすい。それゆえ，これらのさまざまな成分全てをまとめておくために，余分な脂肪が加えられる。またこの脂肪は，チョコレートの滑らかな舌触りを生み出す。ところがこの科学者チームは，チョコレートの成分をまとめておくための，これまでにない，ずっと健康的な方法を見つけたのである。

　この方法ではまず，脂肪より健康的な果汁が微小な泡に変えられる。これらは次に，成分全てをまとめるために，ほかの成分と混ぜ合わせられる。チームリーダーであるステファン・ボンによると，この方法で脂肪の最大 50％を果汁に置き換えることが可能である。この手法は，ダークチョコレート，ミルクチョコレート，またはホワイトチョコレートに用いることができ，果汁が口の中のチョコレートの舌触りを保つ。チームは今のところ，クランベリーとオレンジとリンゴの果汁を使うことができている。

　もちろん，フルーツ風味のチョコレートはしばらく前から出回っている。ところが今回の目的は，チョコレートの風味を良くすることではなく，チョコレートをより健康的にすることである。この科学者たちはさらに最近になって，純粋なチョコレートの風味を保つために，果汁を水とビタミンＣで代用できることを発見した。この新しい手法を用いたとしても，チョコレートの中には脂肪と砂糖があり続けるのだから，食べ過ぎないように注意した方がいい。しかし，この新しい手法によって，チョコレートはこれまでよりずっと健康的になるだろう。

18年度第3回　筆記

(30)—解答 ③

　質問の訳　ウォーリック大学の科学者チームが開発したチョコレートは，

　選択肢の訳　**1** 世界で最も人気のあるタイプのチョコレートになった。

　　　2 ほとんどのタイプのチョコレートより砂糖は多いが脂肪は少ない。

　　　3 おいしいが，従来のチョコレートより食べても健康に良い。

　　　4 従来のチョコレートの風味を嫌う人たちの役に立つ。

　解説　第１段落最終文によると，科学者チームは replace fat in chocolate without affecting the taste という方法を考案した。脂肪は害になる（同段落第３文）のだから，このチームのチョコレートはより健康的で，しかも味に影響がない，つまりおいしさが保たれていることになる。

85

(31)—解答 ④ ••

質問の訳 なぜ従来のチョコレートには余分な脂肪が加えられているのか。

選択肢の訳 1 一部のタイプのチョコレートに，より硬い舌触りを加えるため。
2 チョコレートに使われる牛乳の味を良くするため。
3 必要な砂糖の量を減らすため。
4 さまざまな成分が分離するのを防ぐため。

解説 第2段落第3文によると，チョコレートの成分は分離しやすい。続く文には，Therefore「それゆえ」，成分をまとめるために余分な脂肪を加えるとある。つまり，成分の分離を防ぐことが目的である。

(32)—解答 ③ ••

質問の訳 科学者チームは何を発見したか。

選択肢の訳 1 チョコレートに加えて味を良くすることができるタイプの果汁。
2 果汁の甘い風味を保ったチョコレートを作る方法。
3 チョコレートの脂肪の最大半分までは果汁と置き換えることができること。
4 果汁は従来のチョコレートをもっと硬くするために加えることができること。

解説 第3段落第3文に replace up to 50 percent of the fat with fruit juice とある。この 50 percent を half と言い換えた **3** が正解。第4文によると果汁はチョコレートの舌触りを保つが，**1** の「味を良くする」，**4** の「もっと硬くする」といった記述はない。

(33)—解答 ② ••

質問の訳 科学者チームが発見したのは，

選択肢の訳 1 チョコレートにビタミンCを加えることで，果汁のみを加えるよりもチョコレートをずっと健康的にできることである。
2 水とビタミンCは，味を変えずにチョコレートをより健康的にするために使うことができることである。
3 チョコレートの中の脂肪と砂糖の組み合わせが，人々がチョコレートを好んで食べる主な理由だということである。
4 フルーツのような味がするチョコレートの方が，ほかのタイプのチョコレートよりも当然健康的だということである。

解説 第4段落第3文の maintain a purely chocolate flavor を without changing the taste と言い換えた **2** が正解。果汁を使うとチョコレートの舌触りは保てるが，味は変わる。第1段落最終文の「味に影響を与えない方法」がここで説明されていることになる。

C 全文訳 女性のパイオニアたち

コンピューターの発明以来，コンピューター・サイエンスに従事していることで有名

な人たちの多くは男性だった。今でも，アメリカのコンピューター関連分野で働く人のうち，女性はおよそ 25% にすぎない。しかし，最初のコンピュータープログラマーの数人は，1940 年代にペンシルベニア大学で働くアメリカ人女性のグループだった。彼女たちは現代のコンピューターの発達に多大な貢献をしたのだが，長い間，彼女たちの仕事はほとんど忘れられていた。

第 2 次世界大戦中，多くのアメリカ人男性が海外で戦っていた。その結果，伝統的に男性が行っていた仕事に女性が必要になった。例えば，1942 年にアメリカ陸軍は，大学で数学を学んだ女性の一団を採用した。アメリカ陸軍は自軍のロケットと爆弾がどこへどのように動くかを理解しておく必要があったので，陸軍はその女性たちにその計算をするよう求めた。最初女性たちは，卓上計算機で作業を行った。個々の計算を 1 人の女性が完了させるのに，およそ 20 時間かかった。

これらの計算の完了にかかる時間を減らすため，陸軍は 1943 年に特別なコンピューターを開発した。それは ENIAC と呼ばれ，ペンシルベニア大学の技師らによって設計された。そのコンピューターは部屋全体を占めるほど大きく，個々の計算の前にプログラムされなければならなかった。そのコンピューターをプログラムする方法を編み出すため，6 人の女性が選抜された。彼女たちの名は，キャスリーン・アントネリ，ジーン・バーティク，ベティ・ホルバートン，マーリン・メルツァー，フランシス・スペンス，そしてルース・タイトルバーム。コンピューターを計算用にプログラムするのは時に長時間かかることもあったが，いったんコンピューターがプログラムされれば，個々の計算を完了させるのに 30 秒しかかからなかった。

この女性たちは最初のコンピュータープログラムの 1 つを作り上げたのだが，彼女たちを記憶している人はほとんどいなかった。その後 1986 年に，ハーバード大学の若い女子学生キャスリン・クライマンはコンピューター・サイエンスの分野の女性について調査していた。彼女は，ENIAC を使って作業するその 6 人の女性の写真を偶然見つけた。彼女はこの女性たちが貢献したことについて調査を始め，最終的に彼女たちについてのドキュメンタリーを作った。ようやくこの女性たちは，現代のコンピューター技術の発達において果たした大きな役割で知られるようになったのである。これらの女性を記憶しておくことは，より多くの女性がコンピューター・サイエンスの仕事に就く励みになるのだから大切なことだ，とクライマンは考えている。

(34)—解答 ①

質問の訳 コンピュータープログラミングについて正しいことは何か。

選択肢の訳
1 最初のコンピュータープログラマーの何人かは女性だったことをほとんどの人は忘れていた。
2 コンピュータープログラマーになるために学ぶ人の大多数は女性である。
3 男性のコンピュータープログラマーは，近年の経済状況下で仕事を見つけるのに苦労する。
4 コンピュータープログラミングの仕事をする男性のほとんどはペン

シルベニア大学で学んだ。

解説 第1段落第3文に，最初のコンピュータープログラマーの数人は女性のグループだったとあり，次の文の後半に their work was largely forgotten と書かれている。その内容に合致するのは **1**。選択肢の過去完了形 had forgotten は，第4段落に書かれている経緯で女性たちが再発見されるまで忘れられていた，ということを表している。

(35)—解答 ①

質問の訳 第2次世界大戦中に何が起きたか。

選択肢の訳 1 男性が戦争に行く前はほとんど男性がしていた仕事を，女性がし始めた。

2 大学で数学を学んだ男性は働く場所を見つけるのがしばしば困難だった。

3 アメリカ陸軍がロケットと爆弾を作るのにかかる時間を計算した。

4 アメリカ陸軍が男性と共に海外で戦う女性の一団を採用した。

解説 第2段落冒頭の2文から，アメリカでは戦争に行った男性がしていた仕事に女性が必要になったことがわかる。従って **1** が正解。本文は women were needed，選択肢は Women began doing だが，第2段落の陸軍の例のように，女性は実際に男性の仕事をし始めている。

(36)—解答 ②

質問の訳 ENIAC は

選択肢の訳 1 新しいコンピューターを開発する方法を女性が学べる特別なプログラムだった。

2 人間が完了させるのに長時間かかる計算を素早く行える装置だった。

3 アメリカ陸軍が自軍のコンピューターのセキュリティを高めるために開いたイベントだった。

4 コンピューターが計算速度を高めるために用いたタイプの装置だった。

解説 ENIAC は第3段落第2文に出てくるが，その前の第1文に，these calculations の完了にかかる時間を減らすために開発されたとある。these calculations は，第2段落最後に書かれている，1人の女性が完了させるのに20時間かかる計算のこと。従って **2** が正解。

(37)—解答 ②

質問の訳 キャスリン・クライマンは何をしたか。

選択肢の訳 1 コンピュータープログラマーになりたい女性を支援する団体を作った。

2 現代のコンピュータープログラミングの開発を助けた女性の一団に関するドキュメンタリーを作った。

3 ハーバード大学でコンピュータープログラミングの学位を得た最初の女性になった。

4 映画を作るためにコンピュータープログラミングを用いる新しい方

法を開発した。

解説 第4段落第4文に She began ... made a documentary about them. とある。She はクライマン，them は ENIAC を使って作業した女性たちを指すので，**2** が正解。

(38)—解答 ①

質問の訳 以下の記述のうち正しいのはどれか。

選択肢の訳 **1** 第2次世界大戦中に，女性がロケットと爆弾の動きをアメリカ陸軍のために計算した。

2 キャスリン・クライマンは，1986年にハーバード大学でコンピューター・サイエンスを教え始めた。

3 最初のコンピューターは非常に大きかったので，女性のグループが修理するのに2日かかった。

4 若いアメリカ人女性の約75%が，コンピューター・サイエンスを学ぶつもりだと言っている。

解説 第2段落第3，4文に，アメリカ陸軍がロケットと爆弾の動きを計算するために女性のグループを雇ったと書かれている。女性たちは最初は卓上計算機で，次いでコンピューターで計算したので，**1** が正解。

一次試験・筆記 **4** | 問題編 p.84

トピックの訳 スポーツをすることは子どもがより良い人間になるのに役立つと言う人もいます。あなたはこの意見に同意しますか。

ポイントの訳 健康　個人的関心　チームワーク

解答例 I agree that playing sports helps children to become better people. I have two reasons why I feel this way. To begin with, many sports can teach children about teamwork, which will help them later in their lives. This is because they will learn the importance of working well with others. Furthermore, playing sports encourages children to have healthy lifestyles. For example, many children who play sports continue to exercise when they get older, too. In conclusion, these are the reasons why I think children can become better people by playing sports.

解答例の訳 スポーツをすることは子どもがより良い人間になるのに役立つということに私は同意します。そのように感じる理由が2つあります。初めに，多くのスポーツはチームワークについて子どもに教えることができ，それは子どものこれからの人生で役に立つでしょう。なぜなら，ほかの人たちと力を合わせることの大切さを学ぶことになるからです。さらに，

89

スポーツをすることは，健康的なライフスタイルを送るよう子どもを促します。例えば，スポーツをする多くの子どもは大きくなっても運動を続けます。最後に，これらが，スポーツをすることによって子どもがより良い人になれると私が思う理由です。

解説 まず TOPIC の表現を利用して，I think .../I don't think ...，または I agree .../I disagree ... と自分の意見を明確にする。それからその理由を2つ書く。解答例では，第2文を I have two reasons ... とし，理由が2つあることを明示している。理由の説明は First, Second のように始めても良いが，この解答例は To begin with と Furthermore を用いて工夫している。第1の理由として POINTS から Teamwork を選び，チームワークを通して協力の大切さを学ぶことは将来的に子どもの役に立つ，と述べている。2つ目の理由は Health で，スポーツは健康的なライフスタイルを促し，大人になっても運動する習慣が身につくとしている。どちらもスポーツをする子どもがどのように成長するかを論じており，TOPIC の「より良い人間になる」に適切に対応した内容になっている。最終文は締めくくりの言葉 In conclusion で始め，第1文で述べた自分の立場を再確認しているが，TOPIC の表現をそのまま繰り返すのではなく，children を主語にして書き換える工夫をしている。表現面では，第4文の This is because ... に注目。これを Because ... とすると従属節だけになり，文として完結しない。この This is because ... の使い方をぜひ覚えておこう。

一次試験・リスニング　第1部　問題編 p.85〜87

No.1 – 解答 ③

放送英文
★: Mystical Mystery Bookstore, how may I help you?
☆: Hi. I'm a big fan of the writer Nathan Hemmingway. Do you have any copies of his new book, *Night Train to Moscow*?
★: Sorry, ma'am, we don't—and I doubt any other stores do, either. It's the number-one bestseller right now. We've ordered more copies, but they won't get here until Wednesday.
☆: Oh, I see. Well, I'll stop by on Wednesday, then.
Question: What do we learn about the book *Night Train to Moscow*?

全文訳
★: ミスティカル・ミステリー書店です。どういったご用件でしょうか。
☆: こんにちは。作家のネイサン・ヘミングウェイの大ファンなんです。彼の新刊の『モスクワ行き夜行列車』はそちらに置いてありますか。

★： 申し訳ありませんが，お客様，ございません―それに，ほかのどの書店にもないだろうと思います。目下ベストセラー1位ですから。追加注文をしているのですが，水曜日まで入荷しません。

☆： ああ，そうですか。うーん，じゃあ水曜日に寄ります。

Q：『モスクワ行き夜行列車』という本について何がわかるか。

選択肢の訳 **1** それはまだ発売されていない。

2 それは新刊ではない。

3 それはとても人気がある。

4 それはまもなく書き上がる。

解説 書店員と客の電話での会話。本の在庫を問い合わせた女性に対し，男性はないと答え，It's the number-one bestseller right now. と言っている。つまり，人気があって売り切れているとわかる。

No.2 −解答 ①

放送英文 ☆： Danny, thanks for dinner. Does this apartment building have a place to put cans for recycling?

★： Actually, Akina, there isn't one. The city doesn't collect cans or bottles in this neighborhood, so I drop them off at the supermarket.

☆： The city doesn't recycle in this area?

★： Yeah, it's a lot of trouble carrying them to the supermarket. But next year, the city will start collecting bottles and cans here.

Question: What does the man do with his empty bottles and cans?

全文訳 ☆： ダニー，夕食をごちそうさま。このマンションにはリサイクル用に缶を入れる場所はあるの？

★： 実はね，アキナ，ないんだ。市はこの地区では缶や瓶を収集していないので，スーパーマーケットまで持って行くんだ。

☆： 市はこの地域ではリサイクルしていないですって？

★： うん，スーパーへ持って行くのはとても面倒だ。だけど来年から，市はここでも瓶と缶の収集を始めるよ。

Q：男性は空き瓶と空き缶をどうしているか。

選択肢の訳 **1** 彼はそれらをスーパーマーケットに持って行く。

2 彼はそれらをリサイクルセンターに売る。

3 彼はそれらをマンションの管理人に渡す。

4 彼はそれらを別の市に送る。

解説 男性は瓶と缶の処理方法について，最初の発言で I drop them off at the supermarket と言っている。drop A off は「（どこかへ行く途中に）A を持って行く」という意味なので，スーパーへ持って行っていること

になる。男性は2番目の発言でも carrying them to the supermarket と同様のことを言っている。

No.3 – 解答 ③

放送英文 ★：Have you seen my gray suit, Dorothy? It was in the closet a week ago, but now I can't find it.

☆：I took it to the dry cleaner's because it had a big stain on it.

★：Oh. When will it be ready? I want to wear it to an important meeting tomorrow.

☆：Don't worry, Barry. I'll pick it up this afternoon.

Question: Why is Barry looking for his suit?

全文訳 ★：僕のグレーのスーツを見た，ドロシー？　1週間前はクローゼットにあったのに，今見当たらないんだ。

☆：大きな染みが付いていたからクリーニングに出したわよ。

★：そうか。いつできるのかな。明日の重要な会議に着て行きたいんだ。

☆：大丈夫よ，バリー。今日の午後取りに行くから。

Q：バリーはなぜスーツを探しているのか。

選択肢の訳　**1**　彼はスーツに付いた染みをドロシーに見せたいから。
2　彼はそれを出張に持って行かなければならないから。
3　彼はそれを会議に着て行きたいから。
4　彼はそれをクリーニングに出さなければならないから。

解説　男性が最初に my gray suit と言った後は，2人とも it としか言っていない。キーワードは決して聞き逃さないこと。男性の2番目の発言の I want to wear it to an important meeting から，**3**が正解。

No.4 – 解答 ②

放送英文 ★：Welcome to Silverton Library. Can I help you?

☆：I'm writing a paper about the Rockefeller Tower. I need some old newspaper articles that were written while it was being built. Those are on the second floor, right?

★：Well, newspapers and magazines used to be on the second floor. Now, they're all on the library's computer system. The computer room is right over there.

☆：OK, great! Thank you very much.

Question: Where will the woman find the newspapers?

全文訳 ★：シルバートン図書館にようこそ。お手伝いできることはありますか。

☆：ロックフェラー・タワーについてレポートを書いているんですが，建設中に書かれた古い新聞記事が必要なんです。2階にあるんですよね？

★：えー，新聞と雑誌は以前は2階にありました。今は，全部図書館のコンピューターシステムに入っています。コンピュータールームはすぐそこ

です。
☆：なるほど，それはいいですね！　ありがとうございます。
Q：女性はどこで新聞を見つけるか。

選択肢の訳
1　建物の2階で。
2　図書館のコンピューターシステムで。
3　以前の図書館の建物で。
4　コンピュータールームの隣の部屋で。

解説　図書館職員の男性は2番目の発言で，used to be「以前は〜だった」とNow「現在は」を用いて新聞と雑誌の場所を説明している。以前は2階にあったが，今は図書館のコンピューターシステムに入っていると言っているので **2** が正解。

No.5 -解答 ④

放送英文
☆：Honey, I can't find my smartphone. Can you call it with yours?
★：Sure. Hold on a second—OK, it's ringing.
☆：OK, listen. Do you hear anything? Wait, I think I can hear it!
★：Me, too. The ringing is coming from over there. Let me check—found it! You must have dropped it under the sofa.

Question: How did the couple find the woman's smartphone?

全文訳
☆：あなた，スマホが見つからないの。あなたのスマホで電話してくれる？
★：いいよ。ちょっと待って—うん，呼び出している。
☆：うん，耳を澄ませて。何か聞こえる？　待って，聞こえる気がする！
★：僕もだ。着信音は向こうの方から来ている。確認してみるよ—見つけた！きっとソファの下に落としたんだよ。
Q：この夫婦はどうやって女性のスマートフォンを見つけたか。

選択肢の訳
1　女性が GPS の位置情報を確認した。
2　女性がハンドバッグの中にあるのを見た。
3　男性がどこにあるか思い出した。
4　男性が自分の電話で電話をかけた。

解説　女性の最初の発言の Can you call it with yours? が「あなたのスマホで私のスマホに電話をかけてもらえるか」という意味だとわかれば，続く会話の流れを正しく追えるはず。

No.6 -解答 ①

放送英文
☆：Hello?
★：Hi, Amanda. It's Dad. Your mom and I are thinking of visiting you in Spain this summer. What do you think?
☆：That'd be great! I could show you my college and take you around the city of Barcelona.
★：Should we get a hotel room?

☆： No. You can stay at my apartment. I'll borrow some blankets from my friends.

Question: What are Amanda's parents thinking about doing?

全文訳 ☆： もしもし。

★： やあ，アマンダ。お父さんだよ。お母さんと私は今年の夏に，スペインにいるお前を訪ねようと考えているんだ。どうかな？

☆： すごいじゃない！ 大学を見せて，バルセロナの町を案内してあげられるわ。

★： ホテルの部屋を取った方がいいかな？

☆： いいえ。私のアパートに泊まればいいわ。友だちから毛布を借りるから。

Q：アマンダの両親は何をすることを考えているか。

選択肢の訳 1 スペインのアマンダに会いに行くこと。

2 アマンダに毛布を買ってあげること。

3 バルセロナのアパートに引っ越すこと。

4 大学時代の友人たちと旅行すること。

解説 父親は最初の発言で，Your mom and I are thinking of visiting you in Spain と言っている。thinking of visiting を going to see と言い換えた **1** が正解。

No.7 –解答 ③

放送英文 ☆： Bobby, thank you so much for the card. How did you know it was my birthday today?

★： Jane told me. Are you having a good day?

☆： It's been great. Oh, some of us are going to a restaurant tonight to celebrate. Would you like to come?

★： Sorry. I'd love to, but I have a French class tonight.

Question: What does the woman thank Bobby for?

全文訳 ☆： ボビー，カードをどうもありがとう。今日が私の誕生日だってどうやって知ったの？

★： ジェーンが教えてくれたんだ。今日は楽しめている？

☆： 最高よ。そうそう，何人かで今晩レストランに行ってお祝いをするんだけれど，来ない？

★： ごめん。行きたいけど，今晩はフランス語の授業があるんだ。

Q：女性は何についてボビーに感謝しているか。

選択肢の訳 1 パーティーに来てくれたこと。

2 フランス語の勉強を手伝ってくれたこと。

3 バースデーカードをくれたこと。

4 レストランでディナーをごちそうしてくれたこと。

解説 女性は最初に thank you so much for the card と言っているので，カードに対して感謝しているとわかる。続く it was my birthday today から，男性が女性にあげたのはバースデーカードだと判断できる。

No.8 - 解答 ①

放送英文
- ★: Mrs. Begley, why did I get such a bad grade on my history paper? I spent hours researching the topic, and I checked it three times for mistakes.
- ☆: Well, your writing was fine—and what you wrote about England was great.
- ★: So, I don't get it. What was the problem?
- ☆: You didn't follow my directions, Charles. Everyone was supposed to write about the history of the Internet.

Question: Why did the boy get a poor score on his paper?

全文訳
- ★: ベグリー先生，どうして僕の歴史のレポートはこんなにひどい点だったんですか。テーマの調査に何時間もかけて，間違いを見つけようとして3回チェックしたんですよ。
- ☆: そうねえ，よく書けていましたよ—それに，あなたがイングランドについて書いたことは素晴らしかった。
- ★: じゃあ，わけがわかりません。何がいけなかったんですか。
- ☆: あなたは私の指示に従わなかったのよ，チャールズ。みんな，インターネットの歴史について書くことになっていたの。

Q：なぜ男の子はレポートでひどい点を取ったのか。

選択肢の訳
1 彼は間違ったテーマについて書いた。
2 彼はレポートを遅れて提出した。
3 彼は全く調査をしなかった。
4 彼はつづりの間違いをたくさんした。

解説 女性の最初の発言から，男子生徒がイングランドについてのレポートを書いたことがわかる。しかし，女性は2番目の発言で，インターネットの歴史について書くことになっていたと言っている。つまり，この生徒はテーマを間違えたことになる。

No.9 - 解答 ③

放送英文
- ★: Hello. I'd like to donate some old clothes to this charity.
- ☆: Thank you. First we have to check them to see if they're in good condition. Do they have any holes in them?
- ★: No, they don't. The colors of the shirts have changed a bit, though.
- ☆: That's fine. If that's all that's wrong with them, we should be able to accept them.

Question: What does the man want to do?

全文訳
- ★: こんにちは。こちらの慈善団体に古着を寄付したいんですが。

☆： ありがとうございます。まず, それらをチェックして状態がいいかどうか
を確認しなければなりません。穴が開いたりしていますか。

★： いいえ, していません。シャツの色が少し変わっていますけれど。

☆： それは大丈夫です。問題があるのがそれだけならば, 受け取れるはずです。
Q：男性は何をしたいのか。

選択肢の訳 **1** 女性から服を買う。
2 服をクリーニングに出す。
3 慈善団体に服を寄付する。
4 服の穴を繕う。

解説 男性は最初の発言で, I'd like to donate some old clothes to this charity. と, 訪問の目的を明確に述べている。donate を give と言い換えた **3** が正解。

No.**10** 解答 ②

放送英文 ☆： Jack, I need you to finish your story by the deadline. I want it in tomorrow's paper.

★： I just finished it 30 minutes ago. I've given it to the editors—they're checking it now.

☆： Great. Well, I'll go see if I can get them to edit it quickly. This is going to be a big story, Jack.

★： Thanks. I hope so too, Mary.

Question: What does the woman suggest about the man's newspaper story?

全文訳 ☆： ジャック, 締め切りまでにあなたの記事を書き上げてもらいたいの。明日の新聞に載せたいのよ。

★： 30分前に書き上げたところだよ。編集の人たちに渡してある―彼らが今チェック中だよ。

☆： よかった。それでは, 急いで編集してもらえるかどうか, 見に行ってくる。これはすごい記事になるわよ, ジャック。

★： ありがとう。そうなるよう僕も願っているよ, メアリー。
Q：女性は男性の新聞記事について何を示唆しているか。

選択肢の訳 **1** それは語数が多過ぎた。
2 それはとても重要である。
3 それはあまり面白くない。
4 それはあまりに急いで書かれた。

解説 女性が記事の完成を急がせる理由は, 女性の2番目の発言の This is going to be a big story からわかる。「すごい記事」ということは, 大ニュースか特ダネのはず。**2** がそれを very important と表している。

96

No.11 解答 3

放送英文 ★: Excuse me. The restaurant will be closing in a half hour, so the kitchen is taking last orders. Would you like anything else, ma'am?

☆: Yes. I'd like some dessert, please.

★: Certainly. I'll bring you the menu. By the way, today's ice-cream flavor is chocolate mint.

☆: Thanks.

Question: What will the waiter do next?

全文訳 ★: すみません。レストランは30分後に閉店となりますので，調理場がラストオーダーを受け付けています。ほかに何かお召し上がりになりますか。

☆: ええ。デザートをいただきます。

★: かしこまりました。メニューをお持ちします。ちなみに，本日のアイスクリームのお味はチョコレートミントです。

☆: ありがとう。

Q：ウェイターは次に何をするか。

選択肢の訳 1 女性にアイスクリームを味見させる。
2 女性のお釣りを持って来る。
3 女性のためにメニューを取って来る。
4 閉店する時間を女性に告げる。

解説 ラストオーダーを取るウェイターと女性客の会話。デザートを食べると言う女性に対し，ウェイターは I'll bring you the menu. と応じているので，会話の後でメニューを持って来ることになる。

No.12 解答 2

放送英文 ☆: Welcome back to *Gourmet Talk*. Tonight, we're talking with the famous chef Anthony Fontaine. So, Anthony, when did you learn to cook?

★: I learned when I was a junior high school student. My parents both worked, so I had to cook dinner for my brother and sister.

☆: I see. Do you have any cooking advice for our audience?

★: Yes. Don't be afraid to make mistakes. That's how you learn!
Question: What is one thing the famous chef says?

全文訳 ☆: 引き続き『グルメトーク』です。今夜は，有名シェフ，アンソニー・フォンテーンと話をします。さて，アンソニー，いつ料理を覚えたんですか。

★: 中学生のときに覚えました。両親が共働きだったので，弟と妹に夕食を作ってやらなければならなかったんです。

☆: なるほど。この番組の視聴者に何か料理のアドバイスはありますか。

★: ええ。失敗することを恐れてはいけません。失敗をして覚えるんですから！

18年度第3回 リスニング

97

Q：有名シェフが言っていることの1つは何か。

選択肢の訳　**1**　彼は料理学校で多くのレシピを覚えた。
　　　　　　2　彼は若いころに料理を始めた。
　　　　　　3　弟と妹が料理を教えてくれた。
　　　　　　4　プロだけが料理をやってみるべきだ。

解説　トーク番組のワンシーン。男性の最初の発言の I learned は to cook を略したものなので，中学生のときに料理を覚えたと言っていることになる。それを when he was young と言い換えた **2** が正解。

No.13 解答 ③

放送英文　☆： Here are the ticket machines, Mark. You'll find them at most train stations in Japan. They're usually near the ticket gates.

　　　★： I see. Could you show me how to use one, Hinako?

　　　☆： Sure. First, push this button for instructions in English. Then, choose the correct fare for your destination. Finally, pay for the ticket by putting in your money here.

　　　★： I see. That doesn't look too difficult.

　　　Question: What is the woman doing for the man?

全文訳　☆： ほら，これが券売機よ，マーク。日本の駅にはたいていあるの。改札口の近くにあることが多いわ。

　　　★： わかった。使い方を教えてもらえるかな，ヒナコ。

　　　☆： いいわよ。まず，このボタンを押して英語の説明を出す。それから，行き先の正しい運賃を選ぶ。最後に，ここにお金を入れて切符の代金を払うの。

　　　★： わかった。そんなに難しそうじゃないね。

　　　Q：女性は男性のために何をしているか。

選択肢の訳　**1**　鉄道博物館に連れて来ている。
　　　　　　2　機械からお釣りを取り出している。
　　　　　　3　切符の買い方を説明している。
　　　　　　4　駅の案内図を見せている。

解説　女性が最初に言っている the ticket machines は，続く文の train stations から，駅の券売機のことだとわかる。女性は2番目の発言で，choose the correct fare や pay for the ticket などと言っているので，券売機で切符を買う方法を説明していることがわかる。

No.14 解答 ④

放送英文　☆： Dave, what's this on my desk?

　　　★： Oh, that's some candy I brought back from my business trip to Vietnam. It's made with coconut.

　　　☆： It looks delicious. Did you get the chance to do any sightseeing?

98

★： No, not really. But I did have time to take a tour of the factory where I bought that candy. They even let us try making some.
Question: What does the man say he did in Vietnam?

全文訳 ☆： デイブ，私の机にあるこれは何？

★： ああ，ベトナム出張から持って帰ったキャンディーだよ。ココナツを使って作ってあるんだ。

☆： おいしそうね。少しは観光をする機会はあった？

★： いや，あんまり。だけど，そのキャンディーを買った工場を見学する時間ぐらいはあったよ。キャンディー作りにトライもさせてくれたんだ。
Q：男性はベトナムで何をしたと言っているか。

選択肢の訳 1 彼はココナツを採った。
2 彼はキャンディーをたくさん食べた。
3 彼は多くの有名な名所を見た。
4 彼は工場を訪ねた。

解説 観光の機会はあったかと女性に問われた男性は，「あんまり（なかった）」と答えた後に，take a tour of the factory の時間はあったと言っている。これを visit を使って言い換えた **4** が正解。

No.**15** 解答 ②

放送英文 ★： Brenda, can you print out all of this year's sales reports for my presentation on Friday?

☆： Sure. Do you need a copy for everyone, or just one for yourself?

★： For everyone, please. There will be six people at the meeting, including me.

☆： No problem. I'll put them on your desk when I'm done.
Question: What does the man ask the woman to do?

全文訳 ★： ブレンダ，金曜日の僕のプレゼン用に今年の売上報告書を全部印刷してくれる？

☆： いいわよ。全員に1部ずつ必要？　それともあなたの分だけ？

★： 全員分頼むよ。会議に出るのは僕も含めて6人だ。

☆： お安いご用よ。終わったらあなたの机に置いておくわ。
Q：男性は女性に何をするよう頼んでいるか。

選択肢の訳 1 金曜日の会議を中止する。
2 売上報告書を印刷する。
3 彼のプレゼンに出席する。
4 彼の机を片づける。

解説 男性は最初の発言で can you print out all of this year's sales reports ...? と言っている。Can you ...? は相手に何かを頼む言い方なので，sales reports を印刷してほしいと女性に頼んでいることになる。

18年度第3回 リスニング

99

一次試験・リスニング 第2部 問題編 p.87〜89

▶MP3 ▶アプリ ▶CD 2 17〜32

No.16 解答 3

(放送英文) Tina is a high school student and will go to college next year. Three months ago, she got a job at a hamburger shop to help pay for college. She likes the job and her boss is nice. However, she noticed that her test scores have been getting worse because she has less time to study. Tina has decided to quit her job and focus on school.

Question: Why has Tina decided to quit her job?

(全文訳) ティナは高校生で,来年大学に進む。3カ月前,彼女は学費支払いの足しになるよう,ハンバーガー店での仕事を見つけた。彼女はその仕事が気に入り,上司は優しい。しかし,勉強する時間が前より減ったのでテストの点数が下がってきていることに,彼女は気づいた。ティナは仕事を辞めて学校に集中することにした。

Q:なぜティナは仕事を辞めることにしたのか。

(選択肢の訳)
1 上司が彼女に優しくない。
2 彼女の仕事は給料がよくない。
3 彼女はもっと勉強する時間が必要だ。
4 彼女はまもなく留学する。

(解説) ティナが仕事に満足していることが第3文からわかるが,However が続くので,何か問題があると予想できる。勉強時間が減って成績が落ちていると述べられているので,それが仕事を辞める理由だとわかる。

No.17 解答 4

(放送英文) Thank you for shopping at Electronic Mart today. The new AUX notebook computer arrived last week and has already received great reviews online. Many stores are selling it, but at Electronic Mart you can get it for 20 percent off its normal price. The sale is for this weekend only, so don't miss out on this great deal!

Question: What is one thing the speaker says about the new AUX notebook computer?

(全文訳) 本日はエレクトロニック・マートでお買い物いただき,ありがとうございます。新型のAUXノートパソコンが先週入荷し,すでにネットで大好評をいただいています。多くのお店が販売していますが,エレクトロニック・マートでは通常価格の2割引きでお求めいただけます。セールは今週末限定となっておりますので,今回の大特価をお見逃しなく!

Q：話者が新型のAUXノートパソコンについて言っていることの1つは何か。

選択肢の訳
1 客がネットで悪いレビューを書いた。
2 客はネット限定で割引を受けられる。
3 エレクトロニック・マートだけで買うことができる。
4 エレクトロニック・マートでは他店より安く売られている。

解説 AUXノートパソコンについてわかるのは，先週入荷したこと，ネットで好評を得ていること，多くの店で販売していること，エレクトロニック・マートでは通常価格の2割引きで買えることである。該当するのは**4**。

No.18 解答

放送英文 Last week, Nicole went for a run in a park near her house. While running, she noticed that the park was very dirty. The next day, she went back and saw that many people were eating lunch there but were not taking their garbage home. Nicole decided to write a letter to City Hall asking them to put up signs telling people to clean up after themselves.

Question: What did Nicole notice while running in the park?

全文訳 先週，ニコールは家の近くの公園へ走りに行った。走っている間に，公園がとても汚いことに彼女は気づいた。翌日彼女は再び公園に行き，多くの人が公園で昼食を食べていたが，ゴミを家に持ち帰っていないのを目にした。ニコールは市役所に手紙を書いて，自分のゴミは自分で片づけるよう呼びかける掲示を出してほしいと頼むことにした。

Q：ニコールは公園を走っている間に何に気づいたか。

選択肢の訳
1 多くの人がそこにゴミを置きっ放しにしていた。
2 あまりに多くの人がそこで走っていた。
3 新しい市役所がそこに建設中だった。
4 そこでは掲示がとても汚れていた。

解説 第2文に，走っている間に公園が汚いことに気づいたとある。続く第3文から，昼食を食べた人がゴミを持ち帰らないことが原因だとわかる。**1**が「持ち帰らない」を「置きっ放し」と言い換えている。最終文のclean up afterは「〜（人）が汚した後を片づける」という意味。

No.19 解答

放送英文 In parts of South America, you can find an animal called the maned wolf. Its body is mostly brown, but it has black legs. It also has large ears. Despite its name, it is not a type of wolf. Wolves usually only eat meat, but maned wolves eat both meat and plants. In fact, up to 50 percent of a maned wolf's diet is fruits and vegetables.

Question: What is one thing we learn about the maned wolf?

全文訳　南米のいくつかの地域で，タテガミオオカミという動物が見られる。体の大部分は茶色だが，脚は黒い。また，大きな耳を持っている。その名前にもかかわらず，オオカミの一種ではない。普通オオカミは肉しか食べないが，タテガミオオカミは肉も植物も食べる。実のところ，タテガミオオカミの食べ物の最大 50％は果物と野菜である。

Q：タテガミオオカミについてわかることの 1 つは何か。

選択肢の訳　**1**　それは肉と植物を食べる。
2　それは茶色い脚と小さな耳を持つ。
3　それは 1 日の 50％は寝ている。
4　それは最大の種類のオオカミである。

解説　第 5 文で maned wolves eat both meat and plants と述べられているので，**1** が正解。第 4 文の Despite its name は，「名前に wolf とついているのに」という意味である。

No.20 解答 ①

放送英文　Noriko is a Japanese high school student, and she will study abroad next year in the United States. She is good at speaking English, but she thinks she will have trouble with subjects such as science because she might not know some difficult words. So now, Noriko is taking science lessons from an English tutor on the weekends to help her prepare for classes at her American high school.

Question: Why is Noriko taking science lessons with a tutor?

全文訳　ノリコは日本の高校生で，来年アメリカに留学する。英語を話すのは得意だが，理科のような科目では難しい単語がわからないかもしれないので苦労するだろうと思っている。そういうわけで，今ノリコは，アメリカの高校での授業の準備に役立つよう，週末は英語の家庭教師から理科のレッスンを受けている。

Q：なぜノリコは家庭教師から理科のレッスンを受けているのか。

選択肢の訳　**1**　難しい英単語を覚えるため。
2　英語の試験に備えるため。
3　日本での授業を理解するため。
4　日本で大学に入るのに役立てるため。

解説　理科では難しい単語で苦労しそうだという第 2 文，そして，アメリカでの授業に備えて家庭教師から理科を教わっているという最後の文から，難しい英単語を覚えることが目的だとわかる。

No.21 解答 ④

放送英文　Welcome to California Car Rental. Please have your driver's

102

license ready to show to our staff members. We won't be able to rent a car to you without seeing your license first. Also, please be aware of the local traffic and safety laws in California. There is a copy of the laws in each car. If you need directions to your destination, maps are available at the customer service counter.

Question: What is the first thing customers at California Car Rental must do?

全文訳 カリフォルニア・レンタカーにようこそ。当店のスタッフに見せる運転免許証をご用意ください。まず免許証を見せていただかなくては，車をお貸しすることはできません。また，カリフォルニア州の交通安全法規を知っておいてください。どの車の中にも法規の冊子が１部あります。目的地までの行き方が必要でしたら，お客様サービスカウンターで地図が手に入ります。

Q：カリフォルニア・レンタカーの客が最初にしなければならないことは何か。

選択肢の訳　**1**　レンタカーの料金表に目を通す。
2　地図と道順の案内を欲しいと伝える。
3　交通安全法規をよく読む。
4　スタッフに運転免許証を見せる。

解説 第２文と第３文から，運転免許証の提示が最初に必要だとわかる。**2** は必要なら後ですること。**3** は車を借りてからすること。

No.22 解答 3

放送英文 There was a great king named Charlemagne in an area of Europe that now contains France and Germany. Although he could read, he was never able to write. However, Charlemagne cared a lot about education. During his time as king, Charlemagne won many wars and made the western part of Europe into one large kingdom. He created schools in his kingdom so that people could learn to read and write.

Question: What is one thing we learn about Charlemagne?

全文訳 今のフランスとドイツを含むヨーロッパの地域に，カール大帝という偉大な王がいた。彼は字を読むことはできたが，書くことは全くできなかった。しかし，カール大帝は教育に大いに関心があった。在位中にカール大帝は多くの戦争に勝ち，ヨーロッパ西部を１つの大きな王国にした。人々が読み書きを学べるよう，彼は自らの王国に学校をいくつも作った。

Q：カール大帝についてわかることの１つは何か。

選択肢の訳　**1**　彼は学校に通うのが楽しくなかった。

18年度第3回　リスニング

103

2 彼は読む本を 1 冊も持っていなかった。

3 彼は教育が重要だと考えていた。

4 彼は西ヨーロッパとの戦争に負けた。

解説 第 3 文の cared a lot about education と第 5 文の created schools から，カール大帝は教育が重要だと考えていたことがわかる。

No.23 解答 ③

放送英文 Risa has joined a charity group that helps elderly people in her local area. Many seniors have told the charity group that they feel very lonely. So, Risa's job will be to visit them at their houses to chat with them. There are other volunteers in the charity group who go to seniors' homes, too. Those volunteers fix things or teach seniors how to use computers.

Question: How will Risa help elderly people?

全文訳 リサは，地元地域のお年寄りを手助けする慈善団体に加入した。多くの高齢者はその慈善団体に，自分たちはとても孤独だと話している。従って，リサの仕事は，高齢者の家を訪問しておしゃべりすることになる。その慈善団体には，高齢者の家に行くボランティアがほかにもいる。それらのボランティアは，物を修理したり，高齢者にパソコンの使い方を教えたりする。

Q：リサはどのようにお年寄りを手助けするか。

選択肢の訳 **1** 地元地域をきれいに清掃することで。

2 お年寄りの家にある物を修理することで。

3 お年寄りの家でおしゃべりすることで。

4 パソコンの使い方を教えることで。

解説 第 3 文で，リサがする予定の仕事は visit them at their houses to chat with them と説明されている。従って **3** が正解。**2** と **4** はその慈善団体のほかのボランティアがしていることである。

No.24 解答 ②

放送英文 Last month, Wesley went snowboarding for the first time with his friends. On the first day, his friends tried to teach him how to snowboard, but Wesley kept falling down. He noticed that his friends were spending all their time teaching him and were not having fun. So, on the second day, Wesley took lessons from an instructor. That way, his friends could enjoy snowboarding while he was still learning.

Question: Why did Wesley take lessons from an instructor?

全文訳 先月，ウェズリーは友人たちと初めてスノーボードをしに行った。初日は友人たちがスノーボードのやり方を教えようとしたが，ウェズリーは

104

転んでばかりいた。友人たちが彼に教えることに時間を全部費やしていて，楽しんでいないことに彼は気づいた。それで，2日目にウェズリーはインストラクターからレッスンを受けた。そうすることで，彼がまだ練習している間に，友人たちはスノーボードを楽しむことができた。

Q：なぜウェズリーはインストラクターからレッスンを受けたのか。

選択肢の訳
1 彼はスノーボード競技会に参加したかったから。
2 彼は友人たちにスノーボードをして楽しんでほしかったから。
3 友人がスノーボードのインストラクターだったから。
4 友人たちは彼に教えるには忙し過ぎたから。

解説 第3文の that 以降は，友人たちがウェズリーにかかり切りで楽しんでいないという内容。So「それで」インストラクターからレッスンを受けたのだから，友人たちに自由にスノーボードを楽しんでほしいというのがウェズリーの考えだったとわかる。

No.25 解答

放送英文 Professor Tucker is a geography teacher at a college. He lets his students bring laptop computers to class so they can take notes and check things on the Internet. Last week, however, some students complained that the sound of typing was bothering them. Professor Tucker made a new rule that students with computers must sit on one side of the room so they do not disturb the other students.

Question: Why did Professor Tucker make a new rule about students using computers?

全文訳 タッカー教授は大学の地理の教師である。彼は，学生がノートを取ることができ，またインターネットで調べものができるよう，教室へのノートパソコンの持ち込みを許している。しかし先週，キーボードを打つ音が迷惑だと一部の学生が苦情を言った。タッカー教授は，パソコンを使う学生はほかの学生の邪魔にならないよう部屋の片側に座らなければならない，という新しいルールを作った。

Q：なぜタッカー教授はパソコンを使う学生に関する新しいルールを作ったのか。

選択肢の訳
1 騒音がほかの学生の迷惑になっていた。
2 インターネット接続が機能していなかった。
3 学生たちはパソコンでゲームをしていた。
4 学生たちは十分なノートを取っていなかった。

解説 第3文で，キーボードを打つ音が迷惑だと一部の学生から苦情があったと述べられている。これが新しいルールを作った理由である。the sound of typing を the noise と短く言い換えた 1 が正解。

105

No.26 解答 ③

(放送英文) Today, ice-skating is a popular activity around the world. However, thousands of years ago, people in northern Europe were using ice skates to travel. Scientists have learned that people at that time made skates out of animal bones. These skates looked very different from modern ice skates. They were also much slower, but people still found them helpful for traveling across frozen lakes.

Question: What is one thing scientists have discovered about ice skates from thousands of years ago?

(全文訳) 今日，アイススケートは世界中で人気のある運動である。しかし，何千年も前，北ヨーロッパの人々は移動するためにアイススケート靴を使っていた。当時の人々が動物の骨からスケート靴を作ったことが科学者にはわかっている。これらのスケート靴は，現代のアイススケート靴とは見た目が大きく違っていた。スピードもずっと遅かったが，それでも人々は，凍った湖を渡って移動するのに便利だと感じていた。

Q：何千年も前のアイススケート靴について科学者が知ったことの１つは何か。

(選択肢の訳) **1** それらはヨーロッパでは使われなかった。
2 それらはあまり人々の役に立たなかった。
3 それらは動物の骨から作られた。
4 それらは現代のアイススケート靴に似ていた。

(解説) 第３文の people ... made skates out of animal bones を，「スケート靴」を主語にして They were made from ... と書き換えた **3** が正解。最終文に people ... found them helpful とあるので，**2** は誤りである。

No.27 解答 ②

(放送英文) Let's begin the tennis club meeting. As you all know, Raymond, our club secretary, is leaving next month. He has done a great job of organizing meetings and putting information on our website. Now, we need to decide on a person to replace him. Three members have volunteered to become the new secretary, and we will vote in a moment. After that, I want to discuss next week's competition.

Question: What will the people do after this announcement?

(全文訳) テニス部のミーティングを始めます。みんな知っての通り，部の幹事のレイモンドが来月退部します。彼はミーティングの準備や，部のサイトに情報を載せるという素晴らしい仕事をしてくれました。さて，彼に代わる人を決める必要があります。３人の部員が新しい幹事になると志願

106

しているので，すぐに投票を行います。その後で，来週の競技会について話し合いたいと思います。

Q：この発表の後，この人たちは何をするか。

選択肢の訳　1　部のサイトを変更する。
2　部の新しい幹事を選ぶ。
3　レイモンドのためにパーティーを準備する。
4　競技会のルールを決定する。

解説　第5文の we will vote in a moment から，すぐに投票に移ることがわかる。退部するレイモンドに代わる幹事として3人が立候補しているという話の流れから，新しい幹事を選ぶ投票ということになる。

No.28 解答 ②

放送英文　Mariko went to dinner with her friends last night. It was getting late, and she had to go home. When she got to the train station, however, she realized she did not have her wallet. Mariko called the restaurant and a staff member told her it was still there, so she ran back to get it. Then, she hurried back to the station and was able to catch the last train home.

Question: What was Mariko's problem yesterday?

全文訳　マリコは昨晩，友人たちと夕食に行った。遅くなってきたので，彼女は帰宅しなければならなかった。しかし，駅に着くと財布がないことに気づいた。マリコがレストランに電話すると，財布はまだ店にあるとスタッフが言ったので，彼女は取りに走って戻った。それから，急いで駅に戻り，家に帰る最終電車に乗ることができた。

Q：昨日のマリコの問題は何だったか。

選択肢の訳　1　彼女は家に帰る最終電車に乗り遅れた。
2　彼女は財布をレストランに置き忘れた。
3　彼女は友人たちに会いに出かけることができなかった。
4　彼女は夕食の代金を払うお金がなかった。

解説　第4文にある it was still there の it は wallet，there は restaurant を指す。駅に着いてからないことに気づいた財布はまだレストランにある，つまりレストランに置き忘れてきたことになる。

No.29 解答 ②

放送英文　Grits are a breakfast food in the southern part of the United States. They are made by slowly cooking pieces of dried corn in water or milk. Grits can be yellow or white, depending on the type of corn that is used to make them. They were originally made by Native Americans, but now they are a popular food with people throughout the South.

107

Question: What is one thing we learn about grits?

全文訳 グリッツは，アメリカ南部で朝食に食べる料理である。それは，乾燥させたトウモロコシの粒をお湯か牛乳でゆっくり煮て作る。作るのに使うトウモロコシの種類によって，グリッツは黄色いことも白いこともある。元々はアメリカ先住民が作っていたものだが，今では南部中の人に親しまれている料理である。

Q：グリッツについてわかることの1つは何か。

選択肢の訳　**1**　それは牛乳で作る飲み物である。
2　それはトウモロコシで作る料理である。
3　それは元々ヨーロッパから来たものである。
4　それはたいてい夜に食べる。

解説　第2文の They は grits のことなので，乾燥トウモロコシをお湯か牛乳で煮て作る料理だとわかる。**2** がそれを a dish made from corn と簡潔に言い換えている。

No.30 解答 ④

放送英文 Peter went to a coffee shop yesterday. While he was there, he saw his favorite author sitting at a table. Peter wanted to talk to her, but she was busy on her laptop computer. He waited until she closed her computer and then went over to tell her that he loves her books. They talked for a while before she had to leave. Peter was happy that he had met her.

Question: What did Peter do at a coffee shop yesterday?

全文訳 ピーターは昨日コーヒーショップに行った。そこにいる間に，一番好きな作家がテーブルに向かっているのを見かけた。ピーターは彼女と話したかったが，彼女はノートパソコンで忙しく作業していた。彼女がパソコンを閉じるまで待ってから，彼は彼女の方へ行き，あなたの本が大好きですと伝えた。彼女が帰らなければならない時間になるまで，彼らはしばらく話をした。ピーターは彼女に会えて幸せだった。

Q：ピーターは昨日コーヒーショップで何をしたか。

選択肢の訳　**1**　彼は電話でおしゃべりをした。
2　彼は本を書き始めた。
3　彼はパソコンで作業した。
4　彼は一番好きな作家と話をした。

解説　第5文の They は Peter と his favorite author の2人を指す。author を writer と言い換えた **4** が正解。

二次試験・面接　問題カード **A** 日程　問題編 p.90〜91

全文訳　**海洋生物**

　近ごろ，魚やウミガメなどのさまざまな種類の海の生き物が，人間が引き起こす深刻な問題に直面している。例えば，プラスチックでできた物を海に投げ入れる人がいる。そのような物を偶然食べてしまう海の動物もおり，こうして彼らは健康を損なってしまう。自分の行動が海の生き物に問題を引き起こしうることを，人は心に留めるべきだ。

質問の訳

No. 1　文章によれば，どのようにして健康を損なう海の動物がいるのですか。

No. 2　では，絵を見てその状況を説明してください。20秒間，準備する時間があります。話はカードにある文で始めてください。
〈20秒後〉始めてください。

では，〜さん（受験生の氏名），カードを裏返して置いてください。

No. 3　ペットを飼うことは人のストレスの軽減に役立ちうると言う人もいます。あなたはそのことについてどう思いますか。

No. 4　最近は，家を1軒借りてそこで一緒に住む若者もいます。シェアハウスは今後もっと一般的になるとあなたは思いますか。
Yes. →なぜですか。　　　　　No. →なぜですか。

No.1

解答例　By eating things made of plastic by accident.

解答例の訳　「プラスチックでできた物を偶然食べてしまうことによって」

解説　第3文の Some animals in the ocean eat such things by accident, and ... they damage their health. から，この文の前半部分が海の動物の健康被害の理由だとわかる。such things は第2文の things made of plastic を指すので，これと置き換える。質問は how「どのように」なので，By doing「〜することによって」の形を用いて答える。

No.2

解答例　One day, Mr. and Mrs. Suzuki were visiting the beach on their vacation. Mr. Suzuki said to his wife, "Let's take a boat tour today." Later that day, Mr. Suzuki was putting on his life jacket. Mrs. Suzuki was hoping to see some dolphins. Two hours later, Mr. Suzuki was taking a picture of the sunset. Mrs. Suzuki was looking forward to putting the picture on the wall.

解答例の訳　「ある日，スズキ夫妻は休暇で海辺を訪れていました。スズキさんは妻に，『今日はボートツアーに参加しよう』と言いました。その日の後になって，スズキさんはライフジャケットを着ようとしていました。スズ

キさんの妻はイルカが見られるといいなと思っていました。2時間後，スズキさんは夕日の写真を撮っていました。スズキさんの妻はその写真を壁に掛けるのを楽しみにしていました」

解説 1コマ目はスズキさんのせりふを使って作文。2コマ目と3コマ目はどちらも，まずスズキさんの行動を過去進行形を使って描写し，吹き出しにある妻の考えを説明する。解答例は両方の吹き出しに「楽しみにしている」という意味の表現を使っているが，3コマ目を *be* thinking of *doing*「～しようと思っている」としても良い。

No.3

解答例 I agree. People find it relaxing to spend time with their pets. For example, taking a dog for a walk can make people feel refreshed.

解答例の訳 「私もそう思います。人はペットと過ごすと心が癒やされると感じます。例えば，犬を散歩に連れて行けば気分をリフレッシュできます」

解答例 I disagree. Looking after a pet is a lot of work. Many pets need a lot of attention from their owners.

解答例の訳 「私はそうは思いません。ペットの面倒を見るのは手間がかかります。多くのペットは飼い主がたくさん世話をする必要があります」

解説 ペットに癒やしを求める人は多いので，I agree の場合は解答例のように具体例を挙げ，どのような効果があるのかを述べると説得力が増す。I disagree なら，解答例からさらに一歩踏み込んで，面倒を見切れなくなって捨てる人もいるという問題を指摘することもできる。

No.4

解答例 （Yes. と答えた場合）

It's much cheaper to share a house with others. Also, sharing a house is a good way for young people to make new friends.

解答例の訳 「ほかの人と家をシェアする方がずっと安く済みます。また，シェアハウスは若者が新しい友だちをつくる良い方法です」

解答例 （No. と答えた場合）

I think many young people want to live alone. They don't have to worry about getting along with others.

解答例の訳 「多くの若者は1人暮らしをしたがっていると思います。ほかの人とうまくやっていくことで悩む必要がありません」

解説 シェアハウスは現在大きな注目を集めているが，普通の1人暮らしと対比してそのプラス面とマイナス面を考え，さらに自分はしてみたいかという要素も加味して，Yes/No のどちらが説明しやすいかを決めると良い。

110

| 二次試験・面接 | 問題カード **B** 日程 | 問題編 p.92〜93 | 🔊 ▶MP3 ▶アプリ ▶CD 2 38〜41 |

全文訳 **新しいテクノロジー**

　　近ごろ，バーチャルリアリティーという新しいテクノロジーが注目を集めている。このテクノロジーを用いて，人々は現実のように見えるさまざまな状況を体験することができる。このテクノロジーは多くの異なる分野で役に立つ。例えば，医師は技術を向上させる機会が必要である。バーチャルリアリティーは医師がいつでもそうした機会を持てるようにすることができ，こうして医師が仕事でより熟練する助けとなる。

質問の訳 No. 1　文章によれば，バーチャルリアリティーは医師が仕事でより熟練するのをどのように助けますか。

No. 2　では，絵を見てその状況を説明してください。20秒間，準備する時間があります。話はカードにある文で始めてください。
〈20秒後〉始めてください。

では，〜さん（受験生の氏名），カードを裏返して置いてください。

No. 3　都市と町の通りにもっと防犯カメラを設置すべきだと言う人もいます。あなたはそのことについてどう思いますか。

No. 4　今の子どもは以前より本を読まなくなったとしばしば言われます。子どもは読書にもっと時間を費やすべきだとあなたは思いますか。Yes. →なぜですか。　　　No. →なぜですか。

No.1

解答例 By allowing doctors to have opportunities to improve their skills at any time.

解答例の訳 「医師が技術を向上させる機会をいつでも持てるようにすることによって」

解説 第5文に in this way it helps them to become better at their jobs とある。質問は how「どのように」なので，in this way「こうして」を説明することが解答の決め手になる。in this way は第5文前半の allows doctors to have such opportunities at any time を指し，such opportunities は第4文にある opportunities to improve their skills のことなので，これらを組み合わせて解答例のように答える。

No.2

解答例 One day, Mr. and Mrs. Mori were thinking about watching a movie at the theater. Mr. Mori said to his wife, "Why don't we see this movie today?" A few minutes later, Mr. Mori was buying popcorn. Mrs. Mori was turning off her smartphone. Before the movie, Mr. Mori dropped the popcorn on the floor. Mrs. Mori was thinking of asking the theater staff to clean it up.

解答例の訳「ある日，モリ夫妻は映画館で映画を見ようかと考えていました。モリさんは妻に，『今日この映画を見るのはどうだろう』と言いました。数分後，モリさんはポップコーンを買っていました。モリさんの妻はスマホの電源を切っていました。映画の前に，モリさんはポップコーンを床に落としてしまいました。モリさんの妻は，映画館のスタッフにポップコーンを片づけるよう頼もうと考えていました」

解説 1 コマ目は夫のせりふを使って作文する。2 コマ目は夫の行動を過去進行形で描写し，吹き出しに描かれている妻の行為を説明する。3 コマ目ではまず夫の行動を描写するが，Mr. Mori was dropping ... と過去進行形ではなく，過去形 dropped を用いなければならないことに注意しよう。それから吹き出しの中の妻の考えを説明する。

No.3

解答例 I agree. Security cameras are a good way to make cities safer. More cameras will help reduce crime.

解答例の訳「私もそう思います。防犯カメラは都市をより安全にする良い方法です。カメラを増やせば犯罪の減少に役立ちます」

解答例 I disagree. Most people don't like being watched. Also, it's expensive to set up security cameras.

解答例の訳「私はそうは思いません。ほとんどの人は監視されるのが好きではありません。また，防犯カメラを設置するのは費用がかかります」

解説 防犯カメラが犯罪捜査などで有効なのは確かだが，行動が監視されているという不安もある。公共の安全というプラス面と，個人のプライバシーの侵害というマイナス面を考えて I agree/disagree を決める。I disagree の解答例は，費用にも触れている点に説得力がある。

No.4

解答例（Yes. と答えた場合）

Reading is a way for children to gain a lot of knowledge. This will be useful to them in their future.

解答例の訳「読書は，子どもがたくさんの知識を得る方法の 1 つです。このことは，将来子どもの役に立ちます」

解答例（No. と答えた場合）

These days there are better ways to learn things. Children prefer watching videos on the Internet.

解答例の訳「最近は，物事を学ぶもっと良い方法があります。子どもはインターネットで動画を見る方を好みます」

解説 Yes の解答例は，読書は子どものためになるという一般的な考え方に立ったものであり，No の解答例は，今では読書以外にも情報を得る手段はいろいろあるという現実的な立場を取ったものである。

112

2018-2

一次試験
筆記解答・解説　p.114〜126

一次試験
リスニング解答・解説　p.126〜144

二次試験
面接解答・解説　p.145〜148

解 答 一 覧

一次試験・筆記

1

(1)	3	(8)	1	(15)	4
(2)	2	(9)	4	(16)	2
(3)	4	(10)	3	(17)	3
(4)	2	(11)	3	(18)	2
(5)	3	(12)	1	(19)	1
(6)	4	(13)	1	(20)	1
(7)	2	(14)	3		

2 A

(21)	3
(22)	2
(23)	4

2 B

(24)	3
(25)	4
(26)	4

3 A

(27)	3
(28)	3
(29)	4

3 B

(30)	4
(31)	1
(32)	2
(33)	3

3 C

(34)	4	(36)	2	(38)	2
(35)	3	(37)	1		

4　解答例は本文参照

一次試験・リスニング

第1部

No. 1	3	No. 6	3	No.11	4
No. 2	3	No. 7	4	No.12	3
No. 3	4	No. 8	1	No.13	2
No. 4	1	No. 9	2	No.14	1
No. 5	4	No.10	1	No.15	2

第2部

No.16	2	No.21	1	No.26	1
No.17	1	No.22	4	No.27	2
No.18	2	No.23	2	No.28	4
No.19	1	No.24	2	No.29	3
No.20	4	No.25	3	No.30	3

| 一次試験・筆記 | **1** | 問題編 p.96〜98 |

(1) ―解答 3

訳 A：ウェンディ，君のお姉さんに，すぐに気分がよくなることを願って
いますと伝えてください。
B：彼女はあなたから直接連絡をもらいたがっていると思うわ。今晩彼
女に電話してみたら？

解説 B の空所後の文から，B は A に directly「直接」姉に連絡することを
促しているとわかる。hear from「〜から連絡をもらう」は重要表現。
historically「歴史的に」，barely「かろうじて」，previously「以前に」

(2) ―解答 2

訳 その新しい映画には，大変有名な俳優が何人か主演しており，トム・マ
クドナルドも含まれている。彼がそれに出ているからという理由だけで，
その映画を見に行くつもりだと言っている人々もいるのだ。

解説 主語の movie，目的語の actors から，空所に入る動詞は features「〜
を主演させる」だと判断できる。delete「〜を削除する」，monitor「〜
を監視する」，remind「〜に思い出させる」

(3) ―解答 4

訳 A：約束はしていないのですが，私は今すぐジャスパーさんと話をする
必要があるのです。彼女へのとても急を要するメッセージがあるの
です。
B：承知いたしました，お客様。今すぐ彼女を見つけてまいります。

解説 A の第 1 文の内容，特に need to speak … immediately から，urgent
「急を要する」メッセージがあると推測できる。relative「比較上の」，
generous「寛大な」，cruel「残酷な」

(4) ―解答 2

訳 先月，マリリンの父親は 70 歳になった。彼女は彼のための盛大な祝賀
会を計画し，50 人を超える来客が出席した。

解説 父親が 70 歳になったこと，50 人を超える来客があったことから，マリ
リンは celebration「祝賀会，お祝い」を計画したのだと判断する。
foundation「基礎，財団」，reflection「反映」，prediction「予言」

(5) ―解答 3

訳 学生たちは教科書に載っているいくつかの概念を理解するのに苦労して
いたので，教授は授業中，それらを説明するために余分に時間を取らな
ければならなかった。

解説 学生たちは理解するのに苦労しており，教授が説明するために時間を
取ったという点から，concepts「概念」を選択する。whisper「ささや

114

き」，deposit「頭金」，apology「謝罪」

(6) ― **解答** **4**

訳 ジャックは，自分は高級レストランでトップシェフとして働いていると言って，友人たちをだましました。実際には彼はウェイターで，料理は全くやっていなかった。

解説 1文目の telling them that he was working as a top chef と，2文目の Actually, he … did not do any cooking. から，ジャックは友人たちを deceived「だました」のだとわかる。establish「～を設立する」，endure「～に耐える」，dispose「～を配置する」

(7) ― **解答** **2**

訳 そのコンピューター企業は自社の売上高の統計を調査し，誰が自社製品を買っているのかについてもっとよく知ろうとした。同社は，20代の人々が最も高額なコンピューターを買っていることを突き止めた。

解説 1文目の The computer company studied と，to learn 以降の内容から，売上高の statistics「統計」を調査したのだとわかる。compromise「妥協」，terminal「終着駅」，religion「宗教」

(8) ― **解答** **1**

訳 全てのサッカー選手がフィールドに出て素早くフォーメーションについた。彼らは試合を始める準備ができていた。

解説 1文目の All the soccer players と第2文の「準備ができていた」という内容から，formation「フォーメーション」についたのだとわかる。currency「通貨，流通」，envelope「封筒」，quarrel「口論」

(9) ― **解答** **4**

訳 シンシアは，働くことと同時に大学へ通うことをこなすことができなかったので，パートの仕事を辞めた。両方をやろうとすることは，彼女にとってあまりにも骨の折れることだった。

解説 第2文の「両方をやろうとすることはあまりにも骨の折れることだった」という内容から，handle *A* and *B* at the same time「A（仕事）と B（学業）を同時にこなす」ことができなかったと判断できる。remove「～を取り除く」，excuse「～の弁明をする」，detect「～を検出する」

(10)―**解答** **3**

訳 昨年，ケンの家は台風で被害を受けた。元の状態に家を修復するのに，彼はたくさんのお金をかけなければならなかった。

解説 家が被害を受けたことと，to its original condition「元の状態に」などから，restore「～を修復する」が適切。accompany「～に伴って起こる」，punish「～を罰する」，compare「～を比べる」

(11)―**解答** **3**

訳 アネットはたいてい友人たちと休暇に出かけるが，時には1人で旅行を

115

するのが好きだ。

解説 逆接の接続詞 but を使って前後の節の内容が対比されているので，from を選択し，前半の節の副詞 usually と対比的になる from time to time「時々」という熟語にする。

(12)—解答 **1**
訳 猛暑のため，昨年の夏はエアコンの需要があった。

解説 空所前の in とともに熟語を作り文意に合うものを選ぶ問題。「猛暑」という because of 以下の理由から，in demand「需要がある」とする。in common「共通の」，in advance「前もって」，in detail「詳細に」

(13)—解答 **1**
訳 バイオレットの父親は，背がとても高かったのと，髪が明るい赤毛だったことの両方の理由で，人ごみの中でいつも目立っていた。

解説 because 以下の「背がとても高い」「髪が明るい赤毛」という 2 つの理由から，父親は stood out「目立っていた」と判断できる。stand over「～を監督する」，stand up「立ち上がる」，stand by「そばにいる，待機する」

(14)—解答 **3**
訳 ドナはコンピューターの修理人が来るまで家で待たなければならなかった。その間に彼女は食器を洗い，寝室の掃除をした。

解説 「修理人を家で待たなければならなかった」という内容と「食器を洗い，寝室の掃除をした」という内容から，In the meantime「その間に」を選ぶと，前後がうまくつながる。to some extent「ある程度」，at any cost「どんな犠牲を払っても」，on the contrary「それどころか」

(15)—解答 **4**
訳 子どもを持つ前，アリソンは動物園に行くのが好きではなかった。しかし，自分の子どもたちをそこに連れて行き始めると，彼女は動物園が大好きになった。

解説 「動物園に行くのが好きではなかった」という 1 文目の後に，逆接を表す However が続いているので，「彼女は動物園が大好きになった」のだと判断できる。come to do は「～するようになる」。空所後が不定詞であることに着目する。

(16)—解答 **2**
訳 ゲイリーは昨日，仕事の重要な顧客とゴルフをした。ゲイリーは実はとてもゴルフがうまいのだが，顧客が面目を失わないよう，下手にプレーをすることにした。

解説 本当はうまいのに下手にプレーをする理由が so that 以下に述べられている。空所前の lose との組み合わせから，顧客が lose face「面目を失う」ことのないよう，わざと下手にプレーしたと判断する。

(17)—解答 **3**

訳 ケビンが営業部長になったとき，上司は彼に，自分のチームが犯したいかなるミスの責任も負わなければならないだろうと言った。ケビンはこの新しい責務を引き受けることに同意した。

解説 空所に入る句動詞の目的語が any mistakes である点や，空所を含む that 節の内容を 2 文目では this new responsibility で受けている点などから判断し，answer for「～の責任を負う」を選ぶ。rely on「～を頼る」，vote for「～に投票する」，insist on「～を主張する」

(18)—解答 **2**

訳 学校の運動会は，雨にもかかわらず予定通り行われた。競技の大部分は体育館の中で行われた。

解説 空所の前の「運動会が予定通り行われた」と空所後の「雨」を矛盾なくつなぐために，前置詞 despite を選び，「（雨）にもかかわらず」とする。

(19)—解答 **1**

訳 ジョアンヌの両親は先週末ニューヨークに行った。寂しく感じて，ジョアンヌは土曜日の夜，友人を何人か招いて映画を見た。

解説 週末に両親が不在だったという 1 文目と，空所後の「土曜日の夜に友人たちを招いた」という内容をつなげるには，Feeling を選択して理由を表す分詞構文の形にすればよい。

(20)—解答 **1**

訳 A：マクミラン様，エアベッドホテルへようこそ。お知らせするのは残念ですが，今晩はプールが，修繕のために閉鎖されます。
B：大丈夫です。今夜は泳ぐつもりはありませんでしたから。

解説 regret to *do* で「残念ながら～する」となる。to *do* の部分には問題文の to inform のほかに，to say，to tell などがよく使われる。

一次試験・筆記 **2** 問題編 p.100～103

A 全文訳 **新しいバナナ**

　バナナには多くの品種があるが，世界中で販売されているほとんどのバナナはキャベンディッシュというタイプである。しかし，これはずっとそうだったわけではない。1960 年代まで，グロスミッチェルと呼ばれる，はるかに大きく味の良いバナナが最も人気があった。残念なことに，パナマ病と呼ばれる菌が，グロスミッチェル種のバナナを枯らし始めた。まもなく，この病気があまりにも広がり過ぎたので，フルーツ会社はもはや十分なグロスミッチェル種のバナナを生産することができなくなった。彼らは代わりにキャベンディッシュ種のバナナを栽培し始めたのである。

　当時，キャベンディッシュはパナマ病の影響を受けていなかった。しかし最近，アジ

ア，オーストラリア，およびアフリカの一部地域で，この病気の新しいタイプがキャベンディッシュ種のバナナを枯らし始めている。幸い，それはまだ，キャベンディッシュ種のバナナのほとんどが栽培される中央アメリカまでは達していない。しかしながら，専門家たちはその病気がまもなくそこに到達すると思っている。これに対応して科学者たちは，キャベンディッシュがグロスミッチェルに取って代わったように，キャベンディッシュに代わるバナナを探している。

　これを行うために，何人かの科学者たちはキャベンディッシュが病気になり得ないように，そのDNAを改変しようとしている。しかし多くの人々は，このような方法で改変された食べ物を食べることは自分たちの健康に悪影響を及ぼすだろうと心配する。そのため，別の科学者たちは新しいバナナの品種を作るために自然な方法を使おうとしている。そうした科学者の1人がフアン・アギラールで，パナマ病の影響を受けないゴールドフィンガーという名のバナナの生産を手伝った。しかし，それはリンゴに似た味なので，おそらくキャベンディッシュに取って代わることはないだろう。アギラールは，キャベンディッシュに似た味の，病気にかかる恐れのない新しいバナナをいつか作ることができると確信している。

(21)—解答 ③
解説 空所に続く文全体を修飾する副詞（句）を選ぶ。前文で大きくて美味と説明されたバナナがパナマ病によって枯れ始めたので，Unfortunately「残念なことに」が適切。in contrast「それとは対照的に」，for instance「例えば」，additionally「さらに」

(22)—解答 ②
解説 前文の「病気は中央アメリカまでは達していない」を逆接の接続副詞Nevertheless「しかしながら」で受けているので，the disease will soon arrive「その病気がまもなく到達する」が適切。

(23)—解答 ④
解説 「パナマ病の影響を受けない品種ができたが，それはリンゴに似た味なので」という文脈から，will not replace を選び，「（キャベンディッシュ）に取って代わることはないだろう」とする。次文とのつながりにも目を配ろう。

B　全文訳　触覚の恩恵

　人間は，世界を理解するために利用する5つの重要な感覚を持っている—視覚，聴覚，嗅覚，味覚，そして触覚である。これらのうち，人々は聴覚と視覚が最も重要であると考えがちだ。しかし，一部の専門家は，人間のコミュニケーション，人間関係，そして健康にとって，触覚はまさに同じぐらい，なくてはならないものだと考えている。触覚は実は乳児が発達させる最初の感覚であるから，これは驚くべきことではないだろう。さらに，触覚には不安を軽減し，体を癒す力もあるという証拠が今では存在しているのである。

例えば，ジェイムズ・コーエンという研究者は，愛する人の手を握るとストレスを軽減できることを発見した。コーエンは MRI の装置を使用し，既婚女性のグループの脳を調べた。ある女性が，自分の足首に電気ショックが与えられることを知ったとき，恐怖に関連する脳の領域が活発になった。しかし，彼女の夫が彼女の手を触ったとき，その領域での脳の活動は弱まった。女性たちは見知らぬ人に自分の手を触られたときでさえも感じる恐怖は減ったが，その度合いはより低いことをコーエンは発見した。

　ほかの研究では，マッサージなどのいろいろな種類のスキンシップが健康に及ぼす影響を考察している。ある研究では，マッサージはサイトカインと呼ばれる体内の特定の化学物質の減少を引き起こすことが明らかにされた。この化学物質は体に痛みを感じさせる。このため，マッサージは自己免疫疾患（体が自身を攻撃する病気）のために頻繁に痛みに苦しむ人に，特に助けになるかもしれない。こうした発見に応じて，ますます多くの医師が今，人々の精神的・肉体的問題の両方を治療するためにスキンシップを利用しているのである。

(24)—解答 **3**

解説　空所の次の文は逆接の However で始まり，touch is just as necessary と述べている。これにうまくつながるようにするには，hearing and sight が the most important「最も重要だ」と考えがちだ，とすればよい。

(25)—解答 **4**

解説　空所を含む文は However で始まり，前文と対比的な内容であることがわかるので，前文の the areas of her brain … became active に対し，brain activity dropped「脳の活動は弱まった」とすればよい。

(26)—解答 **4**

解説　空所前の「マッサージが痛みの原因となる化学物質を減らす」と，空所後の「マッサージは頻繁に痛みに苦しむ人に特に助けになるかもしれない」をつなげるには，For this reason「このため」が適切。to make matters worse「さらに悪いことに」，as usual「いつものように」，even so「たとえそうでも」

一次試験・筆記 3 問題編 p.104～110

A 全文訳

発信人：ピート・クインス <p.quince@obertonlions.com>
宛先：親御様方 <lionshockeyparentslist@inmail.com>
日付：10 月 7 日
件名：親のボランティア
親御様方,

こちらは，あなた方の息子さんのホッケーチームのコーチ，ピート・クインスです。毎年，私たちのチームはお金を集めるためにいくつかの特別なイベントを開催しています。この資金はスポーツ用具の購入，ジュニアホッケー協会への会費の支払い，およびホッケーの試合への遠征に使っています。私たちは現在，これらのイベントでボランティアをしてくださる親御さんを探しています。先週の練習の際に，11月に開催される次のイベントの申込用紙を各選手に渡しました。

このイベントはTシャツ販売です。私たちはオバートン公園のピクニックエリアでTシャツの販売を行うことになっています。イベントの広告を地元の新聞に出しました。男の子たちは私たちのチームのマスコットのライオンを付けたTシャツをデザインしています。地元企業のシャツ・ン・スタッフが，特別の割引価格でシャツにプリントすることに合意してくれました。

このイベントでは，販売のためのテーブルの設置と代金の受け取りを手伝っていただける親御さんを必要としています。ボランティアにご興味がおありでも，おありでなくても，どうか，息子さんが家に持ち帰った申込用紙にご記入ください。ご記入されましたら，今週中に息子さんに練習へ持っていくよう頼んでください。締め切りは金曜日です。疑問点がございましたら，私までEメールをお送りいただくか，お電話をください。

敬具，

ピート・クインス

オバートンライオンズのコーチ

(27)―解答 ③

質問の訳 先週，ピート・クインスがホッケー選手たちに手渡したのは

選択肢の訳 1 今シーズン用の新しい用具である。
2 試合への遠征費を支払うためのお金である。
3 親がボランティアをしたい場合に署名するための用紙である。
4 ジュニアホッケー協会の特別なイベントへの入場券である。

解説 第1段落第4文にイベントのボランティアをしてくれる親を探しているとある。さらに第5文には，次のイベントのための sign-up sheet「申込用紙」を各選手に渡したとある。

(28)―解答 ③

質問の訳 シャツ・ン・スタッフはホッケーチームのために何をするのか。

選択肢の訳 1 チームが新聞にイベントの広告を出すのを助ける。
2 チームのためにライオンの付いたTシャツをデザインする。
3 チームがTシャツに対し，通常よりも安い料金を支払うことを許す。
4 イベントについてチームを助けるためにお金を寄付する。

解説 第2段落の第5文から正解がわかる。同文中の a special, discounted price が，正解の選択肢では a lower price than usual と言い換えられている。

(29)—解答 **4** ・・・・・・・・・・・・・・・・・・・・・・・・・・・・・・・・・・・・・

質問の訳　ピート・クインスが親たちにするように頼んでいることの１つは何か。

選択肢の訳　**1**　チームにテーブルを何台か貸す。

　　　　　2　全ての練習に息子と一緒に参加する。

　　　　　3　自分たちの息子の代金について彼に電話する。

　　　　　4　金曜日までに彼の依頼に対し回答する。

解説　第３段落第２文で申込用紙に記入することを，第３文ではそれを息子に持たせることを依頼している。また，第４文に金曜日が締め切り日であることが記されている。

B　全文訳　**コンピューターの新しい使い方**

　大部分の人々は，コンピューターを使うときにマウスを使用する。この装置が，カーソルを画面全体に動かし，使いたいものをクリックすることを可能にする。しかし，障がいのある多くの人は自由に手を使うことができない。トビー・グループという名のスウェーデンの企業が，そのような人々を助けることができる装置を考え出した。これはPCEyeと呼ばれ，ユーザーが目を動かすだけで，コンピューター画面上のカーソルを動かすことができるのである。

　この装置は，人の目の動きを注視するカメラを使用することによって作動する。そのカメラはコンピューターの画面の一番下に取り付けられている。ユーザーの目が動くと，画面上のカーソルが動く。ユーザーが使用したいものをクリックするのには，２つの方法がある。１つの方法は，画面のある部分を，そこがクリックされるまでただ凝視することである。しかし，これは誤動作につながる可能性が十分にあるため，同社は別の方法を開発した。これには，目の開閉を必要とする。ユーザーが何かをクリックしようと意図するときが明確になるように，タイミングを変えることができる。

　この装置は手を使うことができない人にとって便利であるが，同社はほかのタイプのユーザーにとっても魅力的になると考えている。特に，タブレット型コンピューターを使用する人は，コンピューターを手に持って，同時に画面に触れることが困難だと感じることがよくある。こうした人々にとって，PCEyeは非常に役に立つかもしれない。同社はまた，人々が，目を使うだけでゲームをコントロールできるコンピューターゲームをして楽しむようになるだろうと考えている。

　現在のところ，最大の問題点は装置の価格が高いことであるが，同社はそれを安価にするよう努力している。一方で，PCEyeは何千人もの障がいのある人に大きな変化をもたらしている。この装置は彼らがインターネットにアクセスしたり，友人や親戚に連絡したりすることを可能にするだけでなく，雇用機会も高めるのだ。この意味において，この装置は，科学技術の発展が，障がいのある人がより良い生活を送るのを助けることのできる方法の，別の１例なのである。

(30)—解答 **4** ・・・・・・・・・・・・・・・・・・・・・・・・・・・・・・・・・・・・・

質問の訳　PCEyeという装置は

選択肢の訳　1　人々が自分の目をどのように使用するかに関する情報を提供する。

2　障がいのある人がコンピューターの画面上の小さなものを見るのを助ける。

3　人間の目のように機能し，人々が，身の回りで起きていることを見るのを可能にする。

4　手を動かすことが困難な人々がコンピューターを使用するのを容易にする。

解説　第1段落第3文で，多くの障がいのある人が手を自由に使えないことが，第4文でこうした人々を助ける装置が考案されたことが，第5文でその名前がPCEyeであることが説明されている。

(31)—解答 ①

質問の訳　トビー・グループが，PCEyeがものをクリックする第2の方法を開発したのはなぜか。

選択肢の訳　1　人々が画面を凝視するときにミスが起きやすいから。

2　ユーザーの目がどこを見ているかを判断することはカメラには困難だから。

3　トビー・グループは，ユーザーが誤ってコンピューターを壊してしまうことを心配していたから。

4　トビー・グループは，人々が使いたいプログラムをより速く開く方法を見つけたかったから。

解説　第1の方法は，第2段落第5文にある，クリックされるまで画面を凝視する方法。続く第6文で，これは誤動作につながる可能性が十分にあるので，the company has developed another way「同社は別の方法を開発した」と述べている。

(32)—解答 ②

質問の訳　PCEyeの使用に関心を持つかもしれないグループの1つはどんな人たちか。

選択肢の訳　1　最も魅力的なタイプの新技術を使うことを楽しむ人たち。

2　タブレット型コンピューターを手に持ちながら画面を触ることに苦労する人たち。

3　タブレット型コンピューターで新しいゲームをすることに興味がない人たち。

4　従来のキーボードで入力する方法をまだ習得していない人たち。

解説　第3段落第1文でPCEyeは手に障がいのある人以外にも魅力的になると述べ，第2文で，タブレット型コンピューターを手に持ちながら画面に触れることが難しいと感じる人を例として挙げ，第3文で，こうした人にPCEyeはとても役に立つかもしれないと述べている。

(33)—解答 ③

質問の訳 PCEye の利点の 1 つは何か。

選択肢の訳
1 同じ目的に使用される，ほかのほとんどの装置よりも費用がかからない。
2 人々がインターネット上の危険なサイトへアクセスするのを阻止する。
3 障がいのある人々のより多くが，コンピューターを使って働く仕事を見つけることを可能にする。
4 人々が友人や親戚と連絡を取ることをより安上がりにする。

解説 第 4 段落第 2 文で PCEye は障がいのある人々に大きな変化をもたらしていると述べている。続く第 3 文後半の it (=PCEye) also improves their employment opportunities を具体的に言い換えた **3** が正解。

C 全文訳 謎めいたミイラ

ミイラは亡くなった人の体が保存されたものである。最も有名なミイラは古代エジプトのものだが，ミイラはほかの多くの文化でも見られる。こうしたミイラのいくつかは意図的に作られたものである。しかしほかに，たいていは極度の乾燥によって偶然作られたミイラもある。そのような自然にできたミイラが多く発見されている地域の 1 つが，中国の新疆地域のタクラマカン砂漠である。

その砂漠の気候が極端に乾燥しているということは，これらのミイラが非常によく保存されていることを意味する。彼らの髪，肌，衣服は，この人たちが 3,000 年以上前に亡くなったときとほぼ同じである。しかし，これらのミイラはとても驚くべき特徴を持っている—彼らはみな，まるでヨーロッパから来たかのように見えるのだ。例えば，新疆で発見された最も古いミイラの 1 つは，インパンマンとして知られている。彼は金髪でひげがあり，古代ギリシャで使われたものと同様のデスマスクを着けているのだ。チェルチェンマンという別のミイラは身長 6 フィートで，髪の毛が赤く，普通その地域で着用されているどの服とも違う服を着ている。それどころか，それらは古代ヨーロッパのケルト人が身に着けていたものに似ているのである。

このヨーロッパ人のような外見の人々がどのようにして最終的に中国にたどり着いたかについては，これまでいくつかの学説があった。しかし，DNA 検査技術の発展に伴い，結果はより正確になってきている。2007 年にはナショナルジオグラフィック協会のチームが一群のミイラの DNA サンプルを採取し，その分析を開始した。最初に出た結果は，そのミイラまたはその祖先は，ヨーロッパ，中東，インドとパキスタンにあるインダス渓谷など，さまざまな場所から来たことを示唆していた。

ペンシルベニア大学のビクター・メア教授は，何年もの間これらのミイラを研究してきた。彼は，タクラマカン砂漠の最初期の入植者は，5,000 年前にそこに移住した西洋人であったと考えている。東アジア人がこの地域に到達したのはほんの 2,000 年ほど前のことだった。メアによれば，これは，中国文明の初期の発展が，従来信じられてき

たよりも，西洋からより大きな影響を受けた可能性があることを示している。

(34)—解答 ④

質問の訳 ミイラについて正しいことは何か。

選択肢の訳 1 それはたいてい，特定の文化を保存する目的で作られる。
2 それを作る技術は古代エジプトからほかの文化へと広まった。
3 ほとんどが中国のタクラマカン砂漠地域で発見されている。
4 環境条件の結果として自然に作られたものもある。

解説 第1段落第4文に extreme dryness によって偶然作られたミイラもあるとあり，第5文では the Taklamakan Desert で natural mummies が多く発見されているとある。ここから正解が**4**だとわかる。

(35)—解答 ③

質問の訳 中国の新疆地域で見つかったミイラについて，驚くべきことは何か。

選択肢の訳 1 年月を経て劇的に変化した肌をしている。
2 科学者たちが当初考えていたよりも3,000年早くミイラになった。
3 彼らの外見が現在その地域に住んでいる人々とは異なっている。
4 彼らの服は，砂漠地帯で着るにはあまりにも厚く重いものであった。

解説 第2段落第3文で very surprising characteristic「とても驚くべき特徴」があると述べ，彼らはまるでヨーロッパから来たかのように見えると記している。続いて Yingpan Man と Cherchen Man を例に挙げ，具体的に説明している。

(36)—解答 ②

質問の訳 ナショナルジオグラフィック協会が発見したのは

選択肢の訳 1 ほとんどの中国人の祖先がもともとインダス渓谷から来たことだった。
2 それらのミイラのDNAが中国以外のいくつかの場所に由来していたことだった。
3 多くのヨーロッパ人のような外見の人々が中国由来のDNAを持っていることだった。
4 それらのミイラのほとんどが中東で作られ，その後中国に移されたことだった。

解説 第3段落第3文に the National Geographic Society がミイラのDNAの分析を開始したとあり，第4文でその結果，ミイラあるいはその祖先が a variety of places「さまざまな場所」に由来していたと述べ，中国以外の具体的な地域名を列挙している。

(37)—解答 ①

質問の訳 ビクター・メアがタクラマカン砂漠地域について考えていることは何か。

選択肢の訳 1 最初にそこに住んだ人々は，元は別の場所から来た。
2 最初の文明は，この地域の東アジア人が2,000年前に発展させた。

124

3 5,000 年前にそこに移住した西洋人は，東アジア人からその土地を奪った。

4 そこの初期文化の発展は中国人によるものだった。

解説 第4段落第2～3文から正解がわかる。〔本文〕the earliest settlers → 〔正解の選択肢〕the first people to live there，〔本文〕Western people who moved there → 〔正解の選択肢〕came from another place の書き換えに注意。

(38)—解答 ②

質問の訳 以下の記述のうち正しいのはどれか。

選択肢の訳 **1** ナショナルジオグラフィック協会はインドとパキスタンに行き，ミイラから DNA を収集した。

2 チェルチェンマンは予想されたものとは異なる服を着ている。

3 西洋文明は中国文明の影響を受けたとメアは言っている。

4 古代エジプトの有名なミイラが中国の展示会で展示された。

解説 第2段落第6文から正解がわかる。〔本文〕clothes that are unlike anything usually worn in the area → 〔正解の選択肢〕clothes that are different from what would be expected の言い換えに注意。

一次試験・筆記 **4** 問題編 p.110

トピックの訳 今日，環境に良い製品を購入する人もいます。そのような製品を購入することが将来もっと一般的になると，あなたは思いますか。

ポイントの訳 ライフスタイルの変化　費用　科学技術

解答例 I believe that more and more people will start buying products that are good for the environment. First, these days, global warming has become a big problem. People want to do something, and they know that one way to help is to purchase these products in stores. Second, many products that are good for the environment are becoming cheaper. Therefore, it has become easier for people to afford such products. In closing, it is because of these two reasons that I think it will become more common for people to buy products that are good for the environment.

解答例の訳 ますます多くの人々が環境に良い製品を購入し始めるようになると私は思います。まず，近ごろは，地球温暖化が大きな問題となっています。人々は何かをしたいと思っていて，助けとなる方法の1つが，店でこうした製品を購入することであることを知っています。第2に，多くの環

境に良い製品が安くなってきています。そのため，人々がゆとりを持ってそのような製品を買うことが容易になりました。最後に，これらの2つの理由により，人々が環境に良い製品を購入することがより一般的になると，私は思います。

解説 まず TOPIC の表現を利用して，I think …/I don't think … と自分の意見を明確にする。それからその理由を2つ考える。解答例では第1文で think の同義語の believe を使い意見を述べている。第2文は First で始め，地球温暖化が大きな問題となっていると述べ，第3文では人々は環境に良い製品を買うことが，地球温暖化に対して行動を起こす1つの方法だと知っていると続け，第1の理由としている。第4文は Second で始め，こうした製品が安くなってきていること，第5文では Therefore で始め，こうした製品が買いやすくなっていることを述べ，第2の理由としている。最後の第6文は In closing で始め，第1文で述べた意見を別表現で言い換え，文章を締めくくっている。

一次試験・リスニング　第**1**部　問題編 p.111〜113　▶MP3 ▶アプリ ▶CD 2 42〜57

No.1 –解答 ③

放送英文
☆: This roast duck is delicious. I love this restaurant.
★: Yeah. Everything about it is great, except for the prices.
☆: Don't say that, George. Our 10th anniversary is a special occasion, so please don't talk about money today.
★: Sorry, honey. Let's enjoy the meal.
Question: What do we learn about the man?

全文訳
☆: このローストダックはとてもおいしいわ。私，このレストラン大好き。
★: そうだね。ここの全てが素晴らしいよ，値段以外は。
☆: それは言わないで，ジョージ。私たちの10周年記念日は特別な機会なんだから，今日はお金の話はしないで。
★: ごめんね，君。食事を楽しもう。
Q: 男性についてわかることは何か。

選択肢の訳
1 彼は自分の料理が好きではない。
2 彼は記念日の贈り物を買わなかった。
3 彼はそのレストランが高価だと思う。
4 彼はテーブルを取ることに気をもんでいた。

解説 男性の最初の発言の (… great,) except for the prices「値段以外は(素晴らしい)」から正解がわかる。

No.2 −解答 ③ ···

放送英文 ☆： It's Mom's birthday soon. What should we buy her?

★： How about some jewelry?

☆： That sounds a bit expensive. She likes cooking, so why don't we get her a cookbook?

★： OK, then. Let's go to the bookstore in the shopping mall after school tomorrow.

Question: What will the boy and girl probably do tomorrow?

全文訳 ☆： もうすぐお母さんの誕生日だわ。私たちは彼女に何を買うべきかしら。

★： 宝石はどう？

☆： ちょっと高価だと思うわ。お母さんは料理が好きだから，料理の本を買ってあげるのはどうかしら。

★： じゃあ，それでいいよ。明日の放課後，ショッピングモールの書店に行こう。

Q：男の子と女の子は明日おそらく何をするか。

選択肢の訳　**1**　学校で誕生日パーティーをする。

2　プレゼントとして宝石を買う。

3　彼らの母親に本を買う。

4　家で一緒に夕食を作る。

解説　冒頭の女の子の発言から，何を買うことに決まるかに注目。女の子が2番目の発言で料理の本を提案。これに男の子は同意して，明日書店に行こうと提案している。

No.3 −解答 ④ ···

放送英文 ★： Cindy, can I interview you about your favorite type of music?

☆： Sure, Akira. But why do you want to do that?

★： It's for one of my classes. I have to interview five people and then write a report about their different tastes.

☆： That sounds interesting. Let's go to a café so we can sit down and talk.

Question: What will the boy probably do next?

全文訳 ★： シンディー，君の好きな音楽のタイプについてインタビューしてもいいかい？

☆： もちろんよ，アキラ。でも，なぜそんなことをしたいの？

★： 僕の授業の1つのためだよ。5人にインタビューをして，それから彼らのいろいろな好みについてのレポートを書かなければならないんだ。

☆： それは面白そうね。座って話すことができるようにカフェに行きましょう。

Q：男の子はおそらく次に何をするか。

選択肢の訳　**1**　シンディーに彼女の友人について尋ねる。

2 シンディーとレポートを書く。

3 シンディーを彼の授業に連れていく。

4 カフェでシンディーと話す。

解説 会話の前半で男の子がシンディーにインタビューをすることを求め，シンディーはこれに応じている。シンディーは最後の発言で，カフェに行って話すことを提案している。

No.**4** – 解答 ①

放送英文 ★： Hello. My son wants to try the Super-Spin ride, but I have a question. Is it safe for little kids? He's only ten years old.

☆： Yes, sir, it is. Our rides are suitable for children aged six and up.

★： Well, that's good to know. I'd like to buy a ticket for my son, then.

☆： Of course. That will be three dollars, sir.

Question: What does the man want to know about the Super-Spin ride?

全文訳 ★： こんにちは。私の息子がスーパースピン・ライドに乗ってみたがっているんですが，質問があるんです。それは小さな子どもにとって安全なのでしょうか。息子はまだ 10 歳なんです。

☆： はい，お客様，安全です。当園の乗り物は 6 歳以上のお子さま向きです。

★： ああ，それがわかってよかったです。では，息子のための切符を買いたいのですが。

☆： 承知しました。3 ドルになります，お客様。

Q：男性はスーパースピン・ライドについて何を知りたいのか。

選択肢の訳 **1** 小さな子どもにとって安全かどうか。

2 彼の息子が割引を受けられるかどうか。

3 どのぐらい列に並んで待たなければならないか。

4 その切符がまだ何枚残っているか。

解説 冒頭の男性の発言の I have a question が聞こえたら，どんな質問なのかを集中して聞き取る。同発言中の little kids が，正解の選択肢では small children に言い換えられている。

No.**5** – 解答 ④

放送英文 ★： Carol, can I borrow your dictionary? I left mine at home.

☆： No, Frank. The last time I lent it to you, you returned it a week later.

★： I'll be more careful this time. I really need to look up some words before today's French test.

☆： Well, all right. But please remember to give it back to me after school today. I need it to do my homework tonight.

128

Question: What does Frank want Carol to do?

全文訳 ★： キャロル，君の辞書を借りてもいい？ 自分のは家に置いてきちゃったんだ。

☆： だめよ，フランク。この前あなたにそれを貸したとき，あなたは1週間後にそれを返したのよ。

★： 今回はもっと気をつけるよ。今日のフランス語の試験の前に，どうしてもいくつかの単語を調べる必要があるんだ。

☆： じゃあ，いいわよ。でも，今日の放課後に忘れずに私に返してちょうだいね。今夜宿題をするのに必要だから。

Q：フランクはキャロルに何をしてほしいのか。

選択肢の訳 **1** 彼の宿題を手伝う。

2 彼が読むための本を提案する。

3 彼のフランス語の教科書を返す。

4 彼に彼女の辞書を貸す。

解説 フランクは冒頭で can I borrow your dictionary? と言っており，ここから正解がわかる。正解の選択肢では borrow ではなく lend を使い，逆からの視点の表現になっているので注意。

No.**6** – 解答 ③ ••••••••••••••••••••••••••••••••••••••

放送英文 ★： How was your vacation in China, Brenda?

☆： It was wonderful. We did a lot of sightseeing, and we ate some delicious food. But the best thing was our hotel. It was located in a traditional part of Beijing. You could just feel the history of the place.

★： Wow. That sounds wonderful. I've always wanted to travel to Asia.

☆： Well, you really should try to go sometime. I highly recommend it.

Question: What is one thing the woman says about her trip to Beijing?

全文訳 ★： 中国での休暇はどうでしたか，ブレンダ？

☆： 素晴らしかったです。私たちは観光をたくさんして，とてもおいしい食べ物を食べました。でも，最高だったのは私たちのホテルでしたね。それは北京の伝統的な地区にありました。その場所の歴史をまさに感じることができるんですよ。

★： おお。それは素晴らしいですね。私はずっとアジアに旅行したいと思っているんですよ。

☆： では，ぜひいつか行ってみるべきです。私は強くそれをお勧めしますよ。

Q：女性が北京旅行について言っていることの1つは何か。

18年度第2回 リスニング

129

選択肢の訳　1　彼女は食べ物を楽しまなかった。
　　　　　　2　彼女はあまりいい時間を過ごさなかった。
　　　　　　3　彼女はその都市の古い地区に滞在した。
　　　　　　4　彼女はあまりにも疲れていて観光に行けなかった。
解説　冒頭の男性の How was your vacation in China …? が聞こえたら，女性の返答に注目。It was wonderful. と答えて，具体的に何がよかったかを説明している。It (=our hotel) was located in a traditional part of Beijing. から正解がわかる。

No.7 －解答　④

放送英文　☆：Welcome to the Salas Mountain Visitors' Center. How can I help you?
　　★：I'm planning on hiking up the mountain. I was wondering if you have any trail maps.
　　☆：Yes, we do. Unfortunately though, all the trails on Salas Mountain are closed today. We're expecting a thunderstorm this afternoon, and conditions could become dangerous.
　　★：I see. I guess I'll have to try another time, then.
　　Question: Why can't the man climb to the top of Salas Mountain?

全文訳　☆：サラス山ビジターセンターへようこそ。ご用件をお伺いいたします。
　　★：私はこの山でハイキングをしようと思っています。山道の地図はありますでしょうか。
　　☆：はい，ございます。しかしあいにく，本日はサラス山の全ての山道が閉鎖されています。今日の午後は雷雨が予想されており，危険な状態になるかもしれません。
　　★：わかりました。じゃあ，別の機会にしなければならないでしょうね。
　　Q：なぜ男性はサラス山の頂上に登ることができないのか。

選択肢の訳　1　危険な動物がそこで目撃されている。
　　　　　　2　山道の地図が残っていない。
　　　　　　3　山道が修復中である。
　　　　　　4　天候が悪くなることが予想されている。

解説　女性の2番目の発言で Unfortunately though が聞こえたら，続く情報に注目する。all the trails … are closed today の次に理由が続くと予想し，集中する。We're expecting a thunderstorm から正解がわかる。

No.8 －解答　①

放送英文　★：There aren't many fans here. The stadium's not even half full. I always thought the Danville Dragons were one of the most

130

popular soccer teams in the league.

☆： Well, they used to be. But they've done really poorly for the last few seasons.

★： Oh. I didn't know that.

☆： Yeah. They've got some good young players, though. Hopefully, they'll be better next year.

Question: What does the woman say about the Danville Dragons?

全文訳 ★： ここにはファンがあまりいないね。スタジアムは半分も入っていないよ。ダンビル・ドラゴンズはリーグで最も人気のあるサッカーチームの1つだと，僕はいつも思っていたんだけど。

☆： そうねえ，以前はそうだったのよ。でも，ここ数シーズンはとても成績が悪いの。

★： へえ。それは知らなかったなあ。

☆： そうなのよ。でも，いい若手選手を何人か獲得したわ。きっと，来年はよくなるわ。

Q：女性はダンビル・ドラゴンズについて何と言っているか。

選択肢の訳 **1** うまくプレーしていない。
2 若い選手が1人もいない。
3 最も人気のあるチームだ。
4 新しい都市に移転する。

解説 女性が最初の発言で they've done really poorly と言っており，これを言い換えた **1** が正解。最初の男性の，人気チームだと思っていたという発言に対しては，女性が they used to be 「以前はそうだった」と答えているので，現在形で書かれた **3** は間違い。

No.**9** – 解答 **2**

放送英文 ☆： Honey, did you get the groceries I asked you to buy on your way home from work?

★： Oh, no! I'm sorry, Jane. I forgot again.

☆： What? This is the third time this week! Do we have to go out for dinner again this evening?

★： OK. I'll go to the store now. I promise I'll remember next time.

Question: What was the man supposed to do?

全文訳 ☆： あなた，仕事帰りに買うように頼んだ食料品は買ってきた？

★： ああ，しまった！ ごめん，ジェーン。また忘れてしまったよ。

☆： 何ですって？ 今週はこれで3回目よ！ 私たち，今晩もまた夕食を食べに出かけなければならないの？

★： わかった。今店に行ってくるよ。今度は忘れないと約束するよ。

18年度第2回 リスニング

131

Q：男性は何をするはずだったのか。
選択肢の訳
1　夕食を作る。
2　食料品を買う。
3　その店でジェーンと会う。
4　夕食の予約をする。

解説　会話の前半から，女性が頼んだ食料品の買い物を男性が忘れたことがわかる。質問の be supposed to do は「～することになっている」という意味。

No.10 解答

放送英文
☆： Hello. I'm looking for an old comic book. Do you have any copies of *Superheroes in Space*?
★： Hmm, *Superheroes in Space*. They haven't published that in years. We don't have any copies here, but you should try Classic Comics. They have lots of old comic books.
☆： Oh, great. Could you tell me where they're located?
★： Sure. They're on the corner of South Street and Grand Avenue.
Question: What is one thing the man says to the woman?

全文訳
☆：こんにちは。私は古い漫画本を探しています。こちらには『宇宙のスーパーヒーローズ』の本は何かありますか。
★：うーん，『宇宙のスーパーヒーローズ』ですか。何年も出版されていませんね。ここには1冊もありませんが，クラシックコミックスに行ってみるといいですよ。あそこでは古い漫画本をたくさん扱っています。
☆：あら，素晴らしいわ。そのお店がどこにあるか教えていただけますか。
★：はい。サウスストリートとグランドアベニューの角にあります。
Q：男性が女性に言っていることの1つは何か。

選択肢の訳
1　彼女は別の店に行くべきだ。
2　彼女はほかの場所で仕事を探すべきだ。
3　彼は彼女の漫画本を買う。
4　彼は『宇宙のスーパーヒーローズ』を探す。

解説　女性の最初の発言 Do you have any copies of …? が聞こえたら，男性の答えに注目する。彼は，自分の店にはないが，you should try Classic Comics と言って別の店を薦めている。They have lots of old comic books. から，書店だろうと推測できる。

No.11 解答 ④

放送英文
★： How's it going, Dana? You look busy.
☆： Yeah, I am. I'm still working on my sales presentation. It's due tomorrow, and I'm only about halfway done.
★： Well, I used to make sales presentations all the time. Can I give

132

you a hand with it?

☆: Oh, would you do that for me? Thank you so much. I really appreciate it.

Question: How will the woman probably finish her sales presentation?

全文訳 ★：調子はどう，デイナ？ 忙しそうだね。

☆：うん，そうなの。私はまだ売上高のプレゼンテーションに取り組んでいるのよ。それは明日の予定なんだけど，半分ぐらいしか終わってないの。

★：あの，僕は以前はしょっちゅう売上高のプレゼンテーションをしていたよ。それ，手伝おうか。

☆：えっ，私のためにそうしてくれるの？ どうもありがとう。本当に感謝するわ。

Q：女性はおそらくどのようにして売上高のプレゼンテーションをやり終えるか。

選択肢の訳 1 彼女は明日それに取り組む。
2 彼女は別のコンピューターを使用する。
3 彼女はその仕事をほかの人に与える。
4 彼女はその男性の助けを得る。

解説 女性の最初の発言から，彼女が明日のプレゼンテーションの準備に苦労していることをつかみたい。男性の2番目の発言のCan I give you a hand with it? という申し出に対して女性は謝意を表しているので，彼に手伝ってもらうのだと判断できる。

No.12 解答

放送英文 ☆: Bernard, how did you get that scar on your knee?

★: Haven't you noticed it before, Cathy? I've had it for most of my life. I fell off my bicycle when I was a kid.

☆: Really? That must have hurt.

★: Yeah, it did. My knee was bleeding a lot, and my mother had to take me to the hospital.

Question: What was Bernard doing when he got hurt?

全文訳 ☆：バーナード，その膝の傷跡はどうしてできたの？

★：以前に気づかなかったの，キャシー？ 僕は人生のほとんどの間，これと一緒なんだよ。子どものころ自転車で転んだのさ。

☆：本当？ それは痛かったでしょう。

★：ああ，そうだよ。膝からたくさん血が出て，母は僕を病院に連れて行かなければならなかったんだ。

Q：バーナードはけがをしたときに何をしていたか。

選択肢の訳 1 友人たちとスポーツをしていた。

2 母親とドライブしていた。

3 自転車に乗っていた。

4 キャシーと話していた。

解説 冒頭の女性の発言の how did you get that scar …? が聞こえたら，男性の答えに注目。男性は I fell off my bicycle と答えており，けがをしたとき自転車に乗っていたとわかる。

No.13 解答 ②

放送英文 ★： Hello.

☆： Mr. Davis? It's Janice Jones. I'm going to be late for work today.

★： Why? Is traffic bad? The West Side Freeway wasn't crowded this morning.

☆： Actually, I took the subway today. But the train's been stopped at Brown Street Station for 15 minutes. Maybe I should get a taxi from here.

★： Hmm. That's pretty far. A taxi would be expensive. Just take your time and get here when you can.

Question: Why will the woman be late for work?

全文訳 ★： もしもし。

☆： デイビスさんですか。ジャニス・ジョーンズです。今日は仕事に遅れます。

★： なぜですか。交通渋滞ですか。ウェストサイド・フリーウェイは今朝は混んでいませんでしたが。

☆： 実は，私は今日，地下鉄に乗ったんです。でも，列車がブラウン・ストリート駅で 15 分間停止しているんです。ここからはタクシーに乗った方がいいかもしれません。

★： うーん。それはかなり遠いですね。タクシーだと高くつくでしょう。慌てずに，来られる時間にここに着けばいいですよ。

Q：女性はなぜ仕事に遅れるのか。

選択肢の訳 **1** 幹線道路が渋滞している。

2 彼女の乗った列車が遅れている。

3 彼女は間違った駅で降りた。

4 利用できるタクシーがない。

解説 女性の最初の発言で，仕事に遅れると言ったのが聞こえたら，その理由は何かに注目して聞く。女性の 2 番目の発言の the train's been stopped … for 15 minutes から，列車が遅れていることがわかる。この train's は train has の短縮形。

No.14 解答 ①

放送英文 ☆： Sir, we'll be serving the in-flight meal in a moment. Would you like chicken or beef?

134

★： Actually, I preordered a vegetarian meal when I booked the ticket for this flight.

☆： There must have been a mistake. Nothing is written about your order on the seating list.

★： Unbelievable. This is the second time I've had problems with this airline.

Question: Why is the man upset with the airline?

全文訳 ☆： お客様，まもなく機内食をお出しいたします。鶏肉と牛肉のどちらになさいますか。

★： 実は，この便の航空券を予約したときに，ベジタリアンの食事をあらかじめ注文したんです。

☆： 間違いがあったに違いありません。お座席リストにはお客様のご注文について何も書かれていません。

★： 信じられない。この航空会社で問題があったのはこれで2度目ですよ。

Ｑ：男性はなぜ航空会社に怒っているのか。

選択肢の訳 **1** 彼らは彼の食事に関して間違いを犯した。

2 彼らには心地よい座席がない。

3 彼らは彼の航空券を変更した。

4 彼らは飲み物を出さない。

解説 冒頭の女性の発言から，飛行機内の会話だと素早く判断したい。続くやり取りから，男性の食事の要望が伝わっていなかったとわかる。最後の男性の Unbelievable. This is the second time … の発言から，彼が怒っているとわかる。

No.**15** 解答 ②

放送英文 ★： Clinton Dental Clinic.

☆： Hi. This is Gloria Carter. I'm sorry, but I'm not going to be able to make it to my appointment with Dr. Clinton today.

★： I see. Would you like to come in another day?

☆： Yes, please. Wednesday would be best, if possible.

Question: Why is Gloria Carter calling the dental clinic?

全文訳 ★： クリントン歯科医院です。

☆： こんにちは。こちらはグロリア・カーターです。申し訳ありませんが，今日のクリントン先生の予約に間に合いそうにありません。

★： わかりました。別の日にいらっしゃいますか。

☆： はい，そうさせてください。可能であれば水曜日が一番いいです。

Ｑ：なぜグロリア・カーターは歯科医院に電話をしているのか。

選択肢の訳 **1** 予約が何時か尋ねるため。

2 今日は行くことができないと言うため。

135

3 いつ医院が開くかを知るため。
4 クリントン先生と話すため。

解説　女性の最初の発言から正解がわかる。make it は「間に合う」。

一次試験・リスニング　第2部　問題編 p.113～115　▶MP3 ▶アプリ ▶CD 2 58～73

No.16 解答 ②

放送英文　Oscar and his five-year-old daughter often visit their local zoo. Yesterday, Oscar received some information in the mail about a new program that the zoo will be offering for children. Every Saturday afternoon, the zoo will have a class where children can learn about a certain animal. Oscar's daughter is very interested, and she wants to join the first class next week.

Question: What information did Oscar receive from the zoo yesterday?

全文訳　オスカーと彼の5歳の娘は、しばしば地元の動物園を訪れる。昨日、オスカーは動物園が子どもたちに提供する新しいプログラムに関する情報を郵便で受け取った。毎週土曜日の午後、子どもがある動物について学ぶことのできる授業を動物園が開くのだ。オスカーの娘は大変興味を持っており、来週の最初の授業に参加したいと思っている。

Q：昨日、オスカーは動物園から何の情報を受け取ったか。

選択肢の訳
1 新しい動物が動物園に到着する。
2 新しいプログラムが来週始まる。
3 その動物園はまもなく閉鎖される。
4 入場券が毎週土曜日に安くなる。

解説　第2文冒頭の時間表現 Yesterday が聞こえたら、重要な情報が続く合図なので、集中して聞く。同文から、新しいプログラムの情報を受け取ったとわかる。第4文からは、プログラムの最初の授業が来週あるとわかる。

No.17 解答 ①

放送英文　Samphire is a vegetable that originally comes from the coasts of Northern Europe. It looks a lot like asparagus, but samphire is smaller. It also has a salty taste because it grows very close to the ocean where there is a lot of salt. In England, some people put it in salads or eat it with fish dishes.

Question: What is one thing we learn about samphire?

全文訳　サムファイアは北欧の海岸部原産の野菜である。外見はアスパラガスに

よく似ているが，サムファイアの方が小さい。塩分をたくさん含む海に非常に近い場所に生育するので，塩味もする。イングランドでは，サラダに入れたり，魚料理とともに食べたりする人もいる。

Q：サムファイアについてわかることの1つは何か。

選択肢の訳
1 それは塩味がする。
2 それは漁師によって集められる。
3 それはサラダを作るのにしか使われない。
4 それは牛肉料理としか食べられない。

解説 第3文の It (=samphire) also has a salty taste より，サムファイアは塩味がするとわかる。〔本文〕has a salty taste →〔正解の選択肢〕is salty in taste の言い換えに注意。サラダだけではないので 3 に引っ掛からないこと。

No.18 解答 ②

放送英文 Ronald likes running. When he first started, he usually ran after work. During the summer, however, he found it too hot to exercise outside in the evenings. Instead, he started getting up early to run in the mornings. Ronald enjoyed running in the cool morning breeze. In the winter, he might go back to running in the evenings so that he can get some extra sleep in the morning.

Question: Why did Ronald start exercising in the mornings?

全文訳 ロナルドは走るのが好きだ。始めた当初は，彼はたいてい仕事の後に走った。しかし夏の間に，夕方は外で運動するには暑過ぎることがわかった。その代わりに，彼は朝に走るために早起きし始めた。ロナルドは涼しい朝のそよ風の中を走るのを楽しんだ。冬には，朝に余分に眠れるよう，彼はまた夕方に走るようになるかもしれない。

Q：ロナルドはなぜ朝に運動を始めたのか。

選択肢の訳
1 夜はあまり安全ではなかったから。
2 夕方は暑過ぎたから。
3 彼はもっと早く寝たかったから。
4 彼は仕事の後は時間がなかったから。

解説 第3文の however という逆接表現が聞こえたら，重要情報が続く合図なので集中して聞こう。however に続く部分から正解がわかる。

No.19 解答 ①

放送英文 Welcome to the tour of the Westfield Perfume Factory. Today, I will give you a tour around the laboratory where our experts mix our perfumes. But first, let's take a walk through our garden. There, you'll be able to see the plants and flowers that we use in our perfumes. We'll be there for about 15 minutes.

Question: What will people do first on the tour?

全文訳 ウエストフィールド香水工場の見学にようこそ。本日は私が，当工場の専門家が香水を調合する研究所の見学へご案内します。しかしまずは，当工場の庭園を散歩しましょう。そこでは，当社の香水に使用する植物と花を見ることができます。私たちは約15分間そこに滞在します。

Q：人々は見学でまず何をするか。

選択肢の訳 1 庭園に行く。

2 いくつか花を植える。

3 研究所を訪れる。

4 自分独自の香水を調合する。

解説 第1文から，香水工場の見学が始まるところであることをつかみたい。第3文冒頭の But first が聞こえたら集中して聞く。同文から，参加者はまず工場の庭園へ行くとわかる。

No.20 解答 ④ ···

放送英文 Some universities in the United States provide students with small machines called clickers. Clickers have buttons on them, and when a professor asks a question in class, students can answer it immediately by pressing one of the buttons. The professor can then look at the responses right away on a computer. Thanks to clickers, professors can see if students are understanding the class.

Question: Why are clickers helpful at some universities?

全文訳 米国のいくつかの大学では，クリッカーと呼ばれる小さな機械を学生に与えている。クリッカーにはいくつかボタンが付いており，講義中に教授が質問をすると，学生はボタンの1つを押すことですぐにそれに答えることができる。それから教授は，コンピューター上ですぐにその反応を見ることができる。クリッカーのおかげで，教授は学生が講義を理解しているかどうかを知ることができるのである。

Q：クリッカーはなぜいくつかの大学で役に立っているのか。

選択肢の訳 1 学生たちは自宅でよりよく勉強するためにそれらを使えるから。

2 学生たちはいつでも教授たちと話をするためにそれらを使えるから。

3 教授たちはより少人数の講義をするためにそれらを使えるから。

4 教授たちは学生たちが講義を理解しているかどうかを知るためにそれらを使えるから。

解説 第2文で clickers がどのようなものであるかをしっかり把握したい。正解は，Thanks to clickers で始まる第4文からわかる。

138

No.21 解答 ①

放送英文 Victor decided he wanted to save some money. Last month, he looked at his bills and saw that his water bill was very expensive. He usually took two showers a day, but he started taking only one a day instead. Yesterday, the new water bill arrived, and he saw that it was much lower. Now, he will try to save money on his electricity and phone bills, too.

Question: How did Victor save some money?

全文訳 ビクターはお金を節約しようと決めた。先月，彼は請求書を見て，水道代が非常に高いことがわかった。彼はたいてい1日に2回シャワーを浴びていたが，代わりに1日1回だけ浴び始めた。昨日新しい水道代の請求書が届くと，ずっと安くなっていることがわかった。今，彼は電気代と電話代も節約しようとしている。

Q：ビクターはどのようにしてお金を節約したか。

選択肢の訳 1 彼はシャワーを浴びる回数を減らした。

2 彼は電話をかける回数を減らした。

3 彼は1日に2食しか食べなかった。

4 彼は家で飲む水を減らした。

解説 第2文冒頭の時間表現 Last month が聞こえたら，重要情報が続く可能性が高いので集中する。同文から水道代が高いという節約の動機がわかり，第3文で1日のシャワーの回数を2回から1回に減らしたことが，第4文ではその効果があったことがわかる。

No.22 解答 ④

放送英文 Attention, passengers. Thank you for taking the Green Line. The next station is Kennedy Street Station. There is an international-food festival in Kennedy Park today. Passengers going to the festival should get off at the next station and walk to the park. It is about a 10-minute walk from the station. After Kennedy Street, the next stop is Broadway Station.

Question: What should passengers going to the international-food festival do?

全文訳 乗客の皆様にお知らせします。グリーンラインをご利用いただきありがとうございます。次の駅はケネディ・ストリート駅です。本日ケネディ公園では国際フードフェスティバルが行われます。フェスティバルにお越しのお客様は次の駅でお降りになり，公園までお歩きください。駅からは徒歩約10分です。ケネディ・ストリートを出ますと，次の停車駅はブロードウェイ駅です。

Q：国際フードフェスティバルに行く乗客はどうすべきか。

18年度第2回 リスニング

139

選択肢の訳　**1**　グリーンラインに乗り換える。

2　ブロードウェイ駅で降りる。

3　この路線の終着駅に行く。

4　ケネディ・ストリート駅から歩く。

解説　第1，2文から電車内のアナウンスであることが，第3文から，次の駅はケネディ・ストリート駅であることがわかる。第5文で，フェスティバルへは次の駅で降りて歩くように言っているので，正解は**4**。

No.23 解答 ②

放送英文　Mrs. Parker lives in California with her son, Nick. She has difficulty using the computer, and Nick usually helps her. However, Nick got a new job and will move to Texas soon. Mrs. Parker is happy for him, but Texas is far away. She is worried that no one will help her with the computer. Nick, however, has promised that he will come back often and help her with it while he is home.

Question: Why is Mrs. Parker worried?

全文訳　パーカーさんは息子のニックとカリフォルニアに住んでいる。彼女はコンピューターがうまく使えず，いつもはニックが彼女を手伝っている。しかし，ニックは新しい職を得て，まもなくテキサスに引っ越すことになる。パーカーさんは彼のことを喜んでいるが，テキサスは遠く離れたところだ。コンピューターのことで誰も彼女を助けてくれなくなることを，彼女は心配している。しかしニックは，頻繁に戻ってきて，家にいる間はそのことで彼女を手伝うと約束した。

Q：パーカーさんはなぜ心配しているのか。

選択肢の訳　**1**　彼女はまもなく新しい仕事を始めるから。

2　彼女はコンピューターを使う手助けが必要だから。

3　彼女はテキサスに引っ越したくないから。

4　彼女はカリフォルニアにある家を売ることができないから。

解説　第3文のHoweverと第4文後半のbutの逆接表現に注目し，その後の情報をしっかり聞き取ることがカギ。正解はShe is worriedで始まる第5文からわかる。引っ越して新しい仕事を始めるのはNickなので**1**に引っ掛からないように。

No.24 解答 ②

放送英文　Nova Scotia is a province on the east coast of Canada. Most of it is surrounded by the ocean, and for hundreds of years it has been famous for shipbuilding and fishing. However, there are many storms in the area, and many parts of the ocean around Nova Scotia have dangerous rocks just under the water. As a result, more than 10,000 ships have sunk in the area.

Question: What is one thing that we learn about Nova Scotia?

全文訳 ノバスコシアはカナダ東海岸の州である。その大部分は海に囲まれており，何百年もの間，造船と漁業で有名である。しかしこの地域では嵐が多く，ノバスコシア周辺の多くの海域では水面のすぐ下に危険な岩礁がある。その結果，1万隻以上の船がその海域で沈んでいる。

Q：ノバスコシアについてわかることの1つは何か。

選択肢の訳 1　その周囲の海の近くでは嵐がほとんどない。

2　その周囲の海で多くの船が沈んでいる。

3　そこではロッククライミングが人気がある。

4　約1万隻の船がそこで造られた。

解説 第3文冒頭のHoweverは重要情報が続く合図なので，集中して聞こう。同文で，ノバスコシアでは嵐が多く，周辺の海域では危険な岩礁があることがわかる。As a result「その結果」で始まる第4文では，この海域で1万隻以上の船が沈んでいることがわかる。

No.25 解答 3

放送英文 Patricia runs a charity. Last week, she went to a high school to talk about how some countries do not have enough food. Some students thought what she talked about was important and decided to support Patricia's charity. They started a website that tells people about the charity. Patricia is very happy that a group of students are helping out.

Question: Why is Patricia happy?

全文訳 パトリシアは慈善団体を運営している。先週彼女はある高校に行き，いくつかの国でいかに食べ物が十分にないかについて話をした。学生の何人かは，彼女が話したことは重要であると考え，パトリシアの慈善団体を支援することを決めた。彼らはその慈善団体について人々に伝えるウェブサイトを立ち上げた。パトリシアは，学生のグループが手伝ってくれることを非常にうれしく思っている。

Q：パトリシアはなぜうれしく思っているのか。

選択肢の訳 1　彼女は何人かの学生とともに他国でボランティア活動をしたから。

2　彼女は何人かの学生が留学するのを手助けしたから。

3　何人かの学生が彼女の慈善団体についてのウェブサイトを作ったから。

4　何人かの学生が彼女に食べ物を料理したから。

解説 第3文から，何人かの学生がパトリシアの慈善団体を支援することにしたことが，第4文から，彼らが慈善団体のことを伝えるウェブサイトを立ち上げたことがわかる。

No.26 解答 1

(放送英文) Michelle's friends were planning a trip to the beach. They asked Michelle to go with them, but she could not swim. She was worried that she would not have fun because all her friends would want to play in the sea. So, Michelle decided to take a swimming class once a week. She was nervous about going into the water at first, but now she is enjoying learning how to swim.

Question: Why did Michelle decide to take swimming lessons?

(全文訳) ミシェルの友人たちは浜辺への旅行を計画していた。彼らは一緒に行こうとミシェルを誘ったが，彼女は泳げなかった。友人たちはみんな海で遊びたいだろうから，彼女は楽しめないのではないかと心配だった。そこで，ミシェルは週に1度水泳のクラスを受けることにした。彼女は最初，水に入るのが怖かったが，今では泳ぎ方を学ぶのを楽しんでいる。

Q：なぜミシェルは水泳のレッスンを受けることにしたのか。

(選択肢の訳) **1** 彼女の旅行を楽しむため。
2 水泳のチームに入るため。
3 彼女の友人たちが彼女にそうするよう言ったから。
4 彼女は水着を着たかったから。

(解説) 第2，3文で，泳げないせいで旅行を楽しめないのではないかとミシェルが心配していたことを把握したい。続く第4文はそのことをSo「それで」で受け，水泳のクラスを受けることにしたと続けている。

No.27 解答 2

(放送英文) Baby crocodiles make a certain sound before they come out of their eggs. To find out why they make this sound, some scientists recorded it. Then, they played it back near some crocodile eggs. When the babies heard the sound, they all came out of their eggs at around the same time. The scientists think that the crocodiles make the sound to tell their mothers that they are ready to come out.

Question: What happened when scientists played a certain sound?

(全文訳) 赤ちゃんのクロコダイルは，卵から出てくる前にある音を出す。彼らがなぜこの音を出すのかを知るために，何人かの科学者がそれを録音した。そして，彼らはクロコダイルの卵の近くでそれを再生した。赤ちゃんがその音を聞くと，彼らは全て，ほぼ同時に卵から出てきた。クロコダイルは，自分たちが外に出る準備ができていることを母親に伝えるためにこの音を出すのだと，科学者たちは考えている。

Q：科学者たちがある音を流したとき，何が起こったか。

142

選択肢の訳
1 赤ちゃんのクロコダイルがよりたやすく眠ってしまった。
2 赤ちゃんのクロコダイルが卵から出てきた。
3 母親のクロコダイルが急いで逃げて行った。
4 母親のクロコダイルがその科学者たちを襲った。

解説　第1文から，赤ちゃんのクロコダイルが卵から出てくる前に音を出すこと，第2文から科学者がそれを録音したこと，第3文からその音を卵の近くで再生したことを，順を追ってしっかり聞き取りたい。第4文から，赤ちゃんが卵からほぼ同時に出てきたことがわかる。

No.28 解答 ④

放送英文　Tomoko started an online fashion business last month. She designed some T-shirts and asked a factory to make 50 shirts of each design. Then, she started selling them on a website. Many people liked her T-shirts, and they sold out very quickly. She has ordered more from the factory, but the shirts will not arrive for three weeks. She has to tell new customers to wait until the T-shirts are finished.

Question: What is Tomoko's problem?

全文訳　先月，トモコはオンラインのファッション事業を立ち上げた。彼女はTシャツを何枚かデザインし，各デザインにつきシャツ50枚を作るよう工場に依頼した。それから彼女はウェブサイトでその販売を始めた。多くの人々が彼女のTシャツを気に入り，それらは瞬く間に売り切れた。彼女はさらに工場に注文したが，シャツは3週間たたないと到着しない。彼女は新しい顧客に，Tシャツが完成するまで待つように伝えなければならないのである。

Q：トモコの問題は何か。

選択肢の訳
1 彼女のTシャツは高過ぎる。
2 彼女のTシャツはあまり人気がない。
3 彼女はTシャツをたくさん買い過ぎた。
4 彼女には売るTシャツが1枚もない。

解説　第4文からTシャツが売り切れたことが，第5文から工場に注文したが3週間しないと到着しないことが，第6文から顧客に待つよう伝えなければならないことがわかる。

No.29 解答 ③

放送英文　Sandra is in her second year of college. She does well on tests, but she often gets bad grades on her research papers. One of Sandra's friends told her about a writing workshop that teaches students how to write better research papers. Sandra joined it, and she has learned some new writing techniques. Now, she is getting better grades in all her classes.

Question: How was Sandra able to improve her grades?

全文訳 サンドラは大学２年生である。彼女はテストの点数は良いが，研究論文では成績が悪いことがしばしばある。サンドラの友人の１人が，より良い研究論文を書く方法を学生に教える作文ワークショップのことを彼女に教えた。サンドラはそれに参加し，新しい書き方の技術をいくつか学んだ。今では彼女は全ての授業でより良い成績を取っている。

Q：サンドラはどのようにして成績を上げることができたのか。

選択肢の訳 **1** 試験のためにもっと一生懸命勉強することによって。
2 彼女の友人に彼女を教えるよう頼むことによって。
3 より良い論文を書く方法を学ぶことによって。
4 ほかの学生たちと学習グループを立ち上げることによって。

解説 第３文で，友人がより良い研究論文の書き方を教える作文ワークショップのことをサンドラに教えたことが，第４文では彼女がそれに参加し，第５文では彼女の成績が上がったことが述べられている。

No.**30** 解答 ③

放送英文 Welcome to Deluxe Star Cruises. We offer many exciting things on our ship, such as our outdoor pool, movie theater, and tennis courts. We also have many award-winning restaurants. Our pool is the largest on any cruise ship, and our restaurants were voted the best among cruises worldwide. We hope you are ready to eat, play, and relax!

Question: What does the speaker say about the pool?

全文訳 デラックス・スター・クルーズへようこそ。当船では，屋外プール，映画館，テニスコートなど，多くのエキサイティングなものをご提供しております。受賞歴のあるレストランも数多くございます。当船のプールはあらゆるクルーズ船の中で一番大きく，レストランは世界中のクルーズの中で１位に選ばれました。皆様が，食べて遊んでリラックスする準備ができていらっしゃいますことを願っております！

Q：話者はプールについて何と言っているか。

選択肢の訳 **1** 全てのレストランからそれを見ることができる。
2 その中で水泳のレッスンを受けることができる。
3 それはあらゆるクルーズ船の中で最大である。
4 それはテニスコートの隣である。

解説 冒頭の文で，クルーズ船の船内放送であることを把握したい。第４文から正解がわかる。放送文の largest が正解の選択肢では biggest に言い換えられている。

144

二次試験・面接 | 問題カード **A** 日程 | 問題編 p.116〜117 | ▶MP3 ▶アプリ ▶CD 2 **74**〜**78**

全文訳 **消えゆく言語**

　世界中で話されている言語は何千もある。これらの言語は文化の重要な一部である。しかしいくつかの地域には，話す人がどんどん少なくなっている言語がある。現在，何人かの研究者たちがこのような言語を録音しており，そうすることで彼らは文化の保護に手を貸している。これらの言語が将来の世代に伝えられうることが望まれている。

質問の訳 No. 1 文章によれば，何人かの研究者たちはどのようにして文化の保護に手を貸しているのですか。

No. 2 では，絵を見てその状況を説明してください。20秒間，準備する時間があります。話はカードにある文で始めてください。

〈20秒後〉始めてください。

では，〜さん（受験生の氏名），カードを裏返して置いてください。

No. 3 日本の店は従業員に外国語の訓練をすべきだと言う人もいます。あなたはそのことについてどう思いますか。

No. 4 近ごろ日本では，自転車で通勤する人もいます。そのような人々の数はこれから増えると，あなたは思いますか。

Yes. →なぜですか。　　　　　No. →なぜですか。

No.1

解答例 By making recordings of languages that have fewer and fewer speakers.

解答例の訳 「話す人がどんどん少なくなっている言語を録音することによって」

解説 第4文の後半に by doing so they are helping to protect cultures とある。by doing so は同文前半の making recordings of such languages を受けており，さらに such languages は，前文の languages that have fewer and fewer speakers を指している。これらを置き換えて，解答例のように答える。

No.2

解答例 One day, Mr. and Mrs. Suzuki were talking about their son, Yuta. Mrs. Suzuki said to her husband, "We should take Yuta to the library more often." Later at the library, Yuta was taking a book from the shelf. Mrs. Suzuki was thinking of borrowing the book. That afternoon, Mr. Suzuki was reading the book to his son. Mrs. Suzuki was thinking of bringing some cake for them.

解答例の訳 「ある日，スズキ夫妻は自分たちの息子のユウタのことを話していました。スズキさんは夫に，『私たちはユウタをもっと頻繁に図書館に連れ

18年度第2回　面接

145

ていくべきよ』と言いました。その後図書館で，ユウタは棚から本を取り出していました。スズキさんはその本を借りようと考えていました。その日の午後，スズキさんの夫は息子にその本を読んでいました。スズキさんは2人にケーキを持ってきてあげようかなと思いました」

解説 1コマ目はスズキさんのせりふを使って作文。2コマ目はまずユウタの行動を過去進行形で描写し，吹き出しにあるスズキさんの考えを説明する。3コマ目はまず，スズキさんの夫の行動を過去進行形で描写し，吹き出しにあるスズキさんの考えを説明する。吹き出しはスズキさんがこれからやろうと思いついたことだと推測できるので，*be* thinking of *doing*「～することについて考えている」を利用して文を作るとよい。

No.3

解答例 I agree. Many tourists from abroad now come to Japan. Workers have to be able to communicate with these tourists.

解答例の訳 「私もそう思います。今は海外から多くの観光客が日本に来ます。従業員はこうした観光客とコミュニケーションを取れなければなりません」

解答例 I disagree. Many workers are too busy for such training. Also, stores can hire workers who already speak foreign languages.

解答例の訳 「私はそうは思いません。多くの従業員はそのような訓練を受けるには忙し過ぎます。また，店は，すでに外国語を話す従業員を雇うことができます」

解説 外国語の訓練はどれだけ効果的か，店舗内でやるべきか否か，また，訓練を行ったり受けたりする余裕が店および従業員の方にあるかといった点が，解答のポイントになる。

No.4

解答例 （Yes. と答えた場合）

It's good exercise to ride a bicycle regularly. More people will pay attention to their health in the future.

解答例の訳 「定期的に自転車に乗るのはよい運動になります。これからはもっと多くの人々が自分の健康に注意を払うようになるでしょう」

解答例 （No. と答えた場合）

There are more trains and buses for people to use. It's more convenient than going to work by bicycle.

解答例の訳 「人々が使うための電車とバスがもっとたくさんあります。その方が自転車で通勤するよりも便利です」

解説 自分の通勤・通学の状況から Yes/No を決めると答えやすい。Yes の場合，It's good for the environment. Riding a bicycle doesn't create greenhouse gases.「その方が環境に良いです。自転車に乗ると温室効果ガスが出ません」といった答えも考えられる。

| 二次試験・面接 | 問題カード **B** | 日程 | 問題編 p.118〜119 | 🔊 ▶MP3 ▶アプリ ▶CD 2 **79**〜**82** |

全文訳 **労働者不足**

　　今日，日本の人口は減少している。その結果，多くの企業は十分な数の従業員を見つけるのに苦労している。ほかの国から来る労働者が解決策になりうると提唱する専門家もいる。いくつかの企業ではこうした労働者を雇い，そうすることで従業員の不足に対処しようとしている。外国人労働者の数はこれから増えそうである。

質問の訳　No. 1　文章によれば，どのようにしていくつかの企業は従業員の不足に対処しようとしているのですか。

　　　　　No. 2　では，絵を見てその状況を説明してください。20秒間，準備する時間があります。話はカードにある文で始めてください。
　　　　　　　　〈20秒後〉始めてください。

　　　　　では，〜さん（受験生の氏名），カードを裏返して置いてください。

　　　　　No. 3　インターネットのおかげで，より多くの人々が職場に行く代わりに自宅で働くようになると言う人もいます。あなたはそのことについてどう思いますか。

　　　　　No. 4　今日，多くの映画に暴力的なシーンがあります。このような映画を作ることはやめるべきだと，あなたは思いますか。
　　　　　　　　Yes. →なぜですか。　　　　　　　No. →なぜですか。

No.1

解答例　By hiring workers from other countries.

解答例の訳　「ほかの国から来る労働者を雇うことによって」

解説　第4文の後半に by doing so they try to deal with the shortage of employees とある。by doing so は同文前半の hire these workers を受けており，さらに these workers は前文の workers from other countries を指している。これらを置き換えて，解答例のように答える。

No.2

解答例　One day, Akina was talking with her father about getting a part-time job. Akina's father said to her, "How about working at my café?" The next week at the café, Akina was serving coffee to a customer. Her father was going to do the dishes. A month later, Akina's father was paying her money. Akina was looking forward to going on a trip.

解答例の訳　「ある日，アキナは父親と，アルバイトをすることについて話していました。アキナの父親は彼女に，『私の喫茶店で働いてみないか』と言いました。翌週喫茶店で，アキナは客にコーヒーを出していました。彼女

147

の父は食器を洗おうとしていました。1カ月後，アキナの父親は彼女にお金を払っていました。アキナは旅行に行くことを楽しみにしていました」

解説 1コマ目は父親のせりふを使って作文。2コマ目はまずアキナの行動を過去進行形で描写し，吹き出しから，父親はこれから食器を洗おうとしていると判断できるので，was going to を使って作文。3コマ目はまず父親の行動を過去進行形で描写し，吹き出しのアキナの考えを説明する。解答例のほか，Akina was thinking of going on a trip. としてもよい。

No.3

解答例 I agree. People don't want to waste a lot of time going to work. They can spend more time with their families.

解答例の訳 「私もそう思います。人々は通勤する多くの時間を無駄にしたくないと思っています。彼らは家族ともっと多くの時間を過ごすことができます」

解答例 I disagree. People want to keep work and home separate. We should work at the office and relax at home.

解答例の訳 「私はそうは思いません。人々は仕事と家庭を分けておきたいと思っています。職場で仕事をし，家庭ではリラックスすべきです」

解説 解答例のポイントのほか，I agree の場合は在宅の方が仕事に集中できる人もいることや，スケジュールを自由に立てられるということ，I disagree の場合は同僚・上司などとのコミュニケーションの取りづらさがポイントとなる。

No.4

解答例 （Yes. と答えた場合）

Violent movies can have a bad effect on society. Some young people may copy the violent scenes in these movies.

解答例の訳 「暴力的な映画は社会に悪影響を及ぼしかねません。若い人の中には，こうした映画の暴力的なシーンをまねする人がいるかもしれません」

解答例 （No. と答えた場合）

Many people find violent movies exciting. Also, they know that violent movies aren't real.

解答例の訳 「多くの人々は暴力的な映画を刺激的だと思っています。また，彼らは暴力的な映画は現実ではないとわかっています」

解説 こうした映画に対する自分の好みを基に Yes/No を決め，理由付けをして一般論として答えてもよい。No の場合は，Those who don't like violent movies can avoid watching them. 「暴力的な映画が嫌いな人は，見ないようにすればよいです」といった答えも考えられる。

2018-1

一次試験
筆記解答・解説　　　　　p.150〜161

一次試験
リスニング解答・解説　p.162〜180

二次試験
面接解答・解説　　　　　p.180〜184

解 答 一 覧

一次試験・筆記

1
(1)	2	(8)	3	(15)	2
(2)	4	(9)	4	(16)	1
(3)	3	(10)	2	(17)	2
(4)	3	(11)	3	(18)	1
(5)	4	(12)	1	(19)	4
(6)	3	(13)	4	(20)	1
(7)	2	(14)	3		

2 A
(21)	4
(22)	3
(23)	1

2 B
(24)	2
(25)	4
(26)	2

3 A
(27)	3
(28)	1
(29)	2

3 B
(30)	2
(31)	2
(32)	3
(33)	1

3 C
(34)	4	(36)	2	(38)	1
(35)	4	(37)	1		

4　　　解答例は本文参照

一次試験・リスニング

第1部
No. 1	1	No. 6	3	No.11	1
No. 2	2	No. 7	1	No.12	4
No. 3	2	No. 8	1	No.13	3
No. 4	4	No. 9	4	No.14	2
No. 5	3	No.10	2	No.15	4

第2部
No.16	3	No.21	1	No.26	2
No.17	2	No.22	4	No.27	1
No.18	3	No.23	2	No.28	2
No.19	1	No.24	1	No.29	3
No.20	4	No.25	3	No.30	1

一次試験・筆記 **1** 問題編 p.122〜124

(1) ─ **解答** **2** ••

訳 ウェンディは全国科学コンテストで自分の学校の代表になりたいと思っている。学校からは1人の生徒の作品のみがそのイベントに選ばれるので，ウェンディはそれが自分の作品になることを願っている。

解説 第2文の内容から，ウェンディは represent「（団体など）の代表となる」ことを望んでいるとわかる。collapse「〜を崩壊させる」，insult「〜を侮辱する」，obtain「〜を獲得する」

(2) ─ **解答** **4** ••

訳 ダンはイングランドで，イタリア人の母と日本人の父に育てられたので，彼の家庭には面白い文化の混じり合いがいつもあった。

解説 文前半の育った環境や空所後の of cultures から，面白い文化の mixture「混じり合い」があったのだと判断する。forehead「額」，lane「小道，車線」，costume「衣装」

(3) ─ **解答** **3** ••

訳 先週，何人かのハイカーが，最も近い町から何百キロも離れた山中で道に迷った。その地域はとても人里離れていたので，救助隊が彼らを見つけるのに長い時間がかかった。

解説 第1文に現場が近くの町から何百キロも離れていたとあるので，見つけるのに時間がかかった理由として isolated「隔絶した」場所だったとするのが適切。punctual「時間に正確な」，responsible「責任がある」，frightened「おびえた」

(4) ─ **解答** **3** ••

訳 A：スティーブ，あなたはビデオゲームをやるのに時間をかけ過ぎているわ。1年を通して授業の成績がよいのは知っているけれど，最終試験に合格する保証はないのよ。
B：ごめんなさい，母さん。もっと勉強するようにするよ。

解説 授業で成績がよいという肯定的な内容から逆接の接続詞 but への流れに合うよう，guarantee を選び，「（合格する）保証（はない）」とする。blame「非難」，license「免許」，spell「期間，呪文」

(5) ─ **解答** **4** ••

訳 ヘザーは60代になったとき，前よりも楽に動くことができなくなってきていることに気づいた。柔軟性を改善するため，彼女はストレッチとヨガを始めた。

解説 第1文で，ヘザーの体が硬くなっていることがわかる。空所は不定詞 to improve の目的語であることに着目し，flexibility を選び，「柔軟

150

性を改善するために」とする。gravity「重力」，sympathy「同情」，anniversary「記念日」

(6) — **解答** ③ ･･･

訳 キャッスルビル高校は大変厳格な学校である。もし生徒が規則を破ったら，学校は直ちに親に電話をする。そのため，生徒たちはたいてい振る舞いがよい。

解説 厳格な学校であることと，空所に入る動詞の目的語がa rule である点から，violates「（規則など）を破る」を選択。delay「～を遅らせる」，approach「～に近づく」，translate「～を翻訳する」

(7) — **解答** ② ･･･

訳 有名な映画スターのエリザベス・ベッキンガムが車から出てきたとき，彼女は大勢のファンに囲まれた。彼女が大勢の人々の間を通り抜けていくのは大変だった。

解説 有名映画スターであることから，大勢のファンに (was) surrounded「囲まれた」とする。trade「～を交換する」，immigrate「～を移住させる」，correct「～を修正する」

(8) — **解答** ③ ･･･

訳 最近起こった森林火災は，エイミーの町の周囲の風景を大きく変えてしまった。今では地面は黒く，大部分の木は枯れてしまった。

解説 The recent forest fires，および第2文の内容から，大きく変わったのは landscape「風景」だと判断できる。instinct「本能」，symbol「象徴」，policy「政策，方針」

(9) — **解答** ④ ･･･

訳 Ａ：この交通量を見てよ，ゲイリー。私たちが会議に遅れるのは明らかだわ。
Ｂ：マーフィーさんに電話して知らせよう。

解説 Ａの第1文の内容から交通渋滞にはまっていることがわかる。空所には obviously「明らかに」を入れ，会議に遅刻することに確信を持っていることを表す。jealously「ねたんで」，strangely「奇妙に」，generously「気前よく，寛大に」

(10)— **解答** ② ･･･

訳 ウェイターは客がお釣りを持っていくのを忘れたことに気づいた。彼は店を飛び出し，彼女を追いかけて通りを行き，お金を返した。

解説 客が釣り銭を忘れたのに気づいたウェイターの行動としては，店を出て客を chased「追いかけ」，お金を返したとするとよい。pour「～を注ぐ」，manage「～を管理する」，disturb「～を妨げる」

(11)— **解答** ③ ･･･

訳 IT ルームには30人の学生が同時に作業するのに十分な数のコンピュー

151

ターがある。それ以上の生徒がいるときは，待たなければならない人が出てくる。

解説 第1文の enough ... for *A* to *do*「*A* が～するのに十分な…」の形に注目。第2文の内容と合わせて at one time「同時に，一度に」が正解と判断する。over the edge「正気ではなくて」, all the way「はるばる」, in the air「空中に」

(12)—解答 ①

訳 A：ボブは今朝は早く仕事に来ると言っていたのに，10 時まで姿を見せなかったわ。

B：ああ。ボブはいつも遅れるんだよ。来ると言って来たことがないんだ。

解説 A の but が表す文脈と B の発言から，ボブが 10 時まで来なかったとわかるので，show up「姿を現す」を選択。pull away「動き出す，離れる」, try out「～をしっかり試してみる」, reach out「手を伸ばす」

(13)—解答 ④

訳 ブラッドの車はしょっちゅう，いろいろと故障するようだ。先月はシートベルトの 1 本が壊れ，それからクラクションが鳴らなくなった。昨日は車のバッテリーが上がってしまった。

解説 第2文から車の故障が多いことがわかる。空所後の wrong と合わせてこの意味を表すのは go。do wrong「悪いことをする」。make, keep は wrong と熟語を形成しない。

(14)—解答 ③

訳 トムの上司は，人が自分の計画に同意しないことが好きではない。そのため，トムは自分の職を失うことを恐れて，彼には決してノーと言わない。

解説 第1文から，トムが上司にノーと言わないのは for fear (of losing his job)「（失職するのを）恐れて」だと判断できる。on behalf of「～の代わりに」, on account of「～の理由で」, for need of「～の必要のため」

(15)—解答 ②

訳 ジェニファーはお金を稼ぐことがどれほど難しいことになるのかに気づき，アーティストになることを考え直し始めた。

解説 when 以降の内容から，アーティストになることについて have second thoughts「考え直す」のだとわかる。have a big mouth「大口をたたく」, have the last word「決定権を持つ」, have small changes「小銭を持っている」

(16)—解答 ①

訳 昨夜遅く泥棒がジャックの店に侵入し，たくさんの高価な宝石を盗んだ。

解説 主語 A thief と and 以下から，泥棒が店に broke into「侵入した」の

だとわかる。break「壊して」+ into「中に」のイメージで覚えよう。
break up「～を解体する」，break out「～を取り出す，突発する」。
break under という熟語はない。

(17)— 解答 ②

訳 A：遅い時間になってきたし，疲れたよ。今日はこれで終わりにしないかい，ヘイディ？

B：ええ，これで仕事をやめにしましょう。プロジェクトは明日終わらせましょう。

解説 B の応答から，A は「今日は仕事はこれでやめにしよう」と言っていると判断できる。call it a day は「仕事を切り上げる」。lose *one's* way「道に迷う」，wait *one's* turn「自分の順番を待つ」，make it a rule (to *do*)「～するのを常としている」

(18)— 解答 ①

訳 ロジャーは健康によい料理を出すレストランのシェフである。彼の目標は元の料理に劣らずおいしい，健康的な改良版の料理を生み出すことである。

解説 2 文目は healthy versions と original versions が比較されていることに気づきたい。レストランの趣旨からも判断し，no less ... than A「A に劣らず…で」の形が正解となる。

(19)— 解答 ④

訳 その若いビジネスマンがどのようにして裕福になったのかを尋ねられたとき，一生懸命働くことを通して以外の何物でもないと彼は答えた。

解説 間接疑問文の疑問詞を尋ねる問題。後半のビジネスマンの答えから「どのようにして」と方法を聞かれたとわかるので，how が正解。

(20)— 解答 ①

訳 ジャネットは，昨夜遅く家に帰ってきたときはとても静かにしなければならないとわかっていた。さもなければ，家族を起こしただろう。

解説 otherwise「さもなければ」は，前文を受けて「もし静かにしなかったら」という条件を表している。よって，空所に入る述部の形は would wake が正しい。

一次試験・筆記 **2** | 問題編 p.126～129

A 全文訳 光を適切に

電灯は人間の生活の質を大きく向上させた。しかし科学者たちは，人工照明がさまざまな健康問題を引き起こす可能性があることに気づいている。とりわけ，人工照明は人々がきちんと眠るのを妨げる可能性があるのだ。これは，睡眠サイクルなどの多くの

153

身体リズムが光によって制御されているために起こる。適切でない時間に明る過ぎると，眠る時間ではなく目を覚ますべき時間だと体は考えるのだ。

さらに，光によって引き起こされる問題は年齢とともに増加するようだ。そのため，睡眠に関する問題は高齢者においてより頻繁に起こる。これを解決するために，ヨーロッパの研究者グループが協力し ALADIN プロジェクトを創設した。彼らは，光の明るさと色の両方が身体のリズムに影響を与えることを発見した。この知識を利用し，研究者たちは，身体の自然のサイクルに合わせるために一日を通じて光を変化させることで，高齢者の睡眠を改善する室内照明システムを作り出した。

さらに，そのシステムは特定の人に合わせて調整することが可能だ。その人の服に付けたセンサーを使用することで，体の変化を検出することができるのだ。次に，その人のニーズに合うように光を調整する。例えば，夕方にその人の心拍数が減少すると，部屋の光レベルが下がり，その人の身体が睡眠の準備をすることを可能にする。研究者たちは，自分たちのシステムが将来ほかの方法で人々を助けるために使用できると考えている。例えば，それを飛行機に設置して，長い飛行中に乗客が眠るのを助けることができるかもしれない。従って，ALADIN プロジェクトは，あらゆる年齢の人々にとって有益になる可能性があるのだ。

(21)—解答 **4** •
> 解説 空所を含む文は，前文の a variety of health problems について，具体的な睡眠の問題を挙げている。従って，In particular「とりわけ」を入れると，前後の文がうまくつながる。

(22)—解答 **3** •
> 解説 As a result「そのため，その結果」で始まる空所後の文は，高齢者に睡眠の問題がより頻繁に起こると述べているので，その問題は increase with age「年齢とともに増加する」が適切。

(23)—解答 **1** •
> 解説 空所後の文の，For example で始まる具体的な飛行機での利用の説明から，help people in other ways「(室内での使用とは) 違った方法で人々を助ける」のに使うことができるとわかる。

B 全文訳 **スピードについての対称性**

自然界では，多くの植物や動物が「対称性」と呼ばれるものを持っている。これは，何かの左右が同じであることを意味する。例えば，人間の顔にある両目は左右のほぼ同じ場所にあり，両耳は互いに鏡像であるように見える。しかし，自然界の対称性は正確ではない。顔をとても注意深く見ると，たいていの場合，一方の目がもう一方の目よりもやや高いところにあることがわかるだろう。ほぼ正確な対称性を有する顔がより魅力的であると考えられていることを，科学者たちは発見している。最近では，対称性はスポーツにも利点をもたらすかもしれないという証拠が存在しているのだ。

ある研究で，膝の対称性が運動能力を向上し得ることが発見された。1996 年，科学

154

者たちはジャマイカに行き，8歳の子ども270人の身体測定を行った。この国を選んだのは，多くのトップランナーたちがそこの出身であるからだ。科学者たちは，脚，耳，指，足などの部位の対称性を調べた。その後2010年に，科学者たちは再び同じ人々を測定し，試験を行った。子どものとき膝の対称性がよりよかった人がより速いランナーになったことを，彼らは発見した。

　科学者たちは驚いてはいないと言う。結局のところ，対称性は動きをより容易にし，その結果走りが速くなるのである。しかし，この対称性は走るにつれてよくなるのか，それともよりよい対称性を持って生まれる人がいるのかは，大きな疑問である。科学者たちは自分たちの研究に基づき，よい対称性を持って生まれる可能性のほうが高いと考えている。これが真実ならば，膝を検査するだけで，幼いころから誰が速いランナーになる可能性が高いかを知ることができるだろう。

(24)─**解答 2** ∙∙

解説 空所で始まる文は，前の2文の「自然界における対称性」の具体的な例を示しているので，For instance「例えば」が適切である。

(25)─**解答 4** ∙∙

解説 空所を含む文の主語 One study の説明が第2段落全体で行われている。最終文に，膝の対称性がよりよいと走るのがより速いと説明されているので，膝の対称性は (can) improve athletic performance「運動能力を向上させる（可能性がある）」とする。

(26)─**解答 2** ∙∙

解説 前文で科学者たちの考えが述べられ，空所後に「~することが可能であろう」と説明されている。If this is true「もしこれ（＝科学者たちの考えていること）が本当なら（~することが可能だ）」とすると文がつながる。

一次試験・筆記 3 ┃ 問題編 p.130～136

A 全文訳

発信人：ジャニス・ウォルシュ <janice.walsh@braxton.com>
宛先：従業員各位　<all_staff@braxton.com>
日付：6月1日
件名：オフィスの改修
従業員の皆様，

　私は今日，次の月曜日からオフィスビルで工事が行われることを皆様にお知らせするためにメールを書いています。電気系統が古くなり，ずっと修理が必要でした。昨年の売上高がとてもよかったので，わが社はこの利益のいくらかを使って，建物全体の修理やそのほかの改修を行うことにしました。

社は１度に建物の一部分のみを改修することに決めたので，工事中でも建物内で仕事をすることができます。来週，建物の北側で工事が始まり，約１カ月間続きます。その間，建物のそちら側にある階段は閉鎖されますので，南階段を使用してください。

さらに，３階のトイレが閉鎖されます。トイレを使用する必要がある場合は，１階または５階のトイレを使用してください。また，北側の駐車場は，建設会社が機具を置いておくのにそのスペースを必要としますので，閉鎖されます。南側または東側駐車場に駐車してください。北側の工事が終わりましたら，南側の工事が始まります。

よろしくお願いします。

ジャニス・ウォルシュ

ビルディング・マネージャー

ブラクストン工業

(27)—解答 ③

質問の訳 ブラクストン工業が自社のビルを改修する理由の１つは何か。

選択肢の訳 1 新しい従業員のため，より大きなビルを必要としている。
2 工事を始められる空き時間がある。
3 電気システムの問題を解消したい。
4 会社のイメージを改善しようとしている。

解説 第１段落第２文から正解がわかる。本文の The electrical system … has needed repairs が，正解の選択肢では It (= Braxton Industries) wants to fix problems with … と主語を変えた言い換えになっている。

(28)—解答 ①

質問の訳 来週から，ブラクストン工業の従業員は

選択肢の訳 1 建物の南側の階段を使わなければいけない。
2 建物中央部のエレベーターを使ってはいけない。
3 機具をオフィスの別の場所へ移動することを求められる。
4 オフィスビルに入ることが許されない。

解説 第２段落第２文でビルの北側で工事が始まることを説明し，続く第３文で，そちら側の階段は使えないので，南側の階段を使うようにと述べられている。

(29)—解答 ②

質問の訳 北側の改修が完了した後，何が起こるのか。

選択肢の訳 1 多くのトイレが改修される。
2 ビルの別の部分で工事が始まる。
3 建設会社がより多くのスペースを得る。
4 ビルの東側の駐車場が閉鎖される。

解説 第３段落最終文から正解がわかる。〔本文〕the construction ... is done → 〔質問〕repairs ... are complete，〔本文〕the south side → 〔選択肢〕another part of the building の言い換えに注意。

156

B **全文訳** **歌の値段**

　世界各地で人々は，誰かの誕生日に『ハッピーバースデー』の歌を歌う。しかし長い間，この歌が映画やテレビ番組で歌われるのを聞くことは稀だった。なぜなら，その曲の著作権がある会社のものであったからだ。誰かが曲の著作権を持っていれば，ほかの人が映画やテレビ番組でそれを使うと料金を請求することができる。経費を削減するために，多くの監督たちは番組でこの歌を使用するのを避けたのである。

　しかし実は，『ハッピーバースデー』の複雑な歴史は，実際に誰が著作権を所有しているかは明確でないことを意味していた。曲はもともと，教師であったパティ・ヒルとミルドレッド・ヒルの2人の姉妹によって1893年に作曲された。姉妹は自分たちの生徒が毎朝歌うためのあいさつの歌を書いたのだ。しばらく後に歌詞が変えられ，その曲は誕生日の歌になった。誰が新しい歌詞を書いたのかを知る人はいないが，姉妹がある出版社に著作権を与えたと信じられていた。

　この著作権はその後ほかの会社に売却され，1988年にワーナー・チャペルという大手音楽企業によって買収された。ワーナー・チャペルは著作権を購入した後，全ての映画やテレビ番組を慎重にチェックして，その歌が使用されているかどうかを確認することにした。彼らは番組の人気度に応じて請求金額を変えた。同社はこの歌から年間200万ドルを得たと推定されている。

　しかし，ワーナー・チャペルは実際にはこの歌の著作権を所有していない可能性があると映画製作者の団体は考えた。彼らは同社に対して裁判を起こし，著作権を持っていると主張してきたどの企業にも，その著作権があるという証拠はないと主張した。2015年9月，訴訟を担当する裁判官は映画製作者たちが正しいことを認めた。その歌の著作権はもはやどの会社も所有しておらず，誰でも自由に使用できると彼は言ったのである。その結果，その歌を映画やテレビで聞くことは，おそらくもっと普通のことになるだろう。

(30)— 解答 ②

質問の訳　どうして多くの監督たちは『ハッピーバースデー』の歌を使わないことを選択したのか。

選択肢の訳
1　その歌は映画が見られる国の多くで人気がなかったから。
2　その歌は映画やテレビ番組で使うのにお金がかかったから。
3　ほかの監督にあまり使われていない曲を使いたいと思っていたから。
4　人々はもっと面白い曲を聞きたがっていると考えたから。

解説　第1段落第2文に『ハッピーバースデー』を映画やテレビ番組で聞くことが稀であったことが，第3文にそれは著作権のせいであることが，そして第5文で多くの監督が費用削減のためその歌を使わなかったことが，それぞれ説明されている。

(31)— 解答 ②

質問の訳　パティ・ヒルとミルドレッド・ヒルは『ハッピーバースデー』の曲を書いたものの，

157

選択肢の訳 1 ほかの2人の教師がその曲の有名な歌詞を書いていた。

2 現在の歌の歌詞を実際に書いたのは誰かははっきりしない。

3 2人とも自分たちの生徒が聞きたがっていた歌を歌うことができなかった。

4 彼女たちの生徒は，自分たちがもっと気に入るような別の曲を書くことにした。

解説 『ハッピーバースデー』の歴史は第2段落で説明されている。第4文で歌詞が変えられて誕生日の歌になったことが，第5文で新しい歌詞を書いたのが誰かわからないことが，それぞれ説明されている。

(32)—解答 ③

質問の訳 ワーナー・チャペルは『ハッピーバースデー』の著作権を買った後，

選択肢の訳 1 その歌が中で使われる新しい映画やテレビ番組を作った。

2 企業がそれを使いたいと希望するたびに200万ドルを請求した。

3 それを使用する人々に料金を請求することで，毎年たくさんのお金を稼ぎ始めた。

4 その歌が以前よりも人気が出たかどうかを慎重にチェックした。

解説 第3段落第2文で曲が映画やテレビ番組に使われていないかチェックすることを決めたことが，第3文でお金を請求したことが，第4文で年間200万ドルを稼いだことが，それぞれ述べられている。

(33)—解答 ①

質問の訳 なぜ『ハッピーバースデー』はこれからもっと広く行き渡りそうなのか。

選択肢の訳 1 裁判官が，この歌の著作権はもはや存在しないという判決を下したから。

2 映画製作者たちがこの歌の著作権を，それを持っていた会社から買ったから。

3 この歌が2015年9月に最も頻繁に使われたという証拠があるから。

4 この歌を所有する会社が，ほかの人たちとこの歌を自由にシェアすることを始めたから。

解説 第4段落最終文で映画やテレビでこの歌を聞くのがもっと普通のことになるだろうと述べている。その理由は，第3文・第4文に書かれている。

C 全文訳 模範的な観光の町

ママラプラムはインド南東沿岸部にある小さな町である。この町は7世紀に最初に築かれ，古代の石造りの寺院やそのほかの建造物が数多くある。町はユネスコの世界遺産であり，インド国内外の多くの観光客を引きつけている。町の人口はわずか15,000人だが，毎日約2万人の人々がここを訪れている。これらの観光客は町に多くの経済的利益をもたらすが，また多くの環境問題も引き起こしている。

最も大きな問題の1つが，観光客が出す食品廃棄物の量である。町には3,000軒以

上のレストランがある。これらのレストランの客は毎日約3トンの食品廃棄物を出している。最近まで，これはゴミ捨て場に捨てられ，大気汚染と水質汚染の両方につながっていた。観光産業からはまた，プラスチックや金属のゴミを含むそのほかの多くの廃棄物も出ている。2008年，ハンド・イン・ハンドというNGOが廃棄物を環境に配慮した方法でリサイクルする計画を考案した。それ以来，同組織はこの計画を実行するために町議会と協力してきた。

まず，食品廃棄物をバイオガスと呼ばれる燃料の一種に変えることのできるセンターが建設された。センターでは毎日最大800kgの廃棄物を処理できる。その後，バイオガスは町のための電気を作るのに使われる。残った食品廃棄物は作物の栽培に使う肥料に変わる。このプロセスは有害な食品廃棄物が安全なものに変わるのを意味するだけでなく，電気を作るのに必要な化石燃料の消費量を町は削減できるのだ。

2011年には，町はプラスチックの使用も禁止した。ビニール袋やカップなどは布製や紙製のものに置き換えられている。このほうが投棄されたときの環境への害が少なくなるのである。このプロジェクトでは，ガラスや金属などのほかの種類の廃棄物をリサイクルする人々も雇用している。ハンド・イン・ハンドによれば，この計画は観光産業によって引き起こされる環境問題の一部を解決しただけでなく，地元の人々の雇用の増加にもつながっている。同様の計画が近いうちにほかの町でも採用されることを同NGOは望んでいる。

(34)— 解答 4

質問の訳 ママラプラムの町について正しいことは何か。

選択肢の訳 1 専門家が当初考えていたよりもはるかに古い。

2 インド国外の人で，ここの古代寺院のことを聞いたことのある人はほとんどいない。

3 ここの古代建造物の多くは観光客によって破壊されてしまった。

4 この町に実際に住んでいるよりも多くの人々が毎日ここを訪れる。

解説 ママラプラムについては第1段落で説明されている。第4文で人口15,000人の町に毎日2万人が訪れると，具体的な数値が述べられている。これを「住んでいるよりも多くの人が訪れる」と言い換えた**4**が正解。

(35)— 解答 4

質問の訳 ママラプラムで観光客が原因となっている問題の1つは何か。

選択肢の訳 1 彼らは食べ物を買うのに大金を払い，価格の高騰の原因となっている。

2 彼らは町のリサイクルプログラムに参加しないため，汚染の原因となっている。

3 彼らが運転する車やそのほかの乗り物がこの地域の大気汚染の原因となっている。

4 彼らの捨てる大量の食べ物が環境に損害を与えることがある。

解説 第2段落第1文に観光客の出す食品廃棄物が大問題となっていることが，第4文に捨てられた食品廃棄物が空気と水の汚染につながっていることが，それぞれ書かれている。

(36)—解答 ②

質問の訳 ハンド・イン・ハンドの計画の一部は

選択肢の訳
1 人々がもっと食べたがるような新しい作物の栽培を始めることであった。
2 ママラプラムのゴミのいくらかを使い，発電のための燃料を作ることであった。
3 ママラプラムのゴミのうち800kgを近くの都市に送り，燃やすことであった。
4 化石燃料の使用量を増やし，有害な食品廃棄物の量を減らすことであった。

解説 ハンド・イン・ハンドの計画は第3段落で説明されている。第1〜3文にゴミから作られたバイオガスを使って電気が作られることが書かれている。本文のa type of fuel called biogasが，正解の選択肢ではfuelとより漠然とした表現になっている。

(37)—解答 ①

質問の訳 ハンド・イン・ハンドの計画の結果の1つは何か。

選択肢の訳
1 ママラプラムに住むより多くの人々に職を提供した。
2 人々の使うガラスや金属の量を減らした。
3 より多くの人々が布や紙から製品を作る方法を学ぶのを助けた。
4 観光産業がママラプラムにもたらすお金の量を増やした。

解説 第4段落第4文にリサイクルのための人を雇うと述べられ，第5文で環境問題を解決しただけではなく雇用も増やしたことが強調されている。本文では正解の選択肢にあるjobsを使わず，動詞のemploy「〜を雇用する」を使って説明している。

(38)—解答 ①

質問の訳 以下の記述のうち正しいのはどれか。

選択肢の訳
1 ママラプラムの食品廃棄物のいくらかは肥料に作り替えられた。
2 ママラプラムは7世紀にはインドの首都であった。
3 ママラプラムの人々は2011年までプラスチックを使っていなかった。
4 ママラプラムでは2008年に新しいレストランの建設をやめた。

解説 第3段落第4文の内容が選択肢1と一致する。本文に使われた時間表現を利用した2〜4の誤答選択肢に引っ掛からないよう注意しよう。

一次試験・筆記 **4** 問題編 p.136

トピックの訳 日本では水が浪費され過ぎていると言う人もいます。この考えにあなたは同意しますか。

ポイントの訳 日常習慣　技術　環境

解答例 I do not think that too much water is wasted in Japan, and I will give two reasons to support this opinion. To begin with, people these days care more about protecting the environment than they used to. Many of them have learned that it is important not to waste water. In addition, today's technology helps to save water. For example, some modern buildings collect rainwater to use for various things, such as watering flowers and plants. For these two reasons, I do not think too much water is wasted in Japan.

解答例の訳 私は，日本で水が浪費され過ぎているとは思いません，そして，この意見を支持する２つの理由を挙げます。まず，最近人々は以前よりも環境を保護することに気を使うようになっています。彼らの多くは水を浪費しないことが重要であることを学んでいます。さらに，今日の技術は水を節約するのに役立ちます。例えば，いくつかの近代的な建物では雨水を集め，花や植物に水をやるなどのさまざまなことに利用しています。この２つの理由から，私は日本では水が浪費され過ぎているとは思いません。

解説 まず TOPIC の表現を利用して，I think …/I do not think ... と自分の意見を明確にする。それからその理由を２つ考える。解答例では第１文の後半で … and I will give two reasons … と理由が２つであることを明示し，第２文以降具体的な説明を続けている。第２文は To begin with で始め，POINTS に挙げられている The environment を使って，近ごろの人は以前より環境保護に気を使っていると述べ，第３文では人々は水を浪費しないことの重要性をわかっていると述べ，意見を強化している。第４文は In addition で始め，第２の理由としてやはり POINTS に挙げられていた Technology を使い，技術が水の節約に役立つと述べ，第５文は For example で始め，雨水の利用をその例として挙げている。最終文は For these two reasons で始め，第１文で述べた自分の意見を繰り返して文章を締めくくっている。

18年度第1回　筆記

161

| 一次試験・リスニング | 第**1**部 | 問題編 p.137～139 | ▶MP3 ▶アプリ ▶CD 3 **1**～**16** |

No.**1**－解答 **①** ••••••••••••••••••••••••••••••••••••

放送英文 ★： Beth, are you ready? It's time to go. I'll be waiting for you in the car.

☆： Ready? Where are we going? I just asked my friend to come over.

★： Don't you remember? We're having dinner with Aunt Alice at her house tonight.

☆： Oh, right! I totally forgot. I'll call my friend back and tell her not to come. I hope she isn't on her way here already.

Question: What is the girl's problem?

全文訳 ★： ベス，準備はできているかい？ 行く時間だよ。私は車の中で待っているよ。

☆： 準備はできているかですって？ どこに行くの？ ちょうど友だちに，うちに来てって頼んだところなのよ。

★： 覚えていないのかい？ 私たちは今夜アリスおばさんの家で一緒に夕食を食べるんだよ。

☆： ああ，そうだった！ すっかり忘れていたわ。友だちに電話をし直して，来ないように言うわ。もうこっちへ向かっていなければいいんだけど。

Q：女の子の問題は何か。

選択肢の訳 **1** 彼女は夕食の予定を忘れていた。

2 彼女はドライブに行くことができなかった。

3 彼女は料理を多く作り過ぎた。

4 彼女はおばの贈り物をなくしてしまった。

解説 （女の子）Ready? Where are we going?，（男性）Don't you remember?，（女の子）Oh, right! I totally forgot. などから，女の子が予定を忘れていたことを把握したい。

No.**2**－解答 **②** ••••••••••••••••••••••••••••••••••••

放送英文 ★： Excuse me. I wanted to order the salmon pasta, but I didn't see it anywhere on the menu.

☆： Sorry, but we only serve salmon pasta on Wednesdays. Today's special is clam chowder.

★： That's too bad. My friend recommended that I order the salmon pasta here. I was really hoping to try it.

☆： My apologies, sir.

Question: Why is the man disappointed?

全文訳 ★： すみません。サーモンパスタを注文したかったんですが，メニューのどこ

162

にも見当たりませんでした。

☆： 申し訳ございませんが,サーモンパスタは毎週水曜日にのみお出ししています。本日のおすすめはクラムチャウダーです。

★： それはとても残念です。友人が,こちらでサーモンパスタを注文することを勧めてくれたんですよ。ぜひ食べてみたいと思っていました。

☆： お詫び申し上げます,お客様。

Q：なぜ男性は失望しているのか。

選択肢の訳　**1**　彼の友人が彼と一緒に昼食をとれないから。

2　彼は自分がしたかった注文ができないから。

3　もうクラムチャウダーが残っていないから。

4　サーモンパスタはあまりおいしくないから。

解説　男性が最初の発言でサーモンパスタを注文したいがメニューにないと言ったのに対し,それは毎週水曜日にしか出さないと女性が謝っている。

No.3 －解答 ②

放送英文　★： Look, Isabel. My mom sent some baby clothes for Greg. I'm afraid they're a little too big for him, though.

☆： Yeah, but that's OK. Greg is getting bigger, so he'll be able to wear them in a month or two.

★： You're right. It's amazing to see how fast he's growing.

☆： I know. That's part of the fun of being a parent.

Question: What is one thing the man and woman say about their son?

全文訳　★： 見てよ,イザベル。母さんがグレッグのためにベビー服を送ってくれたんだ。でも,あの子には少し大き過ぎるんじゃないかな。

☆： そうね,でも大丈夫よ。グレッグはどんどん大きくなってきているから,1,2カ月で着られるようになるわ。

★： 君の言う通りだね。彼の成長の速さを見ているとびっくりするよ。

☆： わかるわ。それが親であることの楽しみの1つよ。

Q：男性と女性が自分たちの息子について言っていることの1つは何か。

選択肢の訳　**1**　彼はもうすぐ自分の祖母を訪問する。

2　彼は速く成長している。

3　彼は自分の新しい服を着るには大きすぎる。

4　彼はすでに十分な数の服を持っている。

解説　（女性）Greg is getting bigger,（男性）It's amazing to see how fast he's growing などから,**2** が正解。clothes を使った誤答選択肢 **3**,**4** に引っ掛からないよう注意。

No.4 －解答 ④

放送英文　☆： Excuse me, sir. I'd like to buy a bottle of red wine for my friend's birthday, but I don't know much about wine. Red is her favorite, though.

★： Well, these over here are red wines from France. They're quite popular with our customers.

☆： Hmm. Those are a little too expensive for me. Do you have anything cheaper?

★： Sure. Let me show you some wines that are on sale.

Question: What is one thing the woman says?

全文訳 ☆： すみません。友人の誕生日に赤ワインを1本買いたいのですが, ワインのことがあまりよくわからないんです。赤が彼女の好みなんですが。

★： そうですね, こちらにございますのがフランスの赤ワインです。こちらは当店のお客様に大変人気がありますよ。

☆： うーん。私にはちょっと高過ぎるわ。もっと安いのはありますか。

★： ええ。特価のワインをお見せいたします。

Q：女性が言っていることの1つは何か。

選択肢の訳 **1** 赤ワインが彼女の好みだ。

2 彼女の友人はフランスワインが好きではない。

3 彼女はフランスでたくさんワインを飲んだ。

4 彼女はあまり多くのお金を使いたくない。

解説 女性の2番目の発言にある a little too expensive for me, Do you have anything cheaper? などの表現から, たくさんのお金を使いたくないとわかる。赤ワインが好きなのは女性の友人なので, **1** に引っ掛からないように。

No.5 －解答 3

放送英文 ★： No! The other team scored again. That's the second time this inning.

☆： Yeah. The Gray Sox aren't playing very well. Their defense is so bad.

★： They've been bad all season. I can't believe the newspapers were picking them to win the championship at the beginning of the season!

☆： I know. Well, I hope they fire the manager soon. The team needs someone who can show these players how to win.

Question: Why are the man and woman upset with the Gray Sox?

全文訳 ★： なんてこった！ 相手チームがまた得点したぞ。このイニングで2回目だ。

☆： ええ。グレーソックスのプレーはあまりよくないわ。守備がとても悪いわ。

★： シーズンが始まってからずっと悪いんだ。シーズン初めに新聞が優勝候補

164

にしていたのが信じられないよ！

☆： そうよね。まあ，早く監督を首にしてほしいわ。選手に勝つ方法を示すことができる人がチームには必要よ。

Q：男性と女性がグレーソックスに怒っているのはなぜか。

選択肢の訳 **1** 彼らの優勝パレードが中止されたから。

2 彼らの監督がチームを変えようとしているから。

3 彼らはこれまでよいプレーをしていないから。

4 彼らにはよい球場がないから。

解説 まず会話前半から，2人が試合を見ながら，応援しているチームが負けていて怒っている様子を把握したい。男性の2番目の発言にある現在完了形の They've been bad all season. や会話の後半からも正解がわかる。

No.6 – 解答 ③

放送英文 ★： Grace, how did your speech go in history class today?

☆： It was terrible, Dad. When I got to class, I realized that I had left my notes at home!

★： Does that mean you didn't give your speech?

☆： No. My teacher told me to do it from memory. I tried, but I forgot to say a lot of things.

Question: Why did Grace's speech go terribly?

全文訳 ★： グレース，今日の歴史の授業のスピーチはどうだった？

☆： ひどかったわよ，お父さん。授業に行ったら，メモを家に忘れてきたことに気づいたのよ！

★： それはつまり，スピーチをしなかったってこと？

☆： いいえ。先生が思い出しながらやりなさいと言ったの。やってみたけれど，たくさんのことを言い忘れたわ。

Q：グレースのスピーチはなぜひどい出来だったのか。

選択肢の訳 **1** 彼女の先生が授業に遅れてきたから。

2 彼女の同級生がそれを聞かなかったから。

3 彼女はメモなしでそれをやらなければならなかったから。

4 彼女はそれの練習をし忘れたから。

解説 冒頭の男性の how did your speech go ... が聞こえたら，女性が何と答えるかに注意して聞き，さらに It was terrible という答えが聞こえたら，その理由を聞き取る。同発言でメモを忘れたことが，女性の2番目の発言で，記憶に頼ってやったがうまくいかなかったことがわかる。

No.7 – 解答 ①

放送英文 ☆： Excuse me, sir, but you should be careful walking on this beach without shoes. Sometimes there's broken glass and other trash in the sand.

★： Thanks for warning me. I'll put my sandals back on.

☆： This beach used to be so much nicer. People don't clean up after themselves like they used to.

★： Yeah. People should take their garbage home with them.

Question: What is one thing the woman tells the man?

全文訳 ☆： すみませんが，靴を履かずにこのビーチを歩くときは気をつけてください。時々，砂の中に割れたガラスやそのほかのゴミがあるんです。

★： ご警告ありがとう。サンダルを履き直すことにするよ。

☆： このビーチは以前はもっともっときれいだったんですよ。みんな，以前のように自分でゴミを片づけなくなったんです。

★： そうだね。自分のゴミは家に持ち帰るべきだね。

Ｑ：女性が男性に言っていることの１つは何か。

選択肢の訳 **1** 彼は靴を履くべきだ。

2 彼は自分のゴミを片付けるべきだ。

3 彼女は自分の足を切ってしまった。

4 彼女は自分のサンダルをなくした。

解説 女性は冒頭の発言で，靴を履かないで歩くのは危険なので注意したほうがいいと声を掛けている。女性の２番目の発言にある clean up after は「～の後片づけをする」だが，これは男性に向けた注意ではない。

No.8 – 解答 ①

放送英文 ☆： Have you tried the new café across the street, James?

★： Yeah. I went there yesterday.

☆： I was thinking about going today. Was the food any good?

★： It was OK. Actually, their menu is pretty boring, and the café isn't decorated nicely. But it's the closest place to our office. Since we only get 45 minutes for lunch, it's worth going there.

Question: What does the man think is good about the café?

全文訳 ☆： 通りの向こう側の新しいカフェに行ってみた，ジェイムズ？

★： ああ。昨日そこに行ったよ。

☆： 今日行こうかと思っていたの。食べ物はおいしかった？

★： まあまあだったよ。実を言うとかなりつまらないメニューだし，カフェの装飾もよくなかったよ。でも僕らのオフィスに最も近い店だからね。昼食には 45 分しかないから，そこに行く価値はあるよ。

Ｑ：男性はカフェについて何がよいと考えているか。

選択肢の訳 **1** それは近くにある。

2 そこは美しく飾りつけられている。

3 従業員が親切だ。

4 食べ物の値段が手ごろだ。

> **解説** 男性は最後の発言で，カフェの感想を述べている。最初は否定的な意見だが，But 以降でオフィスに近いという肯定的な意見を述べている。

No.9 −解答 ④ ....

放送英文 ★： Ms. Gray, why do you want to work for a French company?

☆： Well, I spent a year studying in France, Mr. Girard. I'd like to use the French I learned while I was there.

★： OK. If you were to get the job, you'd be required to go to Paris a few times a year. Would that be a problem?

☆： Certainly not. I'd welcome the opportunity.

Question: What is one thing we learn about the woman?

全文訳 ★： グレイさん，なぜフランスの会社で働きたいのですか。

☆： ええと，私は1年間フランスに留学していたんです，ジラルドさん。そこにいる間に学んだフランス語を使いたいのです。

★： わかりました。もしこの仕事に就いたとしたら，年に数回パリに行く必要があります。それは問題ありませんか。

☆： もちろん問題ありません。その機会を歓迎します。

Q：女性についてわかることの1つは何か。

選択肢の訳 **1** 彼女はフランス語を勉強したことがない。

2 彼女は昨年何度かフランスへ旅した。

3 彼女はかつてフランス企業で働いていた。

4 彼女は以前フランスに行ったことがある。

> **解説** 女性の最初の発言に I spent a year studying in France とあり，フランスに行ったことがあるとわかる。昨年行ったという話はなく，a few times は男性の2番目の発言で使われた表現なので，**2** に引っ掛からないよう注意。

No.10 解答 ② ....

放送英文 ☆： Congratulations! You're the tenth caller. That means you win two tickets to the Cool FM Jazz Festival!

★： Really? I won? I always listen to your show, but I've never tried calling in before.

☆： It's your lucky day, then. Enjoy the concert, and thanks for listening to Cool FM Jazz Radio. Please hold the line so we can get your contact details.

★： OK. Thanks!

Question: How did the man win tickets to a concert?

全文訳 ☆： おめでとうございます！ あなたが10番目に電話をくれた人です。それは，あなたがクールFMジャズフェスティバルのチケット2枚を獲得し

18年度第1回 リスニング

167

たということです！

★： 本当？ 当たったんですか。いつもあなたの番組を聞いていますが，今まで電話をかけたことがないんです。

☆： では，あなたにとっての幸運な日ですね。コンサートをお楽しみください，それからクール FM ジャズラジオをお聞きいただきありがとうございます。あなたの連絡先をお伺いしますから，切らずにお待ちください。

★： わかりました。ありがとう！

Q：男性はどのようにしてコンサートのチケットを当てたのか。

選択肢の訳　1　彼はミュージシャンと連絡を取った。
2　彼はラジオ番組に電話をかけた。
3　彼は曲を書いた。
4　彼はジャズに関する質問に答えた。

解説　女性は最初の発言で You're the tenth caller. と言い，さらに That means you win two tickets と続けているので，男性は電話をかけてチケットを当てたとわかる。ラジオ番組であることは，listen to your show, Cool FM Jazz Radio などの表現からわかる。

No.11 解答 ①

放送英文　★： Hello. Bill Davis speaking.

☆： Hi, Bill, it's Debbie Sanders from next door. I just got home from work, and I thought I saw your cat run across the street.

★： Thanks for calling, Debbie. But my cat's inside. She's sleeping in my bedroom.

☆： Oh, great. I was worried she might get hit by a car.

Question: Why did the woman call the man?

全文訳　★： もしもし。ビル・デイビスです。

☆： こんにちは，ビル，隣のデビー・サンダーズです。たった今仕事から家に帰ったところなんですが，お宅の猫が通りを走って横切るのを見たように思います。

★： 電話してくれてありがとう，デビー。でもうちの猫は中にいますよ。彼女は私の寝室で寝ています。

☆： まあ，よかったわ。車にひかれるかもしれないと心配していたんです。

Q：女性はなぜ男性に電話をしたのか。

選択肢の訳　1　彼女は彼の猫が危険な状態にあると思ったから。
2　彼女は彼に折り返し電話をかけてきたから。
3　彼女は彼を職場で見かけたと思ったから。
4　彼女は彼に頼みごとをしたかったから。

解説　女性は最初の発言で I saw your cat run across the street と言い，2番目の発言で I was worried she (＝男性の飼っている猫) might get

168

hit by a car. と言っている。これを簡潔にまとめた **1** が正解。

No.12 解答 ④

放送英文 ★: Merry Christmas, honey. I got you a present. Go ahead, open it.

☆: Thanks, Brad. Oh! Tickets for a city orchestra concert!

★: We used to go listen to the orchestra all the time before the kids were born. I miss that.

☆: Me, too. We used to go once or twice a month. Well, this will be so much fun. Thanks, honey.

Question: What is one thing we learn about the couple?

全文訳 ★: メリークリスマス。君にプレゼントを買ってきたよ。さあ, 開けてごらん。

☆: ありがとう, ブラッド。まあ！ 市のオーケストラのコンサートのチケットね！

★: 子どもたちが生まれる前はよくそのオーケストラを聞きにいっていたね。それが懐かしくてね。

☆: 私もよ。毎月 1, 2 回行っていたわよね。とても楽しいものになるでしょうね。ありがとう, あなた。

Q: この夫婦について私たちがわかることの 1 つは何か。

選択肢の訳
1 彼らはクリスマスパーティーに行く。
2 彼らには子どもが 1 人もいない。
3 彼らはクラシック音楽が好きではない。
4 彼らは以前よくコンサートに行った。

解説 （男性）We used to go ... all the time, （女性）We used to go once or twice a month. から, 以前はよくコンサートに行っていたことがわかる。

No.13 解答 ③

放送英文 ★: Erica, you're not doing very well in my class. Is anything wrong?

☆: Sorry, Professor Gibson. Everything we're studying in class is new to me, so it's taking me a lot of time to understand it all.

★: I see. Well, I'll try to take more time to explain everything.

☆: Thank you. And I'll try to study harder.

Question: What does Professor Gibson say he will try to do?

全文訳 ★: エリカ, あなたは私の授業であまり成績がよくありませんね。何か問題でもありますか。

☆: 申し訳ありません, ギブソン教授。授業中に勉強していることすべてが私にはなじみのないことで, それを全て理解するのにとても時間がかかっているんです。

★: わかりました。そうですね, 何を説明するのにももっと時間をかけるようにしましょう。

18年度第1回 リスニング

☆： ありがとうございます。私はもっと一生懸命勉強します。

Q：ギブソン教授は何に努めると言っているか。

選択肢の訳 1 エリカのために新しい授業を始める。

2 授業中にもっと新しいことを教える。

3 授業中に物事をもっと説明する。

4 エリカが授業を選択するのを手伝う。

解説 男性の冒頭の発言の Is anything wrong? が聞こえたら，相手が何と答えるかに注意しよう。女性が授業の内容をよく理解できないとわかると，男性は何事ももっと時間をかけて説明すると答えている。

No.**14** 解答 ②

放送英文 ★： Honey, my company is moving to a new office building in Milton this summer.

☆： Oh, no. That's terrible. Milton is so far away.

★： I know. It'll take me about 90 minutes to get to work every day. I'll have to take three trains to get there.

☆： You'll need to get up really early every morning.

Question: Why is the man worried?

全文訳 ★： ねえ君，僕の会社はこの夏，ミルトンの新しいオフィスビルに移転するんだよ。

☆： あら，いやだ。それはひどいわね。ミルトンはとても遠いわ。

★： そうなんだ。毎日出社するのに約90分かかるよ。そこに着くのに列車を3本使わなければならないんだ。

☆： 毎朝とても早く起きる必要があるわね。

Q：なぜ男性は心配しているのか。

選択肢の訳 1 彼の家族がミルトンに引っ越したがっているから。

2 彼の新しいオフィスは遠くになるから。

3 彼はたくさん残業をしなければならないから。

4 彼は時間通りに起きるのに苦労しているから。

解説 男性が冒頭で会社がミルトンに移転すると言うと，女性が Oh, no. That's terrible. と応答しているので，その理由に注意する。女性は続けて Milton is so far away. と言い，男性が I know. と同意して通勤時間の長さについて言及している。

No.**15** 解答 ④

放送英文 ☆： What are these pictures of, John?

★： They're from the fishing trip I took with my dad last summer. Here's one of us holding up some of the fish.

☆： Wow! You caught some big ones.

★： Well, my dad did. I wasn't so lucky. I didn't catch any. But I still

170

had a great time. It was nice to spend some time with my dad.

Question: What is one thing the boy says about the fishing trip?

全文訳 ☆： これは何の写真，ジョン？

★： 昨年の夏に父さんと一緒に行った釣り旅行のものだよ。ほら，僕らの1人が魚を何匹か持ち上げているよ。

☆： うわあ！ 大きいのを釣ったのね。

★： ええと，父さんが釣ったんだ。僕はあまりついていなかったよ。1匹も釣れなかったんだ。それでも素晴らしい時間を過ごしたよ。父さんと時間を過ごせてよかったよ。

Q： 少年が釣り旅行について話したことの1つは何か。

選択肢の訳　**1** 彼は行くことができなかった。

2 彼はたくさん魚を釣った。

3 彼は釣りが好きではない。

4 彼は父親と一緒で楽しかった。

解説　少年は2番目の発言で It was nice to spend some time with my dad. と言っており，これを言い換えた**4**が正解。

一次試験・リスニング	第**2**部	問題編 p.139〜141	🔊	▶MP3 ▶アプリ ▶CD 3 **17**〜**32**

No.**16** 解答 **3**

放送英文　Pangolins are small animals that live in Africa and Asia. They eat insects, and they have special skin that is very tough. When pangolins are scared, they roll up into a ball to protect themselves. In fact, their name comes from a Malaysian word which means "to roll up." Unfortunately, pangolins are hunted for their meat and skin, so there are not many of them left.

Question: What is true about pangolins?

全文訳　パンゴリン（センザンコウ）はアフリカとアジアに住む小さな動物である。彼らは昆虫を食べ，とても丈夫な特別な皮膚を持っている。パンゴリンは恐怖を感じたとき，自分自身を守るために体を丸めてボール状になる。実際，彼らの名前は「丸くなる」という意味のマレーシア語から来ている。残念ながら，パンゴリンはその肉と皮膚を求めて狩猟されるので，あまり多くは生き残っていない。

Q： パンゴリンについて正しいのはどれか。

選択肢の訳　**1** 彼らはアジアからアフリカへとやってきた。

2 彼らは小さい種類の昆虫である。

3 彼らは丸まってボールの形になることができる。

171

4　彼らはほかのパンゴリンを狩る。

解説　第3文に they roll up into a ball とあり，ここから正解が**3**だとわかる。第4文にも，pangolin という名前はマレーシア語で to roll up を意味すると説明されている。

No.**17** 解答 ②

放送英文　Sharon is in her first year of high school, but she is already thinking about college. She wants to get into a good college and is looking for ways to improve her chances. Sharon studies hard and also likes to exercise, so her teacher suggested she join a sports team. He said that top students who join clubs and other activities are more likely to be selected by colleges.

Question: Why did Sharon's teacher suggest that she join a sports team?

全文訳　シャロンは高校1年生だが，すでに大学のことを考えている。彼女はよい大学に入ることを望んでおり，自身の可能性を向上させる方法を模索している。シャロンは勉強熱心で運動をするのも好きなので，先生は彼女にスポーツのチームに参加することを勧めた。クラブやそのほかの活動に参加する優秀な学生は大学に選抜される可能性が高くなると，先生は言った。

Q：シャロンの先生は，なぜ彼女にスポーツのチームに加入することを勧めたのか。

選択肢の訳　**1**　それが彼女の健康を改善するかもしれなかったから。
2　それは彼女がよい大学へ入る助けとなるかもしれなかったから。
3　彼女は新しい趣味を探していたから。
4　彼女は勉強のし過ぎでストレスを受けていたから。

解説　第2文からシャロンがよい大学に入りたがっていることがわかる。第3文で先生がスポーツチームへの加入を勧めたとあるが，その理由は第4文で，クラブやそのほかの活動に参加した生徒は大学に選ばれやすいためだとわかる。

No.**18** 解答 ③

放送英文　Welcome, runners, to the Greentown 10K Marathon. Thank you for registering in advance. Today is a big day, whether you're a professional athlete or someone just running for fun. For those who are registered as professional runners, please talk to one of the staff members at the starting line to inform them that you have arrived. Everyone else, please wait a while longer. Runners, enjoy the marathon!

Question: What should the professional runners do now?

172

全文訳 ランナーの皆さん，グリーンタウン 10K マラソンへようこそ。事前登録をしていただきありがとうございます。あなたがプロのアスリートであろうと，ただ楽しみのために走っている人であろうと，今日は特別な一日です。プロのランナーとして登録されている方は，スタートラインにいるスタッフの 1 人と話をして，到着したことを知らせてください。ほかの方々はしばらくお待ちください。ランナーの皆さん，マラソンを楽しみましょう！

Q：プロのランナーは今何をすべきか。

選択肢の訳　**1**　ほかのランナーとあいさつをする。
2　マラソンに登録する。
3　スタッフに到着したことを告げる。
4　スタッフが到着するのを待つ。

解説 第 4 文から正解がわかる。放送文の inform が正解の選択肢では tell に言い換えられている。

No.19 解答 ①

放送英文 Ruby went to Cambodia with her friends. She was excited to visit a famous temple there. However, on the day she went to the temple, she was wearing shorts. When Ruby tried to go into the temple, she was told that women must wear long skirts or dresses to enter temples in Cambodia. Luckily, there was a shop nearby selling long skirts. Ruby bought one and was able to visit the temple.

Question: Why did Ruby buy a long skirt?

全文訳 ルビーは友人たちとカンボジアに行った。そこにある有名な寺院を訪れることで彼女はわくわくしていた。しかし，寺院に行った日に彼女はショートパンツをはいていた。ルビーが寺院に入ろうとしたとき，女性はカンボジアの寺院に入るときには長いスカートかワンピースを着用しなければならないと言われた。幸い，近くに長いスカートを売っている店があった。ルビーは 1 着買って，寺院を訪れることができた。

Q：なぜルビーは長いスカートを買ったのか。

選択肢の訳　**1**　彼女は寺院に入るのにそれが必要だったから。
2　彼女は自分の友人にプレゼントを買う必要があったから。
3　彼女は地元の店を支援したかったから。
4　彼女は自分の膝を守るのにそれが欲しかったから。

解説 第 3 文冒頭の逆接表現 However は，重要情報が続く合図である。同文でルビーがショートパンツをはいていたことが，続く第 4 文で長いスカートかワンピースを着なければ寺院に入れないと言われたことが，それぞれ述べられている。

173

No.20 解答 ④ ･･

放送英文 In 1798, French soldiers went to fight in Egypt. Many scientists went with them, too. These scientists studied a lot about Egypt's history and its natural world. Some of them also began to learn how to read the old Egyptian language. Later, they published many books about Egypt. Because of the scientists' work, people in Europe learned a lot about Egypt.

Question: What did the French scientists do in Egypt?

全文訳 1798年，フランスの兵士たちは戦闘のためエジプトに行った。多くの科学者たちも彼らに同行した。これらの科学者はエジプトの歴史と自然界について多くの研究を行った。彼らの中には，古代エジプトの言語を読む方法を学び始めた者もいた。その後，彼らはエジプトに関する多くの書物を出版した。その科学者たちの仕事のおかげで，ヨーロッパの人々はエジプトについてたくさんのことを学んだ。

Q：フランスの科学者たちはエジプトで何をしたか。

選択肢の訳 **1** 彼らは兵士として戦った。

2 彼らは多くの古い本を発見した。

3 彼らはエジプト人にフランス語を教えた。

4 彼らはその歴史と自然環境を研究した。

解説 第3文で，科学者たちはエジプトの歴史と自然界を研究したと述べられている。放送文の natural world が正解の選択肢では environment と言い換えられている。

No.21 解答 ① ･･

放送英文 Thank you all for coming to tonight's Mystery Dinner Theater show, where you can have a delicious dinner while watching a mysterious and exciting play. The play is about to start, so please enjoy the opening scene. We will be bringing drinks to your tables soon, and meals will be served in 30 minutes. Also, there will be a short break in an hour. Please sit back, relax, and enjoy.

Question: What will happen first?

全文訳 皆様，今宵の「ミステリーディナー・シアターショー」にお越しいただき，ありがとうございます。ミステリアスではらはらする劇をご覧いただきながら，おいしいディナーをお楽しみいただくことができます。もうすぐ劇が始まりますので，冒頭の場面をお楽しみください。まもなく皆様のお席にお飲み物をお持ちし，お食事は30分後にお出しいたします。また，1時間後に短い休憩がございます。ゆったりとお座りになり，リラックスしてお楽しみください。

174

Q：最初に何が起こるのか。

選択肢の訳
1 劇が始まる。
2 俳優たちが席まで来る。
3 短い休憩がある。
4 夕食が出る。

解説 冒頭の文から，ディナー付きの劇の案内放送であることを素早く把握したい。第2文でまもなく劇が始まると言っているので，**1**が正解。第3文の後半から夕食が出るのは30分後，第4文から短い休憩は1時間後だとわかる。

No.22 解答 ④

放送英文 *Nova* is an American TV program that teaches people about science. It is based on a similar show from Britain, and it talks about many topics, such as nature and space. The person who made *Nova*, Michael Ambrosino, thought that Americans were not learning enough about science, so he wanted to make a TV program which made science interesting. The program is very successful and has won many awards.

Question: Why was the TV program *Nova* made?

全文訳 「ノヴァ」は，人々に科学について教えるアメリカのテレビ番組である。それは英国の同様の番組を基にしており，自然や宇宙などの多くの話題について語る。「ノヴァ」を作った人物，マイケル・アンブロシーノは，アメリカ人は科学について十分に学んでいないと考え，科学を面白いものにするテレビ番組を作りたかった。番組は大きな成功を収め，多くの賞を受賞した。

Q：なぜテレビ番組の「ノヴァ」は制作されたのか。

選択肢の訳
1 科学の賞を受賞するため。
2 宇宙旅行を売り込むため。
3 自然の中の動物を見せるため。
4 アメリカ人に科学について教えるため。

解説 冒頭の文に，人々に科学について教えるアメリカのテレビ番組だとある。また第3文には，アメリカ人は科学を十分に学んでいないと番組制作者は考え，科学を面白くさせる番組を作りたかったと述べられている。

No.23 解答 ②

放送英文 Rachel plays on her high school soccer team. She usually plays well, but last week, her team lost a big game without scoring even one goal. Every time Rachel tried to pass the ball to a teammate, she kicked it to the other team. She was so upset that she wanted to quit playing soccer. However, Rachel has decided

18年度第1回 リスニング

175

to practice more so she can do better next time.
Question: What did Rachel decide to try to do?

全文訳 レイチェルは高校のサッカーチームでプレーしている。彼女はたいていよいプレーをするが、先週彼女のチームは1つのゴールもできずに大切な試合に負けた。レイチェルはチームメイトにボールをパスしようとするたびに、相手チームにボールをけってしまった。彼女はとても動揺し、サッカーをするのをやめたいと考えた。しかしレイチェルは、次回はもっとうまくプレーできるようにもっと練習することを決意した。
Q:レイチェルは何をしようと決意したのか。

選択肢の訳
1 サッカーの試合をもっと見る。
2 サッカーをするのを上達させる。
3 そのチームでプレーするのをやめる。
4 チームに入る新しいプレーヤーを見つける。

解説 逆接表現 However で始まる第5文から正解がわかる。〔放送文〕to practice more so she can do better → 〔正解の選択肢〕Get better at playing soccer. の言い換えに注意。

No.24 解答

放送英文 Theresa works full-time for a marketing company. Next month, the company is going to move to a smaller office to save money. There will not be enough room for everyone, so the company asked its employees if any of them wanted to work from home. Theresa said yes. She will come to the office once a week for meetings and work from her computer at home on the other days.
Question: What will Theresa start doing?

全文訳 テレサはマーケティング会社で正社員として働いている。来月、その会社はお金を節約するために、より小さなオフィスに移る予定だ。全ての人に十分なスペースがないので、会社は従業員に自宅で仕事をしたい人がいるかどうかを尋ねた。テレサはそうしたいと答えた。彼女は会議のために週に一度オフィスに来て、ほかの日は自宅のコンピューターで仕事をすることになる。
Q:テレサは何をし始めるのか。

選択肢の訳
1 主に自宅で働く。
2 別の会社へ行く。
3 マーケティングのプレゼンテーションを行う。
4 彼女のオフィス用の新しい机を探す。

解説 会社が家で働きたい従業員はいないか尋ねたことに対し、第4文でテレサが yes と答えたと説明されている。正解の選択肢に mostly とあるの

は，最終文に「週に 1 回はオフィスでの会議に出席する」とあるから。

No.25 解答 ③

放送英文 Ralph is in college and lives in an apartment with his friend Scott. In the beginning, things went well, but after a couple of months they started arguing. Scott often forgets to wash his dishes after eating, and Ralph sometimes plays his music too loudly. They decided to have a talk this week about how to get along better.

Question: Why are Ralph and Scott going to have a talk?

全文訳 ラルフは大学に在学中で，友人のスコットと一緒にアパートに住んでいる。最初はうまくいっていたが，彼らは数か月後に口論をし始めた。スコットは食べた後で食器を洗うのをしばしば忘れ，ラルフは時々あまりにも大きな音で音楽を流す。彼らは今週，もっとうまくやれる方法について話し合いをすることにした。

Q：ラルフとスコットはなぜ話し合いをするのか。

選択肢の訳 **1** ラルフは引っ越したいから。
2 スコットは水を使い過ぎるから。
3 彼らはずっと喧嘩をしているから。
4 彼らの隣人がうるさ過ぎるから。

解説 第 2 文に口論が始まったとあり，第 3 文にその具体的な理由が示されている。正解の選択肢では arguing の代わりに類義語の fighting を使っている。

No.26 解答 ②

放送英文 Recently, Marie has been worried about her health. She went to her doctor for advice, and he suggested she should exercise more. The next day, Marie bought a special watch so that she can measure how far she walks every day. The watch also measures how long she sleeps and how fast her heart beats. Now, she can make sure that she gets enough exercise every day.

Question: Why did Marie buy a special watch?

全文訳 最近，マリーは自分の健康を心配している。彼女はアドバイスを求めに医者に行くと，彼は彼女にもっと運動してはどうかと提案した。マリーは翌日，毎日どのくらい歩くかを測定することができるように，特別な腕時計を買った。この時計はまた，彼女がどれくらい眠ったか，そして心拍数はどれくらいかも測定する。今，彼女は毎日確実に十分な運動をすることができる。

Q：マリーはなぜ特別な腕時計を買ったのか。

177

選択肢の訳
1 朝彼女を起こすため。
2 彼女が十分な運動をしているかを確認するため。
3 彼女の心臓の問題に役立てるため。
4 約束に時間通りに行くため。

解説　健康を心配しているマリーは，医師に運動を勧められ，歩いた距離などがわかる時計を購入した。この状況をまとめた **2** が正解。

No.27 解答

放送英文　Sam is writing a research paper for his college Japanese history class. He chose the history of the Edo period as his topic. When he started to do the research, he found that there was too much information for one paper, and he did not have enough time to read all of it. He will ask his teacher if he can write about paintings from the Edo period, instead.

Question: Why did Sam have trouble with his research paper?

全文訳　サムは，大学の日本史の授業のための研究論文を書いている。彼は江戸時代の歴史を主題に選んだ。研究を始めると，1本の論文には情報が多過ぎることがわかり，その全てを読むには時間も足りなかった。代わりに江戸時代の絵画について書いてもよいか，彼は先生に尋ねるつもりだ。
Q：なぜサムは研究論文で苦労しているのか。

選択肢の訳
1 彼の主題には情報が多過ぎたから。
2 彼の先生が彼の手伝いをしようとしなかったから。
3 彼は絵画に興味がなかったから。
4 彼は日本についてほとんど知らなかったから。

解説　第3文で情報が多過ぎて全てを読む時間がなかったことがわかる。第4文からは，江戸時代の絵画という，より範囲を狭めた主題に変更することを考えていることがわかる。

No.28 解答

放送英文　Thank you for shopping at Wilkie's Department Store. Remember, any suit that you buy can be changed to fit you perfectly for free. Also, we are having a special sale on selected top-brand suits this month. You will find them on the third floor, so be sure to check out the low prices. Don't miss this great offer.

Question: What is one thing that Wilkie's Department Store does for customers?

全文訳　ウィルキーズ百貨店でお買い物をしていただき，ありがとうございます。お買い上げいただくスーツは，お客様にぴったり合うように無料でお直しすることが可能です。また，今月は厳選されたトップブランドのスー

ツを特売しています。3階にございますので，お安い価格をぜひご確認ください。この素晴らしいご奉仕をお見逃しなく。
Q：ウィルキーズ百貨店が客のために行うことの1つは何か。

選択肢の訳
1　どのブランドのスーツも注文する。
2　無料でスーツを直す。
3　客が頼めば，より低い価格を提供する。
4　3階でクーポンを受け付ける。

解説　第2文から正解がわかる。同文の受動態 any suit ... can be changed to fit you が，正解の選択肢では Makes changes to suits と能動態になっている。

No.29 解答

放送英文　Mr. Simpson has been a pilot for 25 years, and he was recently asked if he wanted to teach young pilots. The salary and working hours are about the same, but he would not be able to fly anymore. Even though he did not want to stop flying, Mr. Simpson decided to take the job because he wants to help new pilots improve their skills.

Question: Why did Mr. Simpson decide to become an instructor?

全文訳　シンプソン氏は25年間パイロットを務めてきたが，最近若いパイロットを指導したくないかと尋ねられた。給料と勤務時間はほぼ同じだが，もう飛行機を操縦することはできなくなる。シンプソン氏は飛行機の操縦をやめたくはなかったが，新人のパイロットが技能を向上させるのを支援したいと思い，その仕事を受けることにした。
Q：シンプソン氏はなぜ指導員になることにしたのか。

選択肢の訳
1　彼は仕事を減らしたいから。
2　彼は飛行をやめたいから。
3　彼は若いパイロットの手助けをしたいから。
4　彼はもっとお金が欲しいから。

解説　第3文後半の because 以降から正解が3だとわかる。同文で飛行機の操縦はやめたくないと言っているので2は誤り。第2文には給料と勤務時間は同じとあるので，1と4も誤りである。

No.30 解答

放送英文　There is a kind of German Christmas decoration called a Frobel star. Frobel stars are made by joining four pieces of folded paper together to make a star shape. No one knows when they were invented, but children in German kindergartens were taught how to make them to learn about shapes. Frobel stars became

popular in Germany in this way.
Question: What is one thing we learn about Frobel stars?

全文訳 フローベルスターと呼ばれるドイツのクリスマスの飾りの一種がある。フローベルスターは 4 枚の折り畳まれた紙を一緒につなぎ合わせて星形にして作られる。それがいつ考案されたかを知る者はいないが，ドイツの幼稚園児たちは，物の形について学ぶために，その作り方を教えられた。このようにして，フローベルスターはドイツではよく知られるようになったのである。

Q：フローベルスターについてわかることの 1 つは何か。

選択肢の訳
1 それらは紙で作られる。
2 それらはクリスマスプレゼントとして与えられる。
3 それらは子どもたちの間で人気がない。
4 それらはある学生によって考案された。

解説 第 2 文の 4 枚の折った紙をつなぎ合わせて作られるという説明を簡潔に言い換えた **1** が正解である。

二次試験・面接　問題カード **A** 日程　問題編 p.142〜143　

全文訳 **オンラインバンキング**

今日では，インターネットを通じていつでも自分の銀行口座にアクセスすることができる。これは大変便利だが，インターネット犯罪にもつながりかねないのである。銀行は自分たちの顧客をこのことから守りたいので，オンラインバンキング用の新しいセキュリティーソフトウェアを導入している。人々も自分のパスワードを頻繁に変えることを忘れないようにするべきだ。人々にとって，インターネットを利用する際に自分を守ることは重要なのである。

質問の訳
No. 1 文章によれば，銀行はなぜオンラインバンキング用の新しいセキュリティーソフトウェアを導入しているのですか。
No. 2 では，絵を見てその状況を説明してください。20 秒間，準備する時間があります。話はカードにある文で始めてください。
〈20 秒後〉始めてください。
では，〜さん（受験生の氏名），カードを裏返して置いてください。
No. 3 人々はインターネット上の情報を簡単に信用し過ぎると言う人もいます。あなたはそのことについてどう思いますか。
No. 4 近ごろ，有機野菜の人気が出てきています。これからはもっと多くの人たちが有機野菜を買うと，あなたは思いますか。
Yes. →なぜですか。　　　　　　No. →なぜですか。

180

No.1

解答例 Because they want to protect their customers from Internet crime.

解答例の訳「自分たちの顧客をインターネット犯罪から守りたいから」

解説 第3文に so they are introducing new security software for online banking とある。so「それで」はその前の Banks want to protect their customers from this が理由であることを示している。this は前文の Internet crime を指しているのでこれと置き換え，さらに主語を they に置き換えて，Because で始めて答える。

No.2

解答例 One day, Mr. and Mrs. Kato were checking travel websites. Mrs. Kato said to her husband, "Let's go to the beach for our vacation." The next day at a shop, Mrs. Kato was trying on sunglasses. Mr. Kato was thinking of buying the sunglasses for her. At the beach, Mrs. Kato was surprised to see a sign saying sharks were in the water. Mr. Kato was thinking that he would not be able to surf.

解答例の訳「ある日，カトウ夫妻は旅行のウェブサイトをチェックしていました。カトウさんの妻は夫に，『休暇には海辺に行きましょう』と言いました。翌日お店で，カトウさんの妻はサングラスを試着していました。カトウさんは妻にサングラスを買ってあげようと考えていました。浜辺で，カトウさんの妻は水中にサメがいると書いてある看板を見て驚きました。カトウさんは，サーフィンはできないだろうと思いました」

解説 1コマ目は妻のせりふを使って作文。2コマ目はまず妻の行動を過去進行形で描写し，吹き出しの夫の考えを説明する。3コマ目はまず妻が看板に気づいたことを述べ，吹き出しの夫の考えを説明する。妻の気づきは was surprised to see のほか，found，saw などでもよいが，過去形にすること。夫の吹き出しの説明では解答例の think の使い方を学習しておこう。

No.3

解答例 I agree. People often share false news on the Internet. They don't think carefully about what they read online.

解答例の訳「私もそう思います。人々はしばしば，インターネット上の虚偽のニュースを共有してしまいます。インターネットで読んだことについて，あまり注意深く考えないのです」

解答例 I disagree. People realize there is a lot of false information online. They get their information from a variety of sources.

解答例の訳「私はそうは思いません。人々はインターネット上に虚偽の情報がたく

18年度第1回　面接

181

さんあることに気づいています。彼らは様々な情報源から情報を得ています」

解説 フェイクニュースの問題は話題になっており，このような時事問題については，自分の意見と，さらにそれを英語でどう表現するかを，日ごろから考えておくとよい。

No.4

解答例 （Yes. と答えた場合）

More and more people are interested in their health. People want to buy vegetables that are safe to eat.

解答例の訳 「ますます多くの人たちが自分の健康に関心を持っています。人々は食べても安全な野菜を買いたがっています」

解答例 （No. と答えた場合）

Organic vegetables cost much more than regular ones. Also, there aren't many kinds of organic vegetables at the supermarket.

解答例の訳 「有機野菜は通常のものよりもはるかに費用がかかります。また，スーパーマーケットには多くの種類の有機野菜がありません」

解説 Yes の場合は健康や環境への影響，No の場合は費用，生産量，有機野菜の効果に対する疑問などが理由づけになるだろう。普通の野菜と，値段の高い有機野菜が並んでいたら，自分ならどちらを買うか，と考えて Yes/No を決めるのもよいだろう。

二次試験・面接 | **問題カード** **B** **日程** | 問題編 p.144〜145 | ▶MP3 ▶アプリ ▶CD 3 **38**〜**41**

全文訳 **安全な海外旅行**

　近頃，ますます多くの人々が仕事や観光で外国へ旅行している。普通はこうした旅行者が深刻な問題を経験することはない。しかし，危険になり得る地域もあるのだ。政府はこうした地域に関する情報を提供し，そうすることで人々が安全に旅行するのを助けている。旅行を計画する際は，このような情報を参考にすることが重要である。

質問の訳 No. 1 文章によれば，政府はどのようにして人々が安全に旅行するのを助けているのですか。

No. 2 では，絵を見てその状況を説明してください。20 秒間，準備する時間があります。話はカードにある文で始めてください。〈20 秒後〉始めてください。

では，〜さん（受験生の氏名），カードを裏返して置いてください。

No. 3 もし外国語を学びたいのなら，留学することが必要だと言う人も

182

います。あなたはそのことについてどう思いますか。

No. 4 今日，多くの人々がビタミンやミネラルのようなサプリメントを摂取しています。このような人々の数はこれから増えると，あなたは思いますか。

Yes. →なぜですか。　　　　　No. →なぜですか。

No.1

解答例 By providing information about areas that can be dangerous.

解答例の訳 「危険になり得る地域に関する情報を提供することによって」

解説 第 4 文に by doing so they help people travel safely とある。doing so「そうすること」は，その前の provide information about these areas を示している。この these areas は，前文の areas that can be dangerous を指しているのでこれと置き換え，さらに provide を動名詞に置き換えて，By で始めて答える。

No.2

解答例 One evening, Mr. and Mrs. Sato arrived at their hotel on their winter vacation. Mr. Sato said to his wife, "The snow looks good here." Later at the hotel restaurant, Mrs. Sato was ordering some food from the menu. Mr. Sato was looking forward to going skiing. The next morning, Mr. Sato had a fever. Mrs. Sato thought that she should take him to the doctor.

解答例の訳 「ある晩，サトウ夫妻は冬期休暇を過ごすホテルに到着しました。サトウさんは妻に，『ここの雪の状態はよさそうだ』と言いました。後ほどホテルのレストランで，サトウさんの妻はメニューから食べ物を注文していました。サトウさんはスキーをしにいくのを楽しみにしていました。翌朝，サトウさんは熱を出しました。サトウさんの妻は，彼を医者に連れていったほうがいいと考えました」

解説 1 コマ目は夫のせりふを使って作文。2 コマ目はまず妻の行動を過去進行形で描写し，吹き出しの夫の考えを説明する。3 コマ目はまず夫の様子を，続いて吹き出しの妻の考えを説明する。解答例のほか，Mr. Sato was sick in bed. Mrs. Sato was thinking of taking him … といった表現も考えられる。

No.3

解答例 I agree. People will have chances to use the language in daily life. For example, they can use it while shopping or ordering food.

解答例の訳 「私もそう思います。人々は日常生活の中でその言語を使う機会を持つことができます。例えば，買い物や食事の注文のときに使うことができます」

18年度第1回　面接

183

解答例 I disagree. People can now practice languages online. They can speak with foreigners without going abroad.

解答例の訳 「私はそうは思いません。今ではオンラインで言語の練習をすることができます。外国に行かなくても外国人と話すことができます」

解説 I disagree の場合は，It costs too much to study abroad. Going to a language school in Japan is effective and much cheaper. 「留学は費用が掛かりすぎます。日本で語学学校に行ったほうが効果的ではるかに安上がりです」といった答えも考えられる。

No.4

解答例 （Yes. と答えた場合）

Supplements are a good way for busy people to stay healthy. These people don't have the time to cook for themselves.

解答例の訳 「サプリメントは忙しい人が健康を維持するのによい方法です。こうした人々は自分で料理をする時間がありません」

解答例 （No. と答えた場合）

Most people think it's better to eat a variety of food. They think that supplements are not very effective.

解答例の訳 「いろいろな食べ物を食べたほうがよいと考える人が大部分です。サプリメントはそれほど効果的ではないと彼らは考えています」

解説 自分はサプリメントを服用しているかどうか，その理由は何か，サプリメントよりも効果的な健康維持法はあるかなどを手掛かりに，解答を考えるとよい。

2017-3

一次試験
筆記解答・解説　p.186〜197

一次試験
リスニング解答・解説　p.198〜216

二次試験
面接解答・解説　p.216〜220

解 答 一 覧

一次試験・筆記

1

(1)	1	(8)	3	(15)	3
(2)	3	(9)	1	(16)	4
(3)	2	(10)	4	(17)	3
(4)	2	(11)	3	(18)	1
(5)	4	(12)	1	(19)	3
(6)	2	(13)	4	(20)	1
(7)	2	(14)	2		

2 A

(21)	4
(22)	2
(23)	3

2 B

(24)	3
(25)	3
(26)	4

3 A

(27)	1
(28)	4
(29)	4

3 B

(30)	4
(31)	1
(32)	2
(33)	1

3 C

(34)	2	(36)	2	(38)	3
(35)	1	(37)	4		

4　　解答例は本文参照

一次試験・リスニング

第1部

No. 1	2	No. 6	2	No.11	3
No. 2	3	No. 7	4	No.12	2
No. 3	1	No. 8	3	No.13	3
No. 4	2	No. 9	4	No.14	1
No. 5	4	No.10	1	No.15	4

第2部

No.16	3	No.21	4	No.26	3
No.17	3	No.22	1	No.27	2
No.18	2	No.23	2	No.28	4
No.19	1	No.24	4	No.29	2
No.20	1	No.25	1	No.30	3

一次試験・筆記 | **1** | 問題編 p.148〜150

(1) ― 解答 ① ••

訳　私の母は並外れた記憶力を持っている。たった一度聞いてすぐに電話番号を覚えられるのだ。

解説　空所には続く memory を修飾する形容詞が入る。第2文から，母の記憶力が incredible「並外れた」ものだとわかる。artificial「人工の」，innocent「無罪の，純真な」，arrogant「ごうまんな」

(2) ― 解答 ③ ••

訳　その科学者は，水中の汚染物質の量を安く迅速に測定できる装置を発明した。

解説　空所は invented の目的語になることと，関係代名詞 that 以降の「迅速に測定できる」という内容から，device「装置」が正解だとわかる。harbor「港」，temper「気質」，legend「伝説」

(3) ― 解答 ② ••

訳　メアリーは彼女の部署のほかの人たちよりも給料が少ないのに，しばしばより多くの仕事を与えられる。上司は自分を公平に扱っていないと彼女は感じている。

解説　第1文の給料は少ないのに仕事は多いという内容から，メアリーは自分が fairly「公平に」扱われていないと感じているとわかる。widely「広く」，deeply「深く」，vaguely「漠然と」

(4) ― 解答 ② ••

訳　ドロシーは学校祭の管理を任された。彼女は予定表を作り，全ての活動の準備をしなければならなかった。

解説　空所後の目的語との組み合わせを考え，「(行事・活動など) を準備する」という意味の organize を選択する。prevent「〜を妨げる」，complicate「〜を複雑にする」，harvest「〜を収穫する」

(5) ― 解答 ④ ••

訳　友人たちの助けによって，ジョーは1日で新しい家に自分の持ち物全てを移動できた。彼らの助力に感謝するため，ジョーは彼ら全員を夕食に連れていった。

解説　第2文の To thank them for their help から，友人たちが手伝ってくれたとわかるので，同文中の help の同義語 assistance「助力」を選択。recreation「気晴らし，娯楽」，conflict「対立」，planet「惑星」

(6) ― 解答 ② ••

訳　A：あら，いやだ！　ドレスにワインをこぼしちゃった。着られなくなったわ。

B：それほどひどくないよ。クリーニング店に出せばいいだけじゃない
　　かな。

解説 Aの「ワインをこぼした」という発言と，Bの「クリーニングに出せば
大丈夫ではないか」という発言から，Aはドレスが be ruined「使えな
くなった」と思ったことがわかる。melt「〜を溶かす」，argue「〜だ
と主張する」，launch「〜に着手する」

(7) ― 解答 ②

訳 エイミーは新しい腕時計を買うために，自分の銀行口座から 300 ドル
を引き出した。

解説 文後半の節を導く so は so that「〜するために」の that が省略された
形。「腕時計を買うために」300 ドルを withdrew「（〜から）（預金）
を引き出した」とする。refuse「〜を断る」，embrace「〜を抱く」，
overtake「〜に勝る」

(8) ― 解答 ③

訳 海の近くに新しい集合住宅を建築することを制限することによって，住
民たちは浜辺の景観を保全しようと努めた。

解説 by limiting「〜を制限することによって」以降の内容から，浜辺の景
観を preserve「〜を保全する」努力をしたのだとわかる。publish「〜
を出版する」，replace「〜に取って代わる」，restrict「〜を制限する」

(9) ― 解答 ①

訳 レイチェルは昨日，新しい本棚を買った。家に帰ってから，組み立てて
いる間に間違えないよう，説明書を注意深く読んだ。

解説 so that 以降の内容から，注意深く読んだのは instructions「説明書」
だと判断できる。campaign「組織的活動，遊説，宣伝活動」，lifestyle
「生活様式」，stock「株，備蓄」

(10)― 解答 ④

訳 ソクラテスは古代ギリシャを生きた，偉大な哲学者だった。今日でも，
多くの人々が彼の言った賢明な言葉を研究している。

解説 Socrates（ソクラテス）が有名な philosopher「哲学者」だと知らな
くても，第 2 文，特に the wise things that he said の部分から，正解
を推測できる。explorer「探検家」，competitor「競技者，競争相手」，
spectator「観客」

(11)― 解答 ③

訳 ダンが今朝仕事へ自転車に乗っていく途中，チェーンが壊れてしまった。
幸い，あるドライバーが止まって，彼を修理店まで乗せていってくれた。

解説 第 2 文の Luckily と，a ride to a repair shop から，修理店まで車で
乗せていってくれたと推測できる。a ride があるので give *O* a ride「O
を乗せていく」の形になる。

17 年度第 3 回　筆記

187

(12)—解答 **1** ・・

訳 自分が一流大学への入学を認められたという知らせをもらい，ジュディは喜びでいっぱいであった。彼女の人生で最も幸せな日だった。

解説 第1文の that 節と第2文の内容から，was filled with (joy)「（喜びで）満たされていた」とわかる。be due to「～することになっている」，be reminded of「～に気づかされる」，be suffering from「～に苦しんでいる」

(13)—解答 **4** ・・

訳 アンは会社の親友に，仕事を辞めるつもりであることを伝えた。彼女は彼に，自分が上司に伝えるまでは内緒にしておくよう頼んだ。

解説 退職の告白と until 以降の内容から，「内緒にしておく」よう頼んだと推測できる。その意味を表すのは keep it to *oneself* の形である。「自分自身に保っておく」→「他人に漏らさない」。

(14)—解答 **2** ・・

訳 道路工事の騒音がとてもうるさくて，生徒たちは試験に集中できなかった。先生は彼らに，できる限り努力するようにと言った。

解説 道路工事の状況と先生の言葉から，生徒たちは試験に could not concentrate on「～に集中できなかった」のだと判断できる。interfere with「～を妨害する」，see about「～を手配する」，laugh at「～をあざ笑う」

(15)—解答 **3** ・・

訳 Ａ：スティーブンの両親はお金持ちなんだって？
Ｂ：そうさ，とっても裕福なんだ。ものすごく大きな家に住んでいるし，フランスに別荘も持っているんだよ。

解説 「お金持ちなんだって？」という付加疑問に対し Yes と答えているので，well off「裕福で」が正解。straight on「ずっとまっすぐ」，left on「～に残されて」，far off「遠く離れて」

(16)—解答 **4** ・・

訳 Ａ：ホテルの予約はできないと思うよ。手遅れだよ。
Ｂ：まだあきらめるつもりはないわ。必要があれば，その町の全てのホテルに電話をかけるわ。

解説 Ｂの第2文から，まだあきらめていないとわかるので，空所前の not と組み合わせ，be ready to *do*「進んで～する」の否定形にする。be free to *do*「自由に～できる」，be shocked to *do*「～してショックを受ける」。equal to「～と等しい」の to は前置詞なので，不定詞を導かない。

(17)—解答 **3** ・・

訳 Ａ：ねえ君，仕事に行く途中で，僕のスーツをクリーニング店に出してくれるかい？

188

B：ええ，いいわよ。

解説 正解の drop off「（車でどこかへ行く途中に）～を置いていく」は drop「降ろす」＋off「離す」のイメージ。反意語の pick up「～を取りにいく」と併せて覚えたい。rule out「～を除外する」，leave out「～を入れない」，switch off「～のスイッチを切る」

(18)— 解答 ①

訳 サリーは 2 台のノートパソコンを検討し，小さい方を買うことにした。大学に毎日持っていくつもりなので，そちらの方がもう一方よりも便利だと思ったのだ。

解説 2 台のうち 1 台は主語の it で示されており，空所は残りの 1 台を示すので，the other が正解。another は an + other で，ほかに数台あるうちの 1 台ということになる。either「どちらか一方」，both「両方」

(19)— 解答 ③

訳 その化学の問題は解くのがとても簡単だった。クラスのほぼ全員が正答した。

解説 空所を含む文が「問題は解くのが簡単だった」となるのは，第 2 文の「ほぼ全員が正答」からわかる。easy to *do* の形を使ってこれを表現する。

(20)— 解答 ①

訳 スミス氏の同僚たちは，スミス氏がかつてオリンピックの水泳選手だと知って驚いた。彼はあまりスポーツマンタイプとは思えなかったのだ。

解説 〈find it ＋形容詞＋ that 節〉「（that 節以下）だと知って～」は覚えておきたい構文。find *O C*「*O* が *C* だとわかる」の *C* に形容詞，*O* に形式目的語の it を入れ，it の具体的内容を that 節で表している。

一次試験・筆記 2 問題編 p.152～155

A 全文訳 エコシェフ

　多くのレストランは膨大な量の食べ物を浪費し，大量のエネルギーを消費する。さらに，ほとんどのレストランはたいてい，環境保護よりも利益を上げることに大きな関心がある。だが今日，消費者は地球により優しい企業や店を好むようになり始めている。このため，シェフであり経営者でもあるイギリス人のアーサー・ポッツ・ドーソンは，食品業界の仕組みを変えることを始めた。

　ポッツ・ドーソンは，子ども時代の夏を父親と農場で過ごし，食べ物と自然への愛と敬意を育み，そこで羊の飼育と作物の栽培について学んだ。16 歳でシェフの修行を始め，その後いくつかの人気レストランで働いた。しかし，彼が最初のレストランを開店したときに初めて，食べ物の浪費をしないことで 2 つの目標が達成されることに気づい

189

た。第一に、そうすることがお金の節約になり自分の店を助け、第二に、そうする方が環境にとってよかったのである。

　その後ポッツ・ドーソンは、ロンドン初の環境的に持続可能なレストラン、エイコーンハウスを開店することを決意した。そこでは、残った食べ物は肥料を作るのに使われた。その肥料はその後、レストランの屋上庭園で作物の栽培促進に使用され、それがレストランで出される野菜の多くを生産した。エイコーンハウスはまた、食料以外の全ての廃棄物をリサイクルし、地元の若者たちを「エコシェフ」にするための訓練をした。レストランは成功し、ほかのレストランも同じことをし始めた。確かに、ますます多くの消費者が環境に優しい企業に引き付けられているので、「エコレストラン」の数はこれからも増え続けそうだ。

(21)—解答 ④

解説 「レストランは食べ物を浪費するが、消費者は環境に優しい店を選び始めている」という空所前の内容を Because of this「このため」で受けると、「ポッツ・ドーソンは食品業界を変えようとし始めた」という空所後の内容にうまくつながる。

(22)—解答 ②

解説 空所後の文で、First, … and second, … と 2 つの利点が記されているので、achieved two goals「2 つの目標を達成した」を選択する。

(23)—解答 ③

解説 「このレストランが成功したのでそのほかのレストランも」という流れから、do the same thing「同じことをする」が適切。次の文の「エコレストランの数は増え続けそうだ」という内容にもうまくつながる。

B 全文訳 賢い運転

　ほとんどの新車は、20 年前よりもはるかに少ないガソリンしか使わない。さらに、ガソリンと電気の両方で走るハイブリッド車がより一般的になってきている。当然ながら、これらの車は古い車ほど大気汚染を引き起こさない。しかし、古い車を運転する人でも、環境への影響を減らすために多くのことができるのだ。実は、ドライバーにできる最もよい行動の 1 つが、単に運転の仕方を変えることなのである。

　例えば、時速 90 キロでの走行の方が時速 110 キロでの走行よりもガソリンの使用量が 25 パーセント少なくなることが、研究によって示されている。もっとゆっくり走行するだけで、1 キロメートルあたりの燃料消費量ははるかに少なくなる。さらに、車は急加速時に多くのエネルギーを使う。このため、ドライバーにはいつでも可能な限り一定の速度で運転し、さらに加速や減速をゆっくり行うことが推奨されるのだ。

　研究者たちは、運転手がこのような技術や、ブレーキを使わずに車を自然に減速させたり、そのほかの技術を使用すれば、ガソリンの使用量が 30 パーセント削減されることを発見した。実際、このような効率のよい運転をする活動を、「ハイパーマイリング」と呼ばれる趣味に変えている人もいる。彼らは普通の車で、できる限り少ないガソリン

の使用量でできる限り長い距離を運転する。最高のハイパーマイラーはほんの数リットルの燃料で何百キロもの距離を運転することが可能だ。大部分の人々はそのエネルギー効率のレベルに達することはないが，運転する人は誰でも，新しい車を買わずとも，ガソリンの節約を始めることができるのである。

(24)—解答 **3** ••

解説 空所には reduce の目的語が入る。前文では新しい車やハイブリッド車はより古い車より大気を汚さないとあるが，空所を含む文はこれを逆接の However で受けているので，古い車を運転する人でも their impact on the environment「環境に対する影響」を減らすことができるとする。

(25)—解答 **3** ••

解説 第2段落の前半と後半を論理的につなぐ接続副詞（句）を選択する問題。「ゆっくり運転するとよい」，Moreover「さらに」，「急加速を避けるとよい」とすると文意がつながる。

(26)—解答 **4** ••

解説 空所を含む文は，前文で紹介された hypermiling の具体的な活動の説明。(while) using as little gasoline (as possible)「（できる限り）少ない量のガソリンを使い（ながら）」とすると，続く第4文の内容と矛盾なくつながる。

一次試験・筆記 **3** 問題編 p.156〜162

A 全文訳

発信人：トーマス・スナイダー <t.snyder@flashweb.net>
宛先：ブレンダ・ニクソン <brenda-nixon@amail.net>
日付：1月19日
件名：インターネットサービス
ニクソン様，

　来月引っ越されることを当フラッシュウェブまでお知らせいただき，ありがとうございました。新しいアパートでもフラッシュウェブのご利用を続けたいとお聞きしてうれしく思い，また，ニクソン様がサービスの変更をするお手伝いをするために，本日メールを差し上げました。私たちはすぐに新しいお住まいにサービスを移動するだけでなく，いくつかの特別なアップグレードと無料サービスをご提供できます。

　まず，新しくお住まいになる地域では，より速いインターネットサービスを利用できるようです。現在はフラッシュウェブ25サービスをご利用いただいていますが，それには最速25 Mbps しかインターネット速度がございません。これは現在お住まいの地域では最速です。しかし，クレアトンに転居されましたら，100Mbps の速度で無料の電話サービスの付いたフラッシュウェブ100にアップグレードすることが可能です。

191

料金の差は月額 5 ドル増えるだけで，最初の 3 カ月間は無料です。

　また，あなたの新しいお住まいにスタッフの 1 人が伺い，インターネットサービスを設定するための日時を決める必要があります。今月末より前に，当社ウェブサイトで予約をしていただくか，1-800-555-8989 までお電話をください。新しいサービスの設定を手配するときにも，フラッシュウェブ 100 へのアップグレードを希望されるかどうかお知らせいただくことができます。フラッシュウェブをご利用いただき，ありがとうございます！

敬具

トム・スナイダー

フラッシュウェブ・カスタマーサービス

(27)—解答 ①

質問の訳 ニクソンさんは

選択肢の訳
1 まもなく新居に引っ越す。
2 いくつか無料サービスを加えるよう，トム・スナイダーに依頼した。
3 フラッシュウェブとの契約を解消しようとしている。
4 自分のアパートでインターネットの問題を抱えている。

解説 第 1 段落第 1 文に you will be moving とあり，ニクソンさんが引っ越すことが示唆されている。また，同段落中に your new apartment，your new place という新居を表す表現が使われている。

(28)—解答 ④

質問の訳 現在のニクソンさんのインターネットサービスについて正しいことは何か。

選択肢の訳
1 最初の 3 カ月だけ無料だった。
2 無料の電話サービスが付いている。
3 クレアトンでのサービスより費用がかかる。
4 彼女の住む地域で利用できる，最も速いものである。

解説 第 2 段落第 2 文で現在利用しているサービスを確認しており，第 3 文でこれが今住んでいる地域で最速であると述べている。**1**，**2** は引越し先での新しいサービスに関する記述。同段落の最終文で引越し先でのサービスのほうが月 5 ドル高いとわかるので，**3** も間違い。

(29)—解答 ④

質問の訳 ニクソンさんは月末より前に何をすべきか。

選択肢の訳
1 インターネットでフラッシュウェブのウェブサイトにアクセスし，割引を得る。
2 現在のアパートでフラッシュウェブ 100 にアップグレードする。
3 フラッシュウェブに電話をかけ，新しいサービスの費用がどれだけかかるか確認する。
4 自分のインターネットを設定するために，フラッシュウェブに予約

する。

> **解説** 第3段落第1文に，彼女の新居でインターネットサービスを設定するためにスケジュールを組まなくてはならないことが，第2文に月末より前に予約してほしいことが述べられている。

B 全文訳 読書療法

「読書療法」という言葉は，精神的な問題を治療する目的を持った読書を意味する。本は精神によいという考えは古くから存在しており，現代においても，心の健康に対する読書の重要性を力説する医師もいる。しかし，最近になり，病気を治療するための読書利用が，より入念に研究され始めている。医学の専門家たちは，読書がほかの治療法と同様に効果的であるという確固たる証拠を発見したと言っている。

発見の1つは，どんな種類の読書でもストレスを抱える人々に効果があるということだ。英国の心理学者デイビッド・ルイスは，身体に対する読書の効果をテストした。彼は，6分間黙読すると心臓の鼓動が緩やかになり，筋肉の弛緩が助長されることを発見した。実際，読書はストレスのレベルを60パーセント以上下げることができるのをルイスは知ったのである。これは，音楽を聞くといったそのほかのストレス軽減法よりもはるかに効果的なのだ。

読書療法のもう1つの重要な側面が，読まれる本の内容である。2013年，英国政府は「処方本」というプログラムを開始した。このプログラムでは，医師は患者に，彼らの問題の助けになるような本を勧める。こうした本は，不眠や不安といった問題に対処する方法についてのアドバイスをしている。患者にこのような方法で自分の問題に関する本を読ませることは，ほかのより高額な治療法と同様に効果的であることが，研究により示されている。この英国のプログラムは，今や多くの国で採用されている。

別の種類の読書療法では，人々が精神的な問題に対処するのを助けるのに小説や文学作品を使用している。小説を読むとき，読者は小説の登場人物と同じ感情を経験することが多い。この経験は，彼ら自身の問題をより明確に理解することを教えることができる。このことは，人々がさまざまな種類の精神的な問題に対処するのに役立つことがわかっている。現在ロンドンでは，特定の問題に対処するために特別に選ばれた小説のリストを提供するサービスが開始されている。将来，読書療法はより一般的になる可能性が高いと，専門家は言う。

(30)— 解答 ④

> **質問の訳** 何人かの医師によれば，

> **選択肢の訳** 1 何人かの人々の精神は，読書療法にうまく反応しない。
> 2 現代では精神的な病いがより一般的になってきている。
> 3 精神的な病いに対する現代の治療法の多くは効果的ではない。
> 4 読書は人々の心の健康に恩恵をもたらしうる。

> **解説** 第1段落は bibliotherapy「（精神的な問題に対する）読書療法」の概要が説明されており，最終文にはその効果を証明するものが発見された

と述べられている。

(31)— 解答 ①

質問の訳 デイビッド・ルイスは黙読について何を発見したか。

選択肢の訳 1　それは人々が感じるストレスの度合いを大幅に軽減できる。
2　それは心臓が鼓動する速度を上げることができる。
3　それは身体運動の6分後に行うべきである。
4　それは音楽を聞くよりも効果が少ない。

解説 第2段落の第1文に，any kind of reading can be good for people with stress とある。第4文では reading can reduce stress levels by more than 60 percent と具体的な数値を出して説明している。

(32)— 解答 ②

質問の訳 「処方本」と呼ばれるプログラムの利点の1つは何か。

選択肢の訳 1　患者は医師に彼らの問題をより話しやすくなる。
2　患者はより低い費用で効果的な治療を受けることができる。
3　医師がそれぞれの患者と過ごす時間が長くなる。
4　医師は，効果的な本を見つけるための重圧が軽くなる。

解説 第3段落は医師が本を処方する Books on Prescription というプログラムを説明している。第5文では，それはより高価な治療法と同様に効果的であることが述べられている。これを言い換えた **2** が正解。

(33)— 解答 ①

質問の訳 精神的な問題を抱える人に小説が使われる理由の1つは何か。

選択肢の訳 1　登場人物の感情を感じることで，人々は自分の問題をよりよく理解できる。
2　いくつかの小説には，人々が必要とする助けを得るために行くことができる場所のリストが載っている。
3　何人かの人々は物語を読むのをとても楽しむので，問題を忘れてしまう。
4　未来についての小説は，人々が異なる方法で世界を考察することを可能にする。

解説 第4段落第2文に小説を読むことで登場人物の感情を経験できることが，第3文にこの経験が自身の問題をより明確に理解することを教えることが，それぞれ書かれている。〔本文〕see their own problems more clearly → 〔正解の選択肢〕get a better understanding of their problems の言い換えに注意。

C 全文訳 古代植物をよみがえらせる

　数千年前には地球はどのようであったかについて，人類は常に興味を抱いてきた。その時代に生きていた植物や動物についてもっと学ぶために，科学者たちはそれらの化石

やそのほかの遺物を調べる。近年では，遺伝学，特に DNA の研究が，こうした科学者たちにとって重要なツールとなっている。恐竜のような古代生物を生き返らせることを夢見ている人々さえいる。まだ動物はよみがえらせていないものの，科学者たちは種から多くの古代植物を育てることに成功している。これらの植物のうち群を抜いて古いのが，ロシアの科学者たちによって再び育てられている，32,000 年前の植物である。

この植物はスガワラビランジという花で，ロシア東部のシベリアでかつて生育していた。科学者たちは，地中深く埋められていたその植物の種子と果実を発見した。その種子と果実は古代動物が冬の間に食べられるよう保存するためそこに埋めたのだと，彼らは考えている。科学者たちが発見した種子は，損傷していたために成長できなかった。しかし科学者たちは，果実から遺伝物質を取り出し，新しい植物を育てることができた。その後この植物が，植物をさらに増やすために科学者が利用できる新しい種子を生み出したのである。

このもともとの花の現代の近縁種は現在もシベリアで生育しているが，古代の花が育つと，それには現代の花との重要な違いがいくつかあった。古代の花の花弁ははるかに長く，間隔が広く開いていたのだ。古代の花を研究することで，科学者たちは植物がどのように進化してきたかについてもっと知ることができるだろう。

これ以前では，生育された最も古い種子は，イスラエルにある樹齢 2,000 年の木のものであった。シベリアの種子がこれほど長期間保存されていた理由は，永久凍土に埋められていたために種子の遺伝情報が保護されたからだと，ロシアの科学者たちは考えている。シベリアの永久凍土にはほかにも多くの古代の種子が含まれていると科学者たちは考えており，さらに古い植物さえよみがえらせることができるかもしれないのだ。このことは，植物の歴史とその変化の経緯をよりよく理解する助けになるだろう。

(34)—解答 ②

質問の訳 最近，科学者たちは

選択肢の訳 1 数多くの古代動物をよみがえらせることができた。
2 古代の植物や動物について学ぶために遺伝学を使い始めた。
3 今の地球で生きることができるかもしれない恐竜を作り始めた。
4 かつての動物の生き方を研究するための新しいタイプの化石を作り出そうとしてきた。

解説 第 1 段落第 3 文に genetics, … has become an important tool for these scientists とある。この these scientists は第 2 文から古代の動植物を研究している科学者のことだとわかる。

(35)—解答 ①

質問の訳 ロシアの科学者たちはどのようにしてスガワラビランジを育てられたのか。

選択肢の訳 1 彼らが発見した古代の果実の遺伝物質を使用した。
2 彼らが地中深くに見つけてあった古代の種子を使用した。
3 彼らは種子を寒い冬の間守るために，地中深く植えた。

195

4 特別に設計した新しい種類の容器に果実を植えた。

解説 第2段落第4文に種子は損傷を受けていたので育たなかったと書かれているが，続く第5文は逆接の However で始まり，果実から取った遺伝物質で新しい植物を育てたと述べられている。

(36)—解答 ②

質問の訳 ロシアの科学者たちが古代植物を現代の近縁種と比較してわかったことの1つは何か。

選択肢の訳 **1** その植物は今よりも咲く花の数が少なかった。
2 その植物は進化して花弁が短くなった。
3 その古代植物は，現代の近縁種とは異なる色だった。
4 現代のその植物は，古代のものよりもロシアのより広い地域に見られる。

解説 第3段落第2文から正解がわかる。本文の The petals on the ancient flower were much longer が，正解の選択肢では The plant has evolved to have shorter petals … と逆の視点からの言い換えになっているので注意。

(37)—解答 ④

質問の訳 ロシアの科学者たちが信じていることは

選択肢の訳 **1** 2,000年以上たった種子から植物を育てることはできそうもない。
2 イスラエルに保管されていた古代の種子は，ロシアの種子よりも育てやすい。
3 彼らは地面が永久に凍っている地域で植物を育てることができるだろう。
4 シベリアの凍土は植物の DNA を長時間安全に保つことができる。

解説 第4段落第2文の内容を簡潔に言い換えた**4**が正解。〔本文〕frozen earth →〔選択肢〕frozen soil，〔本文〕protected the genetic information in the seeds →〔選択肢〕keep the DNA of plants safe の言い換えに注意。

(38)—解答 ③

質問の訳 以下の記述のうち正しいのはどれか。

選択肢の訳 **1** ロシアの科学者たちは凍土を使って種子を保護したいと考えている。
2 ヒトの DNA は，科学者が植物の遺伝学的歴史についてより多く学ぶ助けとして使用することができる。
3 スガワラビランジの果実と種子は，古代動物によって埋められたのかもしれない。
4 初めて花をつけた植物は32,000年以上前にシベリアで生育していた。

解説 第2段落第2文に *Silene stenophylla* の種と果実が地中深くに埋めら

れているのを発見したことが，第3文にそれは動物がそこに埋めたのだと科学者たちが考えていることが，それぞれ書かれている。

一次試験・筆記 4 問題編 p.162

トピックの訳 都市における車の台数を制限すべきだという人もいます。この考えにあなたは同意しますか。

ポイントの訳 利便性　公共の安全　環境

解答例 I agree that the number of cars in cities should be limited, and I have two reasons for feeling this way. First, if there were fewer cars, city streets would be safer. Crossing the street would be far less dangerous for people on foot or on bicycles. Second, fewer cars would also be better for the environment. Cars produce a lot of harmful gases, and limiting them might encourage people to use public transportation like trains or buses. This would make the air cleaner. Therefore, I think that the number of cars in cities should be limited.

解答例の訳 私は都市における車の台数を制限すべきであることに賛成で，そう思う理由が2つあります。第一に，車の数が少なくなれば，都市の道路はより安全になるでしょう。歩行者や自転車に乗っている人にとり，通りを渡ることはずっと危険ではなくなります。第二に，車が少なくなることは環境にも優しいのです。車は有害なガスをたくさん発生させますが，車を制限することで，人々は電車やバスのような公共交通機関を使用するようになるでしょう。そうなれば空気はきれいになります。ですから，都市における車の台数は制限されるべきだと私は思います。

解説 まず TOPIC の表現を利用して，I think …/I don't think … または I agree …/I disagree … と自分の意見を明確にする。それからその理由を2つ書く。解答例では第1文の後半を … and I have two reasons … とし，理由が2つあることを明示し，第2文以降で具体的な説明を続けている。第2文は First … で始め，ポイントに挙げられていた公共の安全を理由に挙げ，第3文で，車の数が少なければ歩行者や自転車に乗っている人にとってより安全だと具体的に説明している。第4文では第2の理由として，やはりポイントにあった環境を挙げ，第5文〜6文で車が少なければ排出する有毒ガスが少なくなり，空気がきれいになると具体的に説明している。最後の第7文は Therefore「だから」で始めて，第1文で述べた自分の意見を繰り返し，解答を締めくくっている。

17年度第3回　筆記

197

| 一次試験・
リスニング | 第**1**部 | 問題編 p.163〜165 | ▶MP3 ▶アプリ
▶CD 3 **42**〜**57** |

No.**1** – 解答 ②

放送英文 ☆： Hello?

★： Hello, Mrs. Lawrence. This is Ben. Can I speak to Jessica, please?

☆： Oh, hi, Ben. Jessica just went to bed. Can I take a message for her?

★： No, that's OK. I'll call again tomorrow morning.

☆： She has a big tennis match tomorrow, so maybe tomorrow night would be better.

Question: What does Mrs. Lawrence suggest Ben do?

全文訳 ☆： もしもし？

★： こんにちは，ローレンスさん。ベンです。ジェシカをお願いします。

☆： あら，こんにちは，ベン。ジェシカはちょうど寝たところなの。メッセージをお預かりしましょうか。

★： いいえ，結構です。明日の朝にもう一度電話します。

☆： 明日は大事なテニスの試合があるから，たぶん明日の夜の方がいいかもしれないわ。

Q：ローレンスさんはベンに何をするよう提案しているか。

選択肢の訳 **1** ジェシカとテニスをする。

2 明日の夜ジェシカに電話する。

3 今ジェシカと話をする。

4 今夜また後で電話をする。

解説 ベンが2番目の発言で I'll call again tomorrow morning. と言ったのに対し，ローレンスさんは maybe tomorrow night would be better と提案している。

No.**2** – 解答 ③

放送英文 ☆： Jack, one of our clients is arriving from Spain next Tuesday. Can you pick her up at the airport?

★： Sure, Ms. Evans. But why me? Don't you usually have Tom pick people up?

☆： I don't think the client speaks English. I'd like you to go because you're the only one here who speaks Spanish.

★： All right. I'll be happy to go.

Question: Why does Ms. Evans ask Jack to pick up their client?

全文訳 ☆： ジャック，私たちのクライアントの1人が次の火曜日にスペインから到着するの。空港まで車で彼女を迎えにいってもらえるかしら。

198

★：わかりました，エバンスさん。でも，なぜ私なんです？ たいてい，トムに迎えにいってもらっているでしょう？

☆：クライアントは英語を話さないと思うの。ここでスペイン語を話せるのはあなただけだから，あなたに行ってほしいのよ。

★：わかりました。喜んで行きますよ。

Q：なぜエバンスさんはジャックに彼らのクライアントを車で迎えにいくよう頼むのか。

選択肢の訳
1　エバンスさんはその日は忙し過ぎるから。
2　エバンスさんは車の運転ができないから。
3　ジャックはスペイン語が話せるから。
4　ジャックはそのクライアントと以前会ったことがあるから。

解説　エバンスさんから迎えを頼まれた男性の But why me? という質問に対し，エバンスさんは理由として，because you're the only one here who speaks Spanish と答えている。

No.3 －解答

放送英文
★：Excuse me. I just moved into this apartment building. Do you know if I can park my car on the street overnight?

☆：No, you can't. The police will have it taken away.

★：Oh. Where should I park it, then?

☆：There's a small parking lot behind the building. If that's full, there are always spaces available in the parking garage at the end of the street.

Question: What is the man asking about?

全文訳
★：すみません。私はこのアパートに引っ越してきたばかりなんです。夜間通りに車を停めておくことができるかどうかご存じですか。

☆：いいえ，できません。警察が持っていってしまいますよ。

★：おや。では，どこに駐車したらいいですか。

☆：建物の裏に小さな駐車場があります。そこがいっぱいであれば，通りの突き当たりの駐車場ビルには常に使えるスペースがありますよ。

Q：男性は何について尋ねているのか。

選択肢の訳
1　彼が自分の車を駐車できる場所。
2　オープンしたばかりの駐車場。
3　警察署のそばの公園。
4　駐車場ビルでの値段。

解説　男性の最初の発言の Do you know if I can park my car on the street …? と2番目の発言の Where should I park it …? から，男性が車を停める場所を探していることがわかる。

No.4 −解答 ②

放送英文 ☆： Excuse me. My car's making a strange noise. Could you look at it for me?

★： Certainly. How long has this been happening? Are there any other problems?

☆： Well, it started making the noise two days ago. Other than that, it seems fine. It's never needed any repairs before.

★： OK. Well, bring your car inside the repair shop and we'll take a look for you.

Question: What does the woman say about her car?

全文訳 ☆： すみません。私の車から変な音がするんです。調べてもらえますか。

★： かしこまりました。これはどのくらいの間起きていますか。ほかの問題はありますか。

☆： そうね, 2日前から騒音が出始めたんです。それ以外は, 大丈夫みたいです。これまで修理の必要は一切ありませんでした。

★： わかりました。では, 車を修理工場の中に入れてください。見てみますので。

Q：女性は自分の車について何と言っているか。

選択肢の訳　**1** それはしょっちゅう修理が必要になる。

2 それは最近問題を起こし始めた。

3 それが出す騒音は以前よりもうるさい。

4 その店は最近それを修理した。

解説　女性が訴えている My car's making a strange noise. と it started making the noise two days ago を, 正解の選択肢では It has started having problems recently. と, 漠然とした表現で言い換えている。

No.5 −解答 ④

放送英文 ★： Hello, ma'am. My name's Adam Perkins. I have a reservation for two at 6 p.m.

☆： Hmm. I don't see your name on the list, sir.

★： But I made a reservation this afternoon. This is the Franklin Street Grill, isn't it?

☆： Oh! Sorry, sir. This is the Texas Steakhouse. The Franklin Street Grill is across the street.

Question: What is the man's problem?

全文訳 ★： こんにちは。私の名前はアダム・パーキンスです。午後6時に2人の予約をしています。

☆： うーん。お客様, お名前がリストに見当たりません。

★： でも, 今日の午後予約をしたんですよ。こちらはフランクリン・ストリー

ト・グリルですよね。

☆： あら！ すみませんが，お客様。こちらはテキサス・ステーキハウスです。フランクリン・ストリート・グリルは通りの向こう側にございます。

Q：男性の問題は何か。

選択肢の訳　**1**　フランクリン・ストリート・グリルは閉店している。

2　テキサス・ステーキハウスは彼の予約を忘れた。

3　彼は女性に誤った名前を知らせた。

4　彼は間違ったレストランへ行った。

解説　まず会話前半の，男性客の予約がレストランに入っていないという状況を把握しよう。女性の最後の発言から，男性は予約したレストランの向かいにある別のレストランに来ているとわかる。

No.6 −解答 ②

放送英文　★： Cindy, I'm worried about working with our new manager, Ms. Kent.

☆： Don't worry, Dave. I used to work with her. She's really nice.

★： Oh. That's good to know. I heard she was pretty strict.

☆： Well, she makes you work hard, but she's always fair. I think she'll be good for our department.

Question: What has Dave heard about the new manager?

全文訳　★： シンディ，僕は新しい部長のケントさんと一緒に働くことについて心配しているんだ。

☆： 心配しないで，デイブ。私は彼女と一緒に仕事をしていたの。彼女は本当にいい人よ。

★： ああ。それはよかった。彼女はとても厳しいと聞いたんだ。

☆： そうね，彼女は人を大いに働かせるけれど，いつでも公平よ。彼女はうちの部署に適任だと私は思うわ。

Q：デイブは新しい部長について何を聞いたのか。

選択肢の訳　**1**　彼女はシンディに対して親切ではなかった。

2　彼女はとても厳しい。

3　彼女はいろいろな部署で仕事をしてきた。

4　彼女は一生懸命仕事をしない。

解説　冒頭で男性が I'm worried about … と，新しい上司と働くことを心配している。その理由に注意しながら聞いていくと，男性の2番目の発言で I heard she was pretty strict. と言っており，ここから正解がわかる。

No.7 −解答 ④

放送英文　☆： Excuse me, sir. I have a package for Ms. Hardy. Could you tell me where her office is?

★： Sure. Ms. Hardy's office is on the third floor, Room 305. You'll

201

need to write down your name and phone number at the security desk before you can go upstairs, though.

☆： No problem. Where do I do that?

★： Right over there, ma'am.

Question: What will the woman do next?

全文訳 ☆： すみません。ハーディーさん宛てのお荷物があるんです。彼女のオフィスはどこか教えていただけますか。

★： ええ。ハーディーさんのオフィスは3階の305号室です。でも，上階に行く前に，セキュリティデスクであなたのお名前と電話番号を書いていただかなければなりません。

☆： わかりました。どこでそれをするのですか。

★： すぐそこですよ。

Q：女性は次に何をするか。

選択肢の訳 **1** 荷物を守衛に渡す。

2 外でハーディーさんを待つ。

3 ハーディーさんのオフィスを探す。

4 セキュリティデスクで署名して入る。

解説 男性の，write down your name and phone number … before you can go upstairs という指示に対し，女性は No problem. と答え，セキュリティデスクの場所を尋ねている。正解の選択肢では，会話では使われていない Sign in … という表現を使っている。

No.8 – 解答 ③

放送英文 ★： Hi, Mom. You're back from the store already? That was fast.

☆： Yeah, Jim. The store wasn't busy, so I got my shopping done fast.

★： Really? How was the traffic? Isn't it rush hour right now?

☆： Yeah, it is. I got stuck behind a bus for a few minutes, but besides that, the traffic moved pretty quickly.

Question: What is one reason that Jim's mother is home early?

全文訳 ★： やあ，母さん。もう店から帰ってきたの？ 早かったね。

☆： そうよ，ジム。お店が混んでなかったから，買い物が早く済んだのよ。

★： 本当に？ 道はどうだったの？ 今ラッシュの時間じゃない？

☆： そうよ。バスの後ろで何分か渋滞したけれど，それ以外は車はかなり速く動いていたわよ。

Q：ジムの母親が早く家に帰っている理由の1つは何か。

選択肢の訳 **1** 彼女はラッシュアワー中に車の運転をしなかった。

2 彼女は近くの店に行った。

3 店は混んでいなかった。

4 バスが早く来た。

解説　男性の冒頭の発言で，母親が早く帰ってきたことに驚いた様子を聞き取り，相手がその理由を説明すると予測して聞くとよい。続く女性の発言から正解がわかる。男性の Isn't it rush hour …? に女性は Yeah, it is. と答えているので，1 に引っ掛からないよう注意。

No.9 – 解答 ④

放送英文
☆：Chris, listen! That's the song I've been trying to find out the name of. It's coming from the apartment across the hall.
★：Hmm. I've never heard it before.
☆：Do you have a pen? I want to write down some of the words. I'll look them up online when I get home.
★：Sure. Hold on a second and let me get you one.
Question: How will the woman probably find out the title of the song?

全文訳
☆：クリス，聞いて！ あれは，私がずっと曲名を探し当てようとしていた歌なの。通路の向かいの部屋から聞こえてくるわ。
★：うーん。今まで聞いたことがないなあ。
☆：ペンを持ってる？ 歌詞をいくつか書いておきたいの。家に帰ってからインターネットで調べてみるわ。
★：わかった。取ってくるからちょっと待ってて。
Q：女性はおそらくどのようにして曲名を見つけるか。

選択肢の訳
1　彼女は男性の隣人に尋ねる。
2　彼女は雑誌を調べる。
3　彼女は自分の友人に電話をする。
4　彼女はインターネットを使う。

解説　冒頭の女性の発言から，彼女が曲名を知りたがっている様子を把握したい。彼女の2番目の発言から正解がわかる。〔放送文〕look them up online →〔正解の選択肢〕use the Internet の言い換えに注意。

No.10 解答

放送英文
☆：Honey, I think the dog's sick. He's been sleeping all the time, and he's not eating his food.
★：Do you want me to get him checked at the animal clinic tomorrow morning?
☆：Yes, if you could. I have to leave for the office at seven.
★：I'll take him in before I go to work.
Question: What will the man do tomorrow morning?

全文訳
☆：あなた，犬が病気だと思うの。ずっと眠っていて，エサを食べないのよ。
★：明日の朝，動物病院で診てもらってこようか。
☆：ええ，できれば。私は7時には会社に出かけなければならないの。

★：僕が仕事に行く前に連れていくよ。
Q：男性は明日の朝は何をするか。
選択肢の訳
1　その犬を診察してもらう。
2　動物病院でボランティア活動をする。
3　彼の妻の会社に行く。
4　ペットフードを買いにいく。
解説　犬の具合が悪いと言う女性に，男性は Do you want me to get him checked …? と提案している。女性の Yes, if you could. という返事に対して，男性は I'll take him in … と続けている。これを簡潔にまとめた **1** が正解。正解の選択肢では checked の代わりに examined が使われている。

No.11 解答

放送英文
★：Welcome to Greg's Garden Supply. I'm Greg. How can I help you?
☆：Hi. I want to start a garden in my backyard. I've never done it before, but I'm planning on growing some blueberries.
★：Actually, ma'am, blueberries don't grow well in this area. The summers are too hot for them. You could try growing strawberries, though.
☆：Oh, I see. Well, I'll take two packs of strawberry seeds, then.
Question: What is one thing the man says?

全文訳
★：グレッグズ園芸用品店へようこそ。私はグレッグです。ご用件をお伺いいたします。
☆：こんにちは。私は裏庭で菜園を始めたいんです。今までしたことはないんですが，ブルーベリーを育てようと思っているんです。
★：実はお客様，ブルーベリーはこの地域ではうまく育たないんです。ブルーベリーには夏が暑過ぎるんですよ。ですが，試しにイチゴの栽培をしてみてはどうでしょう。
☆：あら，わかりました。じゃあ，イチゴの種子を2パックいただくわ。
Q：男性が言っていることの1つは何か。
選択肢の訳
1　ブルーベリーは彼らの地域ではよく育つ。
2　園芸は初心者向きではない。
3　女性は自分の計画を変更した方がよい。
4　女性はイチゴを育てない方がよい。
解説　冒頭の男性の発言で，店員が客を迎えた場面だとわかる。女性はブルーベリーを育てようと思っていると言ったが，男性はこの地域では育ちにくいと答え，代わりにイチゴを勧めている。これを言い換えた **3** が正解。

No.12 解答 ②

放送英文
☆: Hi, Dad. I'm home.
★: Jenny, where were you? It's almost 10 p.m. I told you to call if you would be late.
☆: But didn't you see the note I left on the kitchen table? It said that I was going to be studying at the library.
★: No, I didn't. Look, thanks for leaving a note, but just call me and tell me where you are next time. OK?
Question: Why was the man worried about his daughter?

全文訳
☆: あら，お父さん。ただいま。
★: ジェニー，どこにいたんだ？ もうすぐ午後10時だぞ。遅くなるときは電話するように言っただろう。
☆: でも，キッチンのテーブルに置いておいたメモは見なかったの？ 私は図書館で勉強すると書いてあったのよ。
★: いいや，見なかったよ。いいかい，メモを残したことは感謝するが，今度は電話してどこにいるか教えなさい。わかったかい？
Q：男性はなぜ娘のことを心配していたのか。

選択肢の訳
1 彼はテーブルの上の彼女のメモを見たから。
2 彼は彼女がどこにいるかわからなかったから。
3 彼女は図書館で自分の電話をなくしたから。
4 彼女は最近勉強をしていないから。

解説 男性の最初の発言から，娘の帰りが遅いことを注意している状況を把握したい。同発言中に where were you とあるので，彼が娘の居場所を知らなかったことがわかる。最後にも tell me where you are next time と言っている。

No.13 解答 ③

放送英文
☆: Here's your Christmas present, Ernie. Open it.
★: Wow. A new necktie! What a surprise. I thought it was going to be some new socks.
☆: Well, it's nice to have a lot of neckties to choose from. And I always get you socks for your birthday — you know that.
★: Well, thanks, honey. I'll wear it to the Richardsons' dinner party.
Question: What is one thing that the woman says?

全文訳
☆: これ，あなたへのクリスマスプレゼントよ，アーニー。開けて。
★: わあ。新しいネクタイだ！ 驚いたよ。新しい靴下だろうと思っていたんだ。
☆: ほら，選べるネクタイがたくさんあるのはいいことよ。それに，靴下はいつも誕生日に買ってあげているわよね。

★：ありがとう，君。リチャードソン家のディナーパーティーにしていくよ。
Q：女性が言っていることの1つは何か。

選択肢の訳
1 彼女は自分の夫の誕生日を忘れた。
2 彼女はその男性に靴下を買うことはない。
3 ネクタイがたくさんあるのはいいことだ。
4 彼女の夫はパーティーに素敵な服を着ていくべきだ。

解説 女性の2番目の発言から正解がわかる。放送文の it's nice to have … が正解の選択肢では It is good to have … と言い換えられている。

No.14 解答

放送英文
☆：Livingstone Hotel.
★：This is Ben Bryson in Room 707. I'll be meeting some clients for dinner near City Station, and I'd like to take the train back here afterwards. Do you know what time the last train leaves?
☆：I can check for you. Let's see. The last train from City Station is at 12:15.
★：Excellent. Thanks a lot.
Question: What does the man want to know?

全文訳
☆：リビングストンホテルです。
★：707号室のベン・ブライソンです。私はシティー駅の近くで何人かのお客様と会って夕食をとることになっており，それから列車でこちらへ戻りたいと思います。最終列車が何時に出発するかわかりますか。
☆：確認いたします。そうですね。シティー駅からの最終列車は12時15分です。
★：それはよかった。どうもありがとう。
Q：男性は何を知りたいのか。

選択肢の訳
1 最終列車はいつか。
2 シティー駅にはどうやっていくか。
3 彼は部屋を換えられるかどうか。
4 彼のクライアントがどの部屋にいるか。

解説 冒頭の女性の発言からホテルの従業員が電話を受けたとわかるので，相手の用件をしっかり聞く。what time the last train leaves を，When the last train is. と言い換えた1が正解。

No.15 解答 4

放送英文
★：Let's go for a swim in the ocean, Hiroko. Afterwards, we can go surfing.
☆：But I've heard there are a lot of sharks in the waters around Australia. Is it safe?
★：Well, people sometimes see one, but it's not dangerous in this part

of the country. I've never heard of anyone being attacked around here.

☆: Really? I feel a little nervous, but I've always wanted to try surfing.

Question: Why is the woman nervous?

全文訳 ★：海に泳ぎに行こうよ，ヒロコ。その後，サーフィンをするのはどう？
☆：でも，オーストラリア周辺の海にはたくさんのサメがいると聞いているわ。安全なの？
★：まあ，時々見かけるけど，オーストラリアのこの地域は危険じゃないよ。このあたりで誰かが襲われたという話は聞いたことがない。
☆：本当？ちょっと不安だけど，サーフィンをしてみたいとずっと思っていたの。

Q：なぜ女性は不安なのか。

選択肢の訳 1 彼女はこれまでオーストラリアに行ったことがないから。
2 彼女はあまりうまく泳げないから。
3 彼女は水が冷た過ぎるのではないかと心配しているから。
4 彼女は海が安全ではないかもしれないと思っているから。

解説 冒頭で男性が海へ行こうと誘っているので，女性がその誘いにどう反応するかに注意する。女性はサメがたくさんいると述べ，さらに，Is it safe? と尋ねているので，この点を心配しているとわかる。

No.16 解答 ③

放送英文 Yumiko is working as a volunteer teacher in a small village in Vietnam. There is no Internet connection in the village, and Yumiko's cell phone does not work there. Once a week, she goes to a nearby town where she can use a computer. She sends e-mails to her friends and family while she is there.

Question: Why does Yumiko go to a town near her village?

全文訳 ユミコはベトナムの小さな村でボランティアの教師として働いている。村にはインターネット接続がなく，ユミコの携帯電話はそこでは使えない。週に1度，彼女はコンピューターを使うことができる近くの町に行く。彼女はそこにいる間に友人や家族にEメールを送る。

Q：ユミコはなぜ彼女の村の近くの町に行くのか。

選択肢の訳 1 彼女の携帯電話料金を支払うため。
2 学校で働くため。

3 インターネットを使うため。
4 彼女の友人たちと会うため。

解説 第2文で彼女の村にはインターネット接続がないこと，第3文でコンピューターを使いに近くの町に行くこと，第4文にそこでEメールを送ることが，それぞれ述べられている。

No.17 解答

放送英文 Last year, Greg moved from New York to Miami. He did not need a car in New York, but he found that he could not get around easily in Miami without a car. He went to a school to learn how to drive, but it was difficult to pass the driving test to get a driver's license. He needed to take it twice before he was able to pass.
Question: What happened to Greg?

全文訳 昨年，グレッグはニューヨークからマイアミへ引っ越した。彼は，ニューヨークでは車は必要ではなかったが，マイアミでは車なしでは簡単にあちこち動き回ることができないとわかった。彼は運転を習うために教習所に行ったが，運転免許取得のための運転試験に合格するのが難しかった。合格できるまで2度受験しなければならなかったのだ。
Q：グレッグに何が起こったのか。

選択肢の訳 1 彼は自分の車を修理してもらった。
2 彼はマイアミが暑過ぎることを知った。
3 彼は運転試験を2度受けなければならなかった。
4 彼は両親から新しい車を与えられた。

解説 グレッグは転居に伴い車が必要になり，運転免許を取らなければならなくなったという話の流れをしっかりつかみたい。第4文から正解がわかる。同文中のitは前文のthe driving testを指している。

No.18 解答

放送英文 OK, volunteers, let's begin our community center weekly meeting. Last week, we decided to start classes for older people, such as gardening, painting, and yoga. The next step is to try to find instructors. We can begin by making advertisements. Please also ask your friends if they know any instructors. Does anyone else have any suggestions?
Question: What does the speaker say they need to do about the new classes?

全文訳 では，ボランティアの皆さん，コミュニティーセンターの週例会議を始めましょう。先週，センターではガーデニング，絵画，ヨガなどの，高齢者のための講座を開始することを決めました。次のステップはインス

トラクターを見つける努力をすることです。広告を作ることから始めるのはどうでしょう。また，インストラクターを知っているかどうか，お友だちに尋ねてください。どなたかほかに提案はありますか。

Q：話者は新しい講座について何をする必要があると言っているか。

選択肢の訳
1 テーマを選ぶ。
2 それらを教える人たちを探す。
3 広告を変える。
4 生徒をもっと見つける。

解説　第3文の The next step is to try to find ... から答えがわかる。〔放送文〕find instructors → 〔正解の選択肢〕Look for people to teach them. の言い換えに注意。

No.19 解答

放送英文　Cheesecake is a very popular dessert eaten in many countries around the world. In fact, people have been making it for a very long time. Historians believe that the earliest type of cheesecake was created in ancient Greece. They also believe it was given to athletes during the ancient Olympics in 776 B.C. Later, the Greeks introduced cheesecake to the Romans, who then introduced it to other parts of Europe.

Question: What is one thing that historians believe about cheesecake?

全文訳　チーズケーキは世界中の多くの国で食べられている，たいへん人気のあるデザートである。実は，人々はとても長い間それを作ってきているのだ。最も初期のタイプのチーズケーキは古代ギリシャで作られたと，歴史家は考えている。彼らはまた，それが紀元前776年の古代オリンピックの期間中に選手に与えられたと考えている。その後，ギリシャ人はローマ人にチーズケーキを紹介し，ローマ人はそれをヨーロッパのほかの地域に紹介したのである。

Q：チーズケーキについて歴史家が考えていることの1つは何か。

選択肢の訳
1 それはギリシャで初めて作られた。
2 それは最初のオリンピックの後で作られた。
3 それは紀元前776年以前はヨーロッパでは人気がなかった。
4 それはあるローマ皇帝のための特別なデザートだった。

解説　冒頭の文でチーズケーキがトピックだと素早く把握したい。第3文から正解がわかる。〔放送文〕the earliest type of cheesecake was created → 〔正解の選択肢〕It was first made の言い換えに注意。

No.20 解答

放送英文　Last semester, Tina and Victor worked together to create a website. The website was a project for their college business class. Using the website, people could find someone to walk their dogs for them. Tina and Victor got a good grade on the project, and they were also able to turn it into a real business. They are using the money they make to help pay their college fees.

Question: Why did Tina and Victor create a website?

全文訳 先学期，ティナとビクターは協同してウェブサイトを作った。そのウェブサイトは，彼らの大学のビジネスのクラスのプロジェクトであった。人々はそのウェブサイトを使って，自分の犬の散歩をさせてくれる人を見つけることができた。ティナとビクターはこのプロジェクトで良い成績を収め，さらに，これを実際のビジネスに変えることができた。彼らは自分たちが稼ぐお金を，大学の授業料を支払う助けにするのに使っている。

Q：ティナとビクターがウェブサイトを作ったのはなぜか。

選択肢の訳 **1** 彼らはそれをクラスのプロジェクトのために作った。
2 彼らは授業料を払う手段が必要だった。
3 彼らはビクターの犬のことが心配だった。
4 彼らは自分たちの犬の飼い主を見つけたかった。

解説 第2文でウェブサイトはビジネスのクラスのプロジェクトだったと述べている。第4～5文の「ウェブサイトがビジネスになって授業料を支払う助けになった」ことはサイトを作った結果なので，**2** に引っ掛からないよう注意。

No.21 解答 ④

放送英文 Hi, kids! The Green Groovers will start their concert soon. This concert will be on TV next month, so be sure to tell your friends to watch. The cameras will be showing the audience often, so make sure to show how excited you are and dance along as much as possible. Smile and enjoy the concert!

Question: What does the announcer ask the audience to do?

全文訳 こんにちは，子どもたち！ グリーン・グルーバーズがまもなくコンサートを始めます。このコンサートは来月テレビで放送されますから，必ずお友だちにも見るように言ってくださいね。カメラはお客さんをたびたび映しますから，できるだけ盛り上がっている様子を見せたり，一緒に踊ったりしてくださいね。笑顔でコンサートを楽しんでください！

Q：アナウンサーは観客に何をするように頼んでいるか。

選択肢の訳 **1** 新しい種類のダンスを覚える。
2 公演中はカメラのスイッチを切る。

3 友人たちに次回は来るように伝える。
4 彼らがコンサートを楽しんでいるのを見せる。

解説　第4文で make sure to show how excited you are and dance along，最終文で Smile and enjoy the concert! と言っているので **4** が正解。

No.22 解答

放送英文　Jerry Lawson was a man who taught himself engineering in order to make video games. Before 1976, video-game machines only had one game on them. However, Lawson invented a new machine that could play more than one game. This had a big effect on the video-game industry, and later machines were based on Lawson's invention. Because of this, Lawson is respected by many people who make video games.

Question: What is one thing we learn about Jerry Lawson?

全文訳　ジェリー・ローソンはテレビゲームを作るために独学で工学を学んだ人物だった。1976年以前は，テレビゲーム機には1つのゲームしか入っていなかった。しかし，ローソンは複数のゲームをプレイできる新しい機械を発明した。これはテレビゲーム業界に大きな影響を与え，その後の機械はローソンの発明をベースにしていた。このため，ローソンはテレビゲームを製作する多くの人々に尊敬されている。
Q：ジェリー・ローソンについてわかることの1つは何か。

選択肢の訳　**1** 彼の発明は大きな影響を与えた。
2 彼の工学の授業は人気があった。
3 彼は機械の修理が得意だった。
4 彼は発明家のコンテストで優勝した。

解説　第3文でローソンが新しい機械を発明したとあり，第4文で This（＝彼の発明）had a big effect … と説明されている。また，放送文全体を通して，彼の発明のゲーム業界への大きな影響が述べられている。

No.23 解答

放送英文　Melinda works at city hall in Silver City. Last year, she suggested the city save money by removing trash cans from the parks. That way, the city would not have to pay to have the trash collected. The city agreed. Lately, however, they have received complaints about people throwing bottles and paper on the ground. The city has decided to start charging people money if they are caught doing this.

Question: How did Melinda suggest that the city save money?

全文訳　メリンダはシルバーシティ市役所で働いている。昨年，彼女は公園から

ゴミ箱を撤去することによって市がお金を節約することを提案した。そうすれば，市はゴミを収集させるのにお金を払う必要がなくなる。市は同意した。しかし最近，瓶や紙を地面に投げ捨てる人々についての苦情を受けるようになった。市は，このようなことをしているのが見つかったら，その人にお金を請求し始めることにした。

Q：メリンダは，市がお金を節約する方法をどのように提案したか。

選択肢の訳　**1**　役所内の事務所で使う紙の量を減らすことによって。
2　公園からゴミ箱を撤去することによって。
3　ボランティアのゴミ収集人を利用することによって。
4　公園を使う人々に課金することによって。

解説　第2文冒頭の Last year という時間表現が聞こえたら，重要情報が話される前触れなので集中する。同文から正解がわかる。放送文の removing が正解の選択肢では taking away と言い換えられている。

No.24 解答 ④

放送英文　Peter was a chef at a restaurant, but last year he decided to leave and start his own. The food at his new restaurant is popular, and he gets many customers. However, Peter is not making a lot of money from the restaurant because he is spending too much on ingredients. He has decided to find someone who can help him manage the money better.

Question: What is Peter's problem?

全文訳　ピーターはレストランのシェフだったが，昨年，退職して自分の店を始めることにした。彼の新しいレストランの食べ物は人気があり，多くの客を獲得している。しかし，ピーターは食材に費用をかけ過ぎているため，そのレストランからあまり多くのお金を稼いでいない。彼は，お金をもっと上手に管理する手助けをしてくれる人を見つけることに決めた。

Q：ピーターの問題は何か。

選択肢の訳　**1**　彼の一番よいシェフが退職する予定だ。
2　彼の客が，彼の作る食べ物を気に入っていない。
3　彼の責任者が彼をあまりにも長時間働かせる。
4　彼のレストランはあまりお金を稼いでいない。

解説　ピーターの店の料理は人気があるという第2文に続いて第3文冒頭の逆接表現 However が聞こえたら，続く内容に集中する。同文から正解がわかる。放送文の主語は Peter だが，正解の選択肢の主語は His restaurant になっている。

No.25 解答 ①

放送英文　The city of Berlin has unique traffic lights for people walking. Like in most places, these traffic lights use an image of a person

212

walking. In Berlin, however, the image looks more cheerful and cute. The image was designed to appeal to children, so that children would be more careful when crossing the roads. The image from Berlin traffic lights is also used in books to teach about road safety.

Question: How are the traffic lights in Berlin different from other traffic lights?

全文訳 ベルリンの街には歩行者のためのユニークな信号がある。ほとんどの都市と同様，これらの信号は歩く人の図案を使用している。しかし，ベルリンでは，この図案がより楽しく，よりかわいらしく見えるのだ。子どもたちが道路を横切るときにより注意深くなるよう，図案は子どもたちにアピールするようにデザインされた。ベルリンの交通信号の図案は，交通安全を教える本でも使用されている。

Q：ベルリンの信号機はほかの信号機とどう違うのか。

選択肢の訳 1 それらにはより楽しいデザインが使われている。
2 それらはある本からのデザインを使用している。
3 それらは道路で使われていない。
4 それらはあまり多くの色を使っていない。

解説 第1文の unique traffic lights が聞こえたら，どうユニークなのかに注意する。第3文の In Berlin, however という逆接表現は重要情報が続く合図なので，集中する。続けて the image looks more cheerful and cute と説明されている。

No.26 解答 ③

放送英文 Recently, Rebecca was thinking about what she could do with an old table that used to be in her grandmother's living room. She decided to buy some paint and borrow a brush from her neighbor. Rebecca gave the table a new color that matched her bed and put it in her bedroom. She put a lamp on the table, so now she can read in bed.

Question: What did Rebecca do with her table?

全文訳 最近レベッカは，かつて祖母の居間にあった古いテーブルをなんとかしたいと考えていた。彼女は塗料を買い，隣人から刷毛を借りることにした。レベッカはテーブルに，ベッドに合った新しい色を塗り，それを寝室に置いた。彼女はテーブルの上にランプを置いたので，今はベッドに入って本を読むことができる。

Q：レベッカはテーブルをどうしたのか。

選択肢の訳 1 彼女はそれを自分の居間に移動した。
2 彼女はランプを買うためにそれを売った。

17年度第3回 リスニング

213

3 彼女はそれに新しい色を塗った。

4 彼女はそれを隣人にあげた。

解説 第2文で塗料を買って隣人から刷毛を借りることにしたことが，第3文でテーブルを新しい色にしたことがわかる。

No.27 解答 ②

放送英文 In the 1800s, there was a Dutch author named Multatuli, who lived in Indonesia. At the time, the Netherlands bought coffee beans from farmers in Indonesia. Multatuli believed that the Dutch government was not paying the Indonesian coffee farmers fairly. To help the farmers, he wrote a book to tell people around the world about this issue. Thanks to this book, the Dutch coffee buyers started treating Indonesian farmers better.

Question: What is one thing we learn about Multatuli?

全文訳 1800年代にムルタトゥーリという名のオランダ人作家がおり，インドネシアに住んでいた。当時，オランダはインドネシアの農家からコーヒー豆を買い付けていた。ムルタトゥーリは，オランダ政府がインドネシアのコーヒー農家に公平に支払いをしていないと考えていた。こうした農家を助けるために，彼は世界中の人々にこの問題を伝える本を書いた。この本のおかげで，オランダのコーヒーバイヤーはインドネシアの農家をより適正に扱うようになった。

Q：ムルタトゥーリについてわかることの1つは何か。

選択肢の訳 **1** 彼はインドネシアでたいへん高価なコーヒーを売った。

2 彼はインドネシアのコーヒー農家を助けたかった。

3 彼はオランダの人々をコーヒー農園に連れてきた。

4 彼はオランダの人々にコーヒーの作り方を教えた。

解説 第3文で，ムルタトゥーリはオランダ政府がインドネシアのコーヒー農家に公平な支払いをしていないと思っていたことが，第4文で農家を助けるために本を書いたことが説明されている。

No.28 解答 ④

放送英文 Todd is studying history in college. He does very well on tests where he can choose the answer, but he often gets poor grades on tests where he has to write long answers. To fix this problem, Todd decided to take a writing course this semester. He hopes that by becoming a better writer, he can get better scores.

Question: Why is Todd taking a writing class?

全文訳 トッドは大学で歴史を勉強している。彼は答えを選択できる試験はとてもよくできるが，長い答えを書かなければならない試験では悪い成績を

214

取ることが多い。この問題を解決するため，トッドは今学期にライティングコースを受講することにした。書くのがもっと上手になることによって，よりよい点数を取ることができることを彼は期待している。

Q：なぜトッドはライティングコースを受講しているのか。

選択肢の訳　**1**　彼はいくつか英語のコースを受講しなければならないから。

　　　　　　2　彼は大学に入るためにそれを受講する必要があるから。

　　　　　　3　彼は将来小説を書きたいから。

　　　　　　4　彼はテストでもっとよい点を取りたいから。

解説　第2文の後半で長い答えを書かなければならないテストの成績が悪いと述べ，To fix this problem, で始まる第3文で，ライティングコースを受講することにしたと述べている。

No.29 解答 ②

放送英文　Attention, employees. Thank you for leaving the office building so quickly this morning when the fire alarm sounded. I'm sorry you had to wait outside while the firefighters made sure that the office was safe. When the engineers were checking the alarm system earlier, they made a mistake and the alarm turned on. They apologize for doing this.

Question: What is one thing that happened this morning?

全文訳　従業員の皆さんにお知らせします。今朝，火災報知器が鳴った際，オフィスビルから素早く退避していただいたことに感謝します。消防士がオフィスが安全であることを確認している間，皆さんは外で待たなければならず，申し訳ありませんでした。エンジニアたちがその前に警報システムをチェックした際にミスを犯し，警報のスイッチが入ってしまいました。彼らはこのことを謝罪しています。

Q：今朝起きたことの1つは何か。

選択肢の訳　**1**　消防車が故障した。

　　　　　　2　火災報知機が誤って作動した。

　　　　　　3　誰かが誤って火事を出した。

　　　　　　4　何人かの新任消防士が仕事を始めた。

解説　第2文から火災報知機が鳴ったことがわかる。第4文の they (=the engineers) made a mistake and the alarm turned on から正解が **2** だとわかる。

No.30 解答 ③

放送英文　Wendy lives in Seattle, and she was planning to go to Hawaii for her summer vacation this year. She had saved some money to buy a ticket, but last month someone stole her laptop computer. She had to buy a new computer, so she could not afford the

17年度第3回　リスニング

215

ticket to Hawaii. Wendy will go to Los Angeles instead. It is cheaper, and she can still go to the beach.

Question: What will Wendy do this summer?

全文訳　ウェンディはシアトルに住んでおり，今年の夏休みにハワイに行く予定だった。彼女はチケットを買うためにお金を貯めていたが，先月，何者かが彼女のノートパソコンを盗んだ。彼女は新しいコンピューターを買わなければならなくなり，ハワイ行きのチケットを買う余裕がなくなった。ウェンディは代わりにロサンゼルスに行くつもりだ。その方が安く，ビーチにも行くことができるのだ。

Q：ウェンディはこの夏何をするか。

選択肢の訳　1　彼女は新しい財布を買う。
2　彼女は自分のノートパソコンを売る。
3　彼女はロサンゼルスへ旅行する。
4　彼女はハワイへ出張する。

解説　〈逆接の接続詞＋時間表現〉は重要情報の前兆なので，第2文の but last month が聞こえたら集中する。同文で彼女のノートパソコンが盗まれたことが，第3文でハワイ行きのチケットが買えなくなったことがわかる。第4文で，代わりにロサンゼルスへ行くと言っているので，**3** が正解。

全文訳　**オンラインレビュー**

　今日，人々が製品やサービスについてオンラインで意見を述べることが一般的だ。こうしたオンラインレビューは，消費者が購入する製品を決めるのに役立つ。しかし時には，人々は誤った情報を含むレビューを書くことがある。一部の消費者はそのようなレビューを信じ，その結果，彼らは自分の期待と異なる製品を購入する。オンライン情報を利用する際には注意が必要だ。

質問の訳　No. 1　文章によれば，なぜ一部の消費者は自分の期待と異なる製品を購入するのですか。

No. 2　では，絵を見てその状況を説明してください。20秒間，準備する時間があります。話はカードにある文で始めてください。
〈20秒後〉始めてください。

では，～さん（受験生の氏名），カードを裏返して置いてください。

No. 3　今の人たちはスマートフォンを使うことに時間を使い過ぎだと言う人もいます。あなたはそのことについてどう思いますか。

No. 4 日本では多くの生徒が学校の制服を着ています。学校は生徒に制服を着用させるべきだと，あなたは思いますか。

Yes. →なぜですか。　　　　　No. →なぜですか。

No.1

解答例 Because they believe reviews that include false information.

解答例の訳 「誤った情報を含むレビューを信じるから」

解説 第4文 に as a result they buy products that are different from their expectations とある。as a result「その結果」とは，同文前半の Some consumers believe such reviews の結果である。such reviews は前文の reviews that include false information を指しているのでこれと置き換え，さらに主語を they に置き換えて，Because で文を始める。

No.2

解答例 One day, Mr. and Mrs. Nakata were at a bookstore. Mr. Nakata said to his wife, "The newspaper says this book is good." A few minutes later, Mr. Nakata found the book on the shelf. Mrs. Nakata was thinking of asking a clerk to get the book for them. That night, Mr. Nakata fell asleep on the sofa. Mrs. Nakata was thinking of putting a blanket on him.

解答例の訳 「ある日，ナカタ夫妻は書店にいました。ナカタさんは妻に，『新聞にはこの本がよいと書いてある』と言いました。数分後，ナカタさんは棚にその本を見つけました。ナカタさんの妻は店員に頼んでその本を取ってもらおうと考えていました。その夜，ナカタさんはソファで眠ってしまいました。ナカタさんの妻は彼に毛布をかけてあげようと考えていました」

解説 1コマ目は夫のせりふを使って作文。2・3コマ目はまず夫の様子を描写する。解答例では一瞬で終わる動作として過去形を使っているが，he was pointing at the book …, he was sleeping … と過去進行形で継続中の動作を描写してもよい。それから吹き出しに示されている，妻の考えていることを説明しよう。解答例のように be thinking of *doing*「～することについて考えている」を使うとよい。

No.3

解答例 I agree. Many people use their smartphones until late at night. They often have trouble waking up for school or work.

解答例の訳 「私もそう思います。多くの人たちが夜遅くまでスマートフォンを使っています。学校や仕事に行くために起きるのがたいへんになることもしばしばです」

解答例 I disagree. People know that smartphones aren't good for their

17年度第3回　面接

eyes. They only use them for important things.

解答例の訳 「私はそうは思いません。多くの人たちはスマートフォンが目によくないことを知っています。彼らは重要なことのためのみに使っています」

解説 自分の身の回りの人はスマートフォンをどう使っているか，それがトラブルを起こしていないかどうかを考えて，解答する。自分自身のスマートフォンの使い方を振り返ってみて，そこから一般論を導き出すのもよいだろう。

No.4

解答例 (Yes. と答えた場合)

School uniforms help students feel proud of their schools. Also, students in uniforms usually behave well.

解答例の訳 「学校の制服は自分の学校に誇りを感じる助けとなります。また，制服を着た生徒はたいてい行儀よく振る舞います」

解答例 (No. と答えた場合)

School uniforms are often uncomfortable to wear. Also, many students want to decide what to wear themselves.

解答例の訳 「学校の制服は着心地がよくないことが多いです。また，多くの生徒は何を着るかを自分で決めたいと思っています」

解説 解答例のほかに，Yes の場合，Students have to buy a lot of clothes if they don't have to wear a uniform.「制服を着る必要がなければ，服をたくさん買わなければなりません」，No の場合，A school uniform costs too much.「制服は費用がかかり過ぎます」といった解答もよいだろう。

二次試験・面接 問題カード **B** 日程 | 問題編 p.170〜171　🔊 ▶MP3 ▶アプリ ▶CD 3 **79**〜**82**

全文訳 **魚を呼び戻す**

　河川に造られたダムは人々を洪水から守るのに役立つ。しかしダムは，魚が卵を産むために川をさかのぼるのを妨げる。これが魚の数が減少する原因となった。今，魚にダムを迂回して泳がせる特別な通路が注目を集めている。多くの地方自治体がこうした通路を建設し，そうすることによって川にいる魚の個体数を増やそうとしているのだ。

質問の訳 No.1 文章によれば，多くの地方自治体はどのようにして，川の魚の個体数を増やそうとしているのですか。

　　　　 No.2 では，絵を見てその状況を説明してください。20秒間，準備する時間があります。話はカードにある文で始めてください。
〈20秒後〉始めてください。

218

では，～さん（受験生の氏名），カードを裏返して置いてください。

No. 3　山や川のような自然景勝地をもっと保護すべきだと言う人もいます。あなたはそのことについてどう思いますか。

No. 4　近ごろ，多くの人々が電子辞書を使っています。将来人々は紙の辞書を買うのを止めると，あなたは思いますか。

　　　　Yes. →なぜですか。　　　　　　No. →なぜですか。

No.1

解答例　By building special routes that let fish swim around dams.

解答例の訳　「魚にダムを迂回して泳がせる特別な通路を建設することによって」

解説　第5文に by doing so they are trying to increase fish populations とある。by doing so は同文前半の build these routes を受けており，さらに，these routes は前文にある special routes that let fish swim around dams を指している。これらを置き換えて，解答例のように答える。

No.2

解答例　One day, Mr. and Mrs. Suzuki were talking about the weekend. Mr. Suzuki said to his wife, "Let's go camping by the river." That weekend, Mrs. Suzuki was putting things into the car. Mr. Suzuki was looking forward to seeing the stars. Later that day, Mr. Suzuki was setting up a tent. Mrs. Suzuki was thinking about going fishing in the river.

解答例の訳　「ある日，スズキ夫妻は週末のことについて話していました。スズキさんは妻に，『川のそばでのキャンプに行こう』と言いました。その週末，スズキさんの妻は車に物を積んでいました。スズキさんは星を見るのを楽しみにしていました。その日の後ほど，スズキさんはテントを設営していました。スズキさんの妻は川で釣りをしようかと考えていました」

解説　1コマ目は夫のせりふを使って作文。2・3コマ目は妻もしくは夫の行動を過去進行形で説明し，それから吹き出しの中の夫もしくは妻の考えを描写する。2コマ目の夫の吹き出しは Mr. Suzuki was thinking of beautiful night sky.「スズキさんは美しい夜空のことを考えていました」といった解答でもよい。

No.3

解答例　I agree. Many of these places are being damaged by pollution. People need to save these places for our children.

解答例の訳　「私もそう思います。こうした場所の多くは汚染でダメージを受けています。私たちの子どもたちのためにこうした場所を守る必要があります」

解答例　I disagree. It costs a lot of money to protect these places. Also, people already do a lot of things for the environment.

解答例の訳 「私はそうは思いません。こうした場所を守るのにはたくさんのお金がかかります。また，人々はすでに環境のために多くのことをしています」

解説 I agree の場合は景勝地の状況と保護の目的を，それぞれ1文で説明するとよい。費用やすでに多くがなされているなど，否定的なポイントを2つ思いついたら，I disagree. と答えてもよいだろう。

No.4

解答例 （Yes. と答えた場合）

Electronic dictionaries are small and convenient to carry. Also, it's easier to look up words in them.

解答例の訳 「電子辞書は小さく，運ぶのに便利です。また，それに収められている単語は調べやすいです」

解答例 （No. と答えた場合）

Paper dictionaries are usually cheaper than electronic dictionaries. Also, they don't need to use batteries.

解答例の訳 「紙の辞書はたいてい電子辞書よりも安いです。また，電池を使う必要がありません」

解説 自分はどちらのタイプの辞書を使っているか，その理由は何かを考えると，解答しやすい。No の場合は，More information can be found on one page of a paper dictionary than on a small screen of an electronic dictionary.「電子辞書の小さな画面よりも紙の辞書の1ページの方が，より多くの情報を見つけられます」といった解答も考えられる。

英検2級に合格したら…
英検® 準1級にチャレンジしよう！

準1級は，就職や転職，単位認定，海外留学，教員採用試験や入試での優遇など，幅広く適用される資格です。試験問題では社会性の高い話題が扱われ，レベルの目安は「大学中級程度」です。

準1級からここが変わる！

※試験内容は変更される可能性がありますので，受験の際は英検ホームページで最新情報をご確認ください。

筆記
時間内に読む英文の量が増え，テーマもより難しくなります。必要な情報を読み取り，時間内に解答できるようになりましょう。

リスニング
実際の生活の場面を想定した問題が加わります。講堂でのスピーチで音が響いていたり，留守番電話のメッセージで音質が悪かったりする中で，必要な情報を聞き取りましょう。

面接
英文の音読がなくなり，イラストの描写と，社会問題に関する問いへの応答のみになります。自分の言葉でしっかりと答えましょう。

オススメの英検書はこちら！

試験の傾向と問題の解き方を
しっかり学べる

参考書
英検準1級
総合対策教本

本体2,100円＋税　CD付

商品詳細はこちら

MEMO

英検合格をサポート！

英検対策・試験情報
旺文社の英検®合格ナビゲーター

英検合格ナビゲーターは，英検合格を目指す方にオススメのサイトです。

旺文社の英検書ラインアップを紹介！
オススメ商品の紹介のほか，ご自分に合った本を探すこともできます

Web特典をご利用いただけます！
ご購入いただいた書籍のWeb特典をご利用いただけます
※書籍によってご利用いただける特典は異なります

英検試験情報，学習方法，
英検の大学入試利用情報についても紹介！
英検の試験情報や級別対策法，「大学受験パスナビ」で詳しい情報がわかります

合格体験記 募集中！

旺文社の英検®合格ナビゲーター
https://eiken.obunsha.co.jp/

〔2020年度版 英検2級 過去6回全問題集・別冊〕　　　S9n067